JN173770

子どものための
里親委託・養子縁組の支援

宮島 清／林 浩康／米沢普子 =編著

Foster care and Adoption for Children

明石書店

▌刊行にあたって

　2016年の終わりに米沢普子さんが声を上げた。「児童福祉法が2016年に改正され，民間あっせん機関による養子縁組のあっせんに係る児童の保護等に関する法律が成立した。今こそ，庄司順一先生のリーダーシップの下で年1冊ずつ発行してきた『里親と子ども』の臨時増刊号を出せないか」と。

　編者の3人の間ですぐにまとまったこの話は，明石書店編集部の検討を経て，単行本として発行する計画へと発展した。2017年3月には内容を決めて打診を行い，同月末には各執筆予定者に依頼書を送った。7月に座談会の実施（第1部に収録），同月末に追加の原稿依頼，数回の校正を経て，2017年12月初旬での出版が叶うことになった。この間の8月2日には，厚生労働省内におかれた「新たな社会的養育の在り方に関する検討会」が「新しい社会的養育ビジョン」をまとめるという大きな動きがあった。

　この本ができあがるまでには，いくつかの議論が，執筆者と編者の間で，また，編者の間でもあった。そのことについてまずは触れたい。

　第一は，書籍の名称である。「子どものための…。これでよいのか？」。仮称で作業を進めてきていたが，最終局面で林浩康さんから投げられたこの問題提起は重要であった。児童福祉法の第1条の改正によって，子どもが権利の主体であることが明記された。同第2条の改正によって，国民の努力義務に限ってであるものの，子どもの「最善の利益」を考慮しなければならないことが示された。この2つだけを見ても，主役は子どもであり，子どもを中心において，子どもの利益が実現する里親制度，養子縁組制度をつくっていかなければならない。しかし，現状はどうかと言えば，立場や考え方によっ

て，それぞれが自分の視点で「子どものために」と言い合っている。

　本書の名称は，このような議論を経たうえで，やはり『子どものための里親委託・養子縁組の支援』とすることとした。議論の中身からすれば，「子どもを中心とした…」がふさわしいとも考えられた。しかし，この本は，専門家だけにではなく，広くさまざまな方に手にしてもらいたい。その中には，里親になりたい，養子を迎えたい，さらには，自分の子どもを預け，あるいは託さなければならない事情にある方も含んでいる。子ども以外のものが主役になってはいけない。もちろん生みの親を排除してはならない。根拠や理由を示し，さまざまな立場の方に読んでいただいて，「子どもの利益となるあり方や方法とはどういうものなのか」，これを改めて話し合おう。そのためには，わかりやすい名称として，「議論の土台をつくる」必要がある。そう考えた。この書名には，こういった経過があり，このような意味が込められている。

　第二は，内容と構成である。すでに述べたように，この本は，さまざまな人に読んでいただきたい。しかし，主な読者をどのような人として想定するのか。それを踏まえたとき，どのような要素が不可欠か。この問いに対しての編者3人の考えは，一致すると同時に，微妙に違っていたように思う。しかし，結果から言えば，この一致と違いが，この本の価値と魅力となった。第1部を家庭養護総論とする。第2部を里親委託，第3部を養子縁組とする。そして，それぞれに，研究の成果があり，実践や政策の手引きとなる内容があり，里親や養親も議論に加わることができる要素が含まれている。これは，冒頭にあげた『里親と子ども』の編集の際にもたびたび経験したことであるが，この本は，このような複数の要素を持ち合わせながら全体を貫く不思議な流れが存在するものとなった。

　最後に，これは全体に関することではないが，もう一つの重要な議論について報告したい。それは，妊娠相談についての内容を第3部におくことについてである。妊娠相談は，子どもにとっても，何らかの事情で妊娠に悩み，体内に宿った命を喜ぶことができない深い悲しみと苦しみの中にある女性に

とっても，それぞれを100パーセントの当事者として取り組むべきものである。しかも，生まれてくる子どもには，生みの母親に育てられる可能性，養育里親や乳児院での一時的な養育を経たうえで永続的な養育に進む可能性，前者を経ることなく養親候補者による養育に託される可能性などがある。このような中で，妊娠相談に関する記述を養子縁組のことを扱う第3部におくのでよいのかという問いであった。これに対しては，「養子縁組は，本来は子ども期の全体において『社会的養育』の一つの選択肢であるべきものであるが，本書の第3部は，限りある紙幅を踏まえて，特に乳幼児期の養子縁組に関わるところを中心として編集せざるをえない。本書においては，乳幼児の養子縁組に関わる人々に，どうしても知っておいてほしい妊娠相談についての内容として，この箇所におく」，この整理を再確認した。

　繰り返しになるが，何が「子どものために」であるかという問いこそが最も難しく重要である。そして，最終的にこの問いに答えを出せるのは，個々の子ども本人でしかないのかもしれない。このことを押さえたうえで，本書が，現時点の学問的な到達点を確認し，実践者がどのような思いや工夫のもとで取り組んでいるかの現状を知り，考え方や立場を超えて，どうすることが「子どもの最善の利益」を図ることであるのかを，改めて，議論し直すためのプラットフォームになることを願ってやまない。

　最後になってしまったが，本当に忙しい中にもかかわらず玉稿をお寄せいただいた執筆者の皆さま，座談会を通じて貴重な知見を提供してくださった皆さま，そして私たち編者の意見を調整しながら常に励まし続け，かつ，編集の実務を担ってくださった明石書店の深澤孝之さん，これらの方々に心からの感謝を申し上げて，出版に際しての私たち編者のあいさつのことばとしたい。

　　2017年10月

　　　　　　　　　　　　　　　　　　編者を代表して　宮島　清

■ 子どものための里親委託・養子縁組の支援＊目次

刊行にあたって ………………………………………………………… 宮島 清 3

第1部
家庭養護総論

第1章　里親・養子縁組を取り巻く課題 ………………… 林 浩康 12

1─はじめに 12
2─近年の児童福祉法改正と家庭養護の推進 12
3─在宅支援との架け橋：里親養育の多様な活用 18
4─共同養育と子どものケアを担う人材・機関の育成 21

第2章　里親・養子縁組におけるアタッチメント ……… 増沢 高 25

1─アタッチメントに関する新たな理解 25
2─人類の本来である協働繁殖システムにおける
　　複数の養育者とのアタッチメント 28
3─ルーマニア孤児の研究から示唆されること 30
4─新生児の養子縁組を急ぐことのリスク 31
5─移行期の支援 33
6─移行した後の支援 35

第3章 養育の引き継ぎとアタッチメント形成
発達心理学を専門とする研究者によるグループインタビュー結果

……………… 遠藤利彦×久保田まり×近藤清美×増沢 高×林 浩康 37

第4章 座談会「里親委託・養子縁組において大切なこと」

‥ 林 浩康×石井佐智子×石井 敦×ロング朋子×米沢普子×宮島 清 60

第5章 地方自治体が家庭養護推進にどう取り組むか

……………………………………………………… 川松 亮／坂井隆之 85

1─はじめに 85

2─家庭養護推進の理念共有 87

3─推進の体制 88

4─スタッフ配置 90

5─市区町村との協働 91

6─養子縁組相談支援の展開 92

7─民間支援機関との協働 94

8─新規里親開拓 96

9─「社会的養護としての家庭養護」を推進する試み 98

10─里親委託が危機に瀕するとき 102

第2部
里親委託

第6章 里親支援体制の構築とソーシャルワーク …… 宮島 清 106

1─はじめに 106

2─里親制度とはなにか：目的を問う 107

3─里親養育を支援するためのソーシャルワークの展開 110

4─里親養育を支援する体制の構築について 120

第7章　養育里親制度におけるチーム養育 ……………渡邊 守 123

1—はじめに 123
2—養育里親制度の現状 124
3—なぜチームワークが必要なのか？ 126
4—チームワークを構築するために 130
5—これから：まとめにかえて 132

第8章　里親研修　自治体等の取り組み例を踏まえて

……………………………………………………鶴岡裕晃 134

1—はじめに 134
2—神奈川県の里親支援体制について 135
3—里親登録・認定までの手続きと研修について 136
4—里親登録直後の研修（施設実習）143
5—更新研修 144
6—里親活動を支える研修 144
7—おわりに 148

第9章　委託までのプロセス　実親の同意, マッチング, 交流

………………………………宮島 清／大河内洋子／酒井久美子 150

1—基本的な考え方 150
2—児童相談所の取り組みの実際 154
3—乳児院の現状と里親委託の留意点 159

第10章　委託時と委託後初期の支援 ………………河野洋子 164

1—はじめに 164
2—里親養育の特性理解とチームによる支援 165
3—守秘義務と情報の取り扱い 166
4—里親応援ミーティング 169

5―委託初期の支援 170

6―児童自立支援計画の作成と共有 174

第3部
養子縁組

第11章　里親・養子縁組家庭支援の実践から見えてくるもの
……………………………………………………………………… 米沢普子 178

1―家庭養護促進協会のはじまり 178

2―里親委託の子どもたちと里親養育の役割 179

3―子どもの福祉のための養子縁組の取り組み 181

4―養子縁組の実際 183

5―今後について 187

第12章　妊娠相談が果たす役割 ……………… 姜　恩和／下園和子 190

1―はじめに 190

2―全国の相談窓口の状況 191

3―妊娠SOS相談の役割 193

4―今後の課題 194

5―実践者の立場から 197

6―子どもを養子に出したい（託したい）と申し出る人々の状況 198

7―相談を受ける際に留意すべき事項
　：相談関係を継続し，自宅分娩の回避を図る 199

8―ハイリスク妊娠への対応 202

9―中高生の妊娠の場合の支援
　（退学を防ぐ，母親の意志，養育に不安がある場合）204

第**13**章　養育者が求める支援　母子保健ができること
··· 佐藤睦子 206

1─支援者が知っておきたい母子保健制度の基礎知識 206
2─乳幼児との暮らしを健康面で支える母子保健制度 214
3─おわりに 219

第**14**章　養子縁組についての法的理解

【Ⅰ　特別養子縁組とは，普通養子縁組とは】····························· 横田光平 222

1─はじめに 222
2─養子縁組とは 222
3─特別養子縁組とは 224
4─普通養子縁組とは 226

【Ⅱ　特別養子制度の成り立ちからみた問題点】························· 鈴木博人 229

5─養子法の構造 229
6─父母の同意と同意の撤回：成立手続きの欠陥 232

第1部
家庭養護総論

第1章

里親・養子縁組を
取り巻く課題

◉ 林 浩康（日本女子大学）

1 ── はじめに

　政府はこれまで里親や養子縁組の推進に向け，積極的に施策を講じてきた。近年，いわゆる里親委託優先の原則を児童福祉法においても明確化し，また社会的養護の中に養子縁組を含めて捉え，縁組の推進を強調する政府文書も散見される。2017年8月に厚生労働省の検討会がとりまとめた「新しい社会的養育ビジョン」では，このような児童福祉法の理念の具体化に向けた里親委託推進のあり方や，家庭復帰が困難な子どものパーマネンシー保障の手段としての特別養子縁組の推進のあり方について提言がなされている。

　こうした状況を踏まえ，家庭養護推進に向けた施策の現状，および今後のそのあり方について提言することが本稿の目的である。

2 ── 近年の児童福祉法改正と家庭養護の推進

（1）子どもの権利と家庭養育の保障に向けた取り組み

　近年改正された児童福祉法第1条において，すべての子どもは適切に養育され，心身の健やかな成長発達やその自立が図られる権利を有することが明確化された。さらに第3条の2において，子どもを家庭において養育することが困難である場合や適当でない場合にあっては，子どもが家庭における養

12　第1部　家庭養護総論

育環境と同様の養育環境において継続的に養育されること，また子どもを家庭や当該養育環境において養育することが適当でない場合にあっては子どもができる限り良好な家庭的環境において養育されるよう，必要な措置を講じなければならないとし，家庭養護優先の原則が児童福祉法においても明確化され，そうした環境で育つ子どもの権利が明記されたと理解できる。

　しかしながら，こうした理念を具体化するうえで子どもを家庭や当該養育環境において養育することが適当でない場合や，施設養護における家庭的環境の明確化が必要となってくる。政府に提出された「新しい社会的養育ビジョン」では，この家庭及び当該養育環境において養育することが適当でない場合とは，①家庭環境では養育が困難となる問題をもつ子ども（例えば，それまでの育ちの中で他者への不信や家庭への怒りが強くて，子どもが他者や自分を傷つける危険がある場合），②家庭内でのトラウマ体験や里親養育不調を経験した子どもで，子ども本人が家庭環境に拒否感が強く，「できるだけ良好な家庭的環境」の提供が適切であると判断された場合（例えば，面前DV体験などで家庭そのものに強い拒否感をもつ場合，里親養育不調を複数回経験した子どもの場合などで，里親等の家庭養育に強い不安をもっているため，一時的に「できるだけ良好な家庭的環境」を提供することがその回復に有効であると考えられる場合），③適当な「家庭環境と同様の養育環境」が提供できない場合，ただしその場合は一時的とし，できるだけ早期に「家庭における養育環境と同様の養育環境」に移行させること。「一時的」の期間に関しては，乳幼児の場合は原則として長くとも数か月以内に「家庭における養育環境と同様の養育環境」に移行すべきであり，就学後の子どももできるだけ早く移行させることが必要であり，どんなに長くとも3年を超えないようにすべきであるとし，将来は1年を超えないようにすべきであるとしている。児童養護施設では入所期間が3年を超えると家庭復帰や里親委託の割合が極端に低下することが本ビジョンが出された検討委員会では明らかにされている。

　また里親委託ガイドラインでは，すべての子どもは里親委託を原則として検討するが，次のような場合は当面，施設入所措置により子どものケアや保

護者対応を行いながら，家庭養護への移行を検討することとしている。次のような場合とは，①情緒行動上の問題が大きいなど，家庭環境では養育が困難となる課題があり，施設での専門的なケアが望ましい場合，②保護者が里親委託に明確に反対し，里親委託が原則であることについて説明を尽くしてもなお，理解が得られない場合，③里親に対し，不当な要求を行うなど対応が難しい場合，④子どもが里親委託に対して明確に反対の意向を示している場合，⑤子どもと里親が不調になり，子どもの状態や不調に至った経過から，施設でのケアが必要と判断された場合，⑥きょうだい分離を防止できない場合や，養育先への委託が緊急を要している場合などであり，この場合でもあくまでも一時的なものとし，積極的に里親の新規委託に取り組むこととしている。そして「一時的」について，乳幼児の場合は日から週単位，長くとも数か月以内に移行すべきであり，就学後の子どもについては，長くとも3年以内には移行すべきであるとしている。

　こうした捉え方については十分に検討が必要であろう。原則あらゆる要保護児童を家庭養護委託の対象として検討するべきであるが，実際には社会的な養育支援体制が不十分なため里親養育が困難な場合もあり，こうした基準も各自治体における支援体制との相関で検討せざるを得ないという一面もある。

　さらに子どもの時間感覚を尊重したパーマネンシー保障に向けた施設現場職員の適切な努力に関する行政機関あるいは第三者機関による監査制度の導入が必要ではないだろうか。子どものパーマネンシー保障に特化した支援計画を作成し，それをどのように実現するかを関係機関で共有し，それに向け努力することを問われる必要がある。日本と諸外国との最も大きな相違は原則的に諸外国では措置期間を有期限化し，見直される場が保障されていることである。日本でもこうした措置期間の監査は必要であり，措置後家庭復帰を目的とした支援を集中的に行い，家庭復帰が無理ならば速やかに養子縁組を視野に入れた里親委託の可能性を模索するという努力のあり方が問われるべきである。

（2）家庭養育の保障に向けた施設における取り組み

　児童福祉法第48条の3は施設や里親は親子の再統合のための支援その他の当該児童が家庭（家庭における養育環境と同様の養育環境及び良好な家庭的環境を含む）で養育されるために必要な措置を採らなければならないと規定され，里親と生みの親との交流を含めた支援のあり方や家庭復帰が困難な子どもの家庭養護への委託に向けた努力が要請されている。

　アメリカの里親に求められる役割の1つに，「生みの親と適切な関係を築けること」があげられている。アメリカの多くの州では原則的に親子面会がほぼ1週間に一度行われるため，子ども，生みの親，里親が接する機会が頻繁にある（尾崎 2012）。もちろん親から虐待を受けているケースについては，親子面会が制限されることもある。子どもの学校の様子などを子どもの前で里親と生みの親が話すのを聴く中で，子どもは自身に関心を注いでくれていることを実感でき，自尊心を促すと言われている。また措置解除後も交流を続け，里親委託の再発予防や生みの親のレスパイト先として里親が機能することもある。いわば実家として生みの親にとっては機能することもある。アメリカでは原則どんなに長くても2年を限度に家庭復帰しなければ養子縁組が検討され，里親がそのまま縁組することで子どもの喪失感を緩和していると言われている。一方日本では，措置および措置解除後における里親と生みの親の交流が禁じられている自治体もあり，そうしたあり方を子どもの立場から検討する必要があるようにも感じられる。

　また施設は，里親支援専門相談員や家庭支援専門相談員が中心となり自施設の入所児童の措置期間を監査し，先に示したように児童養護施設においては3年という区切りの中で子どものパーマネンシー保障を見据えた援助計画を作成することが必要である。すなわち3年以内に家庭復帰が困難な子どもの養子縁組を見据えた里親委託を検討することが必要となる。乳児院の場合はそれがさらに短縮化され3か月を経過すると家庭復帰の割合が極端に低下することが政府の新たな社会的養育の在り方に関する検討会においても指摘されてきた。積極的に施設から出す努力を児童相談所やその他の関係機関と

連携して具体化する必要がある。

（3）委託が困難な子どもの委託促進策

　各自治体における社会的養護に関する推進計画において，児童養護施設や乳児院の機能として，治療的・専門的ケアを掲げ特に乳児院については，障害や疾病により常時医療や療育上の手厚いケアが必要な乳幼児をその対象としてあげられている傾向にある。児童福祉法第11条2号へ(3)では里親と乳児院，児童養護施設，児童心理治療施設，児童自立支援施設入所児童と里親相互の交流の場を提供することが規定されているが，障害児入所施設もこうした規定に加え，社会的養護施設としての認識を深める必要があるのではないだろうか。生活上のケアや医療的ケアを入所施設において必要とする子どもの多くは要保護児童である。障害児入所施設や病院付設の乳児院（日赤・済生会等）の要保護性に関する実態調査を行うと同時に，障害児や医療的ケア児の里親委託に向けた体制づくりについて検討する必要がある。里親等委託率の母数に障害児入所施設に入所している18歳未満の子どもを含め，障害児入所施設に里親支援専門相談員の配置や障害児に特化したフォスタリングエージェンシーの設置等を検討し，障害児や医療的ケア児の里親委託や養子縁組を促進する必要がある。委託が困難な子どもの委託推進を検討することが里親家庭や縁組家庭全体の支援の底上げがなされるとも捉えられる。こうした体制を整備することでより家庭養護を推進する意識の変革を促進でき，あらゆる子どもの委託に向けた体制整備も促進される。病院付設の乳児院の運営費やその後の入所児の施設生活の継続による社会的コストの観点からも検討を要する。

（4）リーガルパーマネンシー保障と特別養子縁組

　子どものパーマネンシー保障とは永続的な特定の養育者との関係性を保障することであると捉えられる。成人後の生活も含め，永続的な安定した関係性をより確実に提供できると考えられる養子縁組は欧米の一部の先進諸国で

は，パーマネンシーの保障手段として日本に比べ要保護児童に対し積極的に活用されている。

　日本では諸外国において一時的養育の場と捉えられている施設養護や里親養育が一部の子どもたちにとって永続的な居住場所となっている現状がある。国による調査結果（厚生労働省 2015）によると，里親委託が8年以上の子どもは里親委託されているすべての子どもの16.2％，児童養護施設では22.8％であり，5年前の前回の調査結果から大幅に増加している。こうした8年以上措置された子どもたちの家庭復帰はほぼ可能性がない。生みの親と永続的な親子関係の形成が困難な場合，社会が子どもの時間感覚を尊重し養子縁組の実現に努める必要がある。法的に安定した環境は子どもの家庭への帰属意識をより高めるとともに，そうしたことが子どもの自尊心の向上につながることや永続的支援をより確実なものとすることが予測できる。したがって子どものパーマネンシー保障で重要なことは家庭環境を提供するとともに，法的により安定した親子関係を提供することであるといえる。ところが，日本では養子縁組の提供が不妊治療との関係で論じられ，その活用が低年齢児に限定され，また長期里親委託が養子縁組の代替的役割を担っている面もあり，リーガルパーマネンシー（法的安定に基づいた子どもの永続的生活）が十分に保障されていない実態がある。

　現場では養子縁組と里親の対象の混乱が散見され，里親委託優先原則が徹底していない状況も存在する。すなわち里親委託の優先原則に基づき，あらゆる要保護児童に家庭養護を提供することを検討すべきであり，また家庭復帰に向けた最大限の努力を一定程度行っても家庭復帰が困難な子どもには養子縁組を検討すべきであるが，実際にはこうした縁組対象を里親対象として捉えられることもある。

　パーマネンシーを保障するためには，子どもの時間感覚を尊重した時限的なアプローチである必要がある。欧米・オセアニア先進諸国においては裁判所の介入のもと，家庭復帰に向けた適切な努力が期間を設定して集中的に行われ，その期間はどんなに長くても2年以下である傾向にある。こうした状

況に鑑みて日本は養子縁組の推進に向けようやく近年検討されたところであり，課題は山積みである（林2017）。

　先に述べたように日本では近年改正された児童福祉法において，すべての子どもは適切に養育される権利を有することが規定され，子どもを家庭において養育することが困難である場合，家庭と同様の環境で養育されることが原則とされた。近年改正された里親委託ガイドラインは，家庭養護の中に養子縁組を位置づけ，家庭で養育することが困難である場合，養子縁組や里親委託を原則として取り組んでいかなければならないとしている。このように要保護児童を対象とした養子縁組は社会的養護における家庭養護であるという認識を国が明確にしたことは画期的なことではある。しかしながら改めて社会的養護の定義や構成要件を十分に検討し，認識レベルだけではなく養子縁組を社会的養護に位置づけるために具体化を図るべきことを明確化する必要がある。例えば，近年の児童福祉法の改正により養子縁組に関する相談・支援が都道府県業務として規定されたが，養子縁組自体は民法に規定され児童福祉法に規定されておらず，縁組家庭に特化した何らかの経済的支援は存在しない。

　またこれまで養子縁組家庭は一般家庭同様に捉えられ，縁組後の支援は養親の主体性に委ねられる傾向にあり，縁組後里親登録を抹消する児童相談所がほとんどである。さらに養子縁組に関しては，児童相談所のみならず民間機関も関与しており，双方の機関を通してなされる縁組の整合性など今後検討すべき課題はあるように感じられる。

3 ── 在宅支援との架け橋：里親養育の多様な活用

(1) 子どもへの直接的サービスの必要性

　児童相談所が受理する虐待相談件数の9割以上は在宅ケースで，その実質的援助を市町村が担う状況にある。近年の児童福祉法改正により市町村支援体制の強化が図られ，ますますと市町村における役割が期待されているとこ

ろである。管轄行政の相違を超えて，社会的養護と在宅支援の協働により，子どもの在宅での生活がより促進されると考えられる。社会的養護は要支援児童も支援の対象とし，市町村と連携して未委託の里親や空きベッドのあるファミリーホームや施設を活用し，親との生活基盤を維持しながら，子どもの直接的ケアを一時的，あるいは継続的に担うことも考えられる。市町村が主体となった宿泊可能な学童保育や妊産婦ホームを運営している先駆的な市町村も存在する。市町村レベルで子育ての共有文化を醸成することはきわめて重要であり，それが里親の裾野を拡げることにもつながる。実際，子育て短期支援事業の実施においては，保育士資格をもつ個人や里親等（市町村が適当と認めた者を含む）に委託することができるとされている。

　要支援児童を抱える家庭との関係形成は子どもへのサービス，すなわち学習支援や食事提供などを介して親とつながるほうが，親への直接的サービスより効果的であるという実践評価もある。子どもへの支援あるいは子どもの変化を通して親自身が変化することも実践の中で示唆されている。言うまでもなく，親への支援や家庭支援の視点は重要ではあるが，子どもの時間感覚を尊重するという意味で，待ったなしで成長する子どもの立場を考慮し，子どもへの直接的な支援を充実する必要がある。あるべき家庭像に近づけさせるというアプローチではなく，家庭に求められる養育機能，居場所機能，生活支援機能の補足外部化や「依存先の分散」化を考慮し，そうした機能を担うサービスを創造することが重要である。都道府県と市町村が連携して，そうした一翼を家庭養護が中心に担うことで，市町村あるいは町内レベルでの養育が可能となる。都道府県と市町村が連携を図り，社会的養護措置児童数を減少させることは，国および都道府県の財政的削減につながる。一定の市町村が行う子どもへの直接的な養育支援サービスに関しては，都道府県が財政的負担を担い，市町村の取り組みを促進することがきわめて重要である。さもなければ，市町村はそうした養育支援を放棄し，社会的養護への措置を促進する結果を生み出すことも考えられる。子どもたちが身近な地域でできるだけ生活を継続できるようなシステム構築が必要である。

(2) 多様な里親のあり方

　これまでも家庭養護や施設養護は措置という形だけではなく，子育て支援や一時保護委託等においても活用されてきた。また先駆的自治体や諸外国では妊婦を里親に委託し，実家的支援が提供されている。フランスのパリには「半里親（Parrains par Mille = 1000人の里親，参照：http://www.parrainsparmille.org/）」活動が存在する。半里親とは保護者と暮らす要支援家庭の子どもたちに提供される一貫した週末里親である。家庭において適切な配慮や気遣いがなされず，放置傾向にある子どもに対し，経済的に余裕のある者が親の承諾を得たうえで，子どもを自宅に招き入れ時間をともにするという支援である。子どもは他人の家庭で気遣われ，配慮される体験の積み重ねにより，生きる意欲を高めることが明らかにされている。また子どもにとって他の家庭での生活を通して家族観を修正することができる。担い手は単身者を含め一定の研修を受講した者であり，担い手への経済的支援は社会的には行われず，子どもに要する経費は半里親の負担となっている。それでも担い手が確保できるということは，そうした活動に関与することが半里親にとっても大きな意義がある証左といえる。現在日本で求められている里親はある意味ハードルが高く，一般市民にとって距離感を感じざるを得ない一面もある。諸外国では，多様な社会的親が社会的サービスとして存在する。単身でフルタイムで勤務する者でも場合によっては里親となっている例もある。そうした者にマッチする子どもも存在するということではないだろうか。一般市民が可能な範囲で社会的に養育を担えるために行政と民間組織が協働してさまざまな社会的親を具体化することが重要である。それがいわば「満里親」との距離感を縮め，その担い手の裾野を広げることとなる。

　こうした在宅支援レベルでの社会的親の創出は市町村単位で模索する必要があり，半里親的な支援活動を市民参画のもと具体化することが重要である。里親支援機関が満里親のみならず，社会的親の創出や提供に貢献する可能性を模索することも考えられる。また里親を支援する社会的親を模索することも重要であろう。身近な地域で預ける体験や，預かる体験の積み重ねは社会

的養育意識の醸成を促すと考えられる。経済的課題などを抱え家庭内で適切なケアが受けられず，気遣われる体験もなく，家庭や学校において放置された子ども，および里親に対し予防策として半里親のような身近な人に気遣われる体験を断続的ではあるが，継続的に積み重ねることのできるサービスを整備する必要がある。

このようなサービスは個人レベルでの思いやりや共感を，連帯思想に結びつけ，より高度なサービスの具体化の可能性をも有している。個人レベルでの思いやりと社会レベルでの連帯の間には大きな溝があるが，それを相互交流や相互理解を通して埋め合わせることが可能ではないだろうか。

4 ―― 共同養育と子どものケアを担う人材・機関の育成

（1）里親養育における共同養育

里親養育を支援する体制は主としてケアの提供と相談支援から構成される。前者には子どもの一時的あるいは断続的な生活ケアや専門的ケア，家事支援等が含まれる。後者には委託機関（児童相談所）や支援機関による子どもの養育に関する専門的相談や里親サロンなどが含まれる。

これまで前者の体制づくりについては，認識が不十分であった。特に子どもの生活ケアや専門的ケアが不十分に感じられる。生活基盤を共有する少なくともひとりの養育者との個別応答的関係を保障しつつも，委託当初から子どもの養育に関与する複数の担い手を社会的に保障することが，今後の里親養育支援において必要である。主たる養育者以外のそうした他の複数の養育者との関係も子どもにとって発達上重要なことである。インフォーマルな支援を得ることが困難な状況の中で，委託当初から一貫した養育者だけではなく，複数の担い手との関係形成や子どもの治療的ケアを視野に入れ，養育体制について検討すべきである（林 2014）。共同子育ての必要性が強調される中で，アロ（代替）・ペアレンティング，マルチプル・ペアレンティング，コ・ペアレンティングといった考え方が提示され，主たる養育者と生活基盤

第1章　里親・養子縁組を取り巻く課題　　**21**

を共有しつつ，多様な養育者の必要性について論じられてきたが，里親養育についても同様と言える。また子どもへの専門的かつ効果的な回復的ケアを提供する体制も必要不可欠である。効果に関する一定のエビデンスが諸外国において明らかにされており，そうした専門的ケア（セラピー）を担う人材の養成・育成が急務である。このような人材を既存の機関に配置することも考えられるが，専門的ケアを担う民間機関の設置を促す政策的誘導策が必要である。主たる養育者，家庭外の養育者，専門職による子どものケアといった体制を整備することで里親養育は可能となる。

　こうした体制が不十分な背景には，養育観による影響が考えられる。これまで一定の養育者（特に里母）との関係の重要性があまりに強調され，回復的ケアを里親や里親との生活に求められてきた。インフォーマルな関係に基づいた共同養育が困難な状況にもかかわらず，社会的にそれに代わるその他の者との関係が尊重されてこなかった傾向にある。子どもは家庭内外の複数の養育者から守られているという安心感により人間への信頼感を培い，生活上安定することができる。また複数の養育者により気遣われる体験を積み重ねることで，生きていく土台としての自尊感情を育むことが可能となる。それは育ちづらい環境で養育されてきた子どもであっても，委託当初であっても同様である。特別養子縁組申立て前の試験養育期間に育児休暇が認められるようになったが，養育者が余裕をもって子どものニーズに応答できるための環境づくりとしては，きわめて重要なことではある。一方，単独の養育者との関係を深めるために，ともにいる時間をできるだけ増やすことをよしとする，あるいはそうしたことを促進する側面があり，結果的に孤立化した育児や一定の養育者にのみに養育を委ねることを促す面もある。また「子どもを預ける」「レスパイトケア」といったことばは養育者の都合でやむを得ず子どもの養育を他人に託すといった消極的意味で捉えられるが，子どもにとって一定の養育者から離れることや，別の養育者との関係形成は発達上必要不可欠なことである。

（2）チーム養育

　里親たちは支援の直接的対象ではなく，養育に関与する複数の人たちによる支援体制が確保されることで間接的に支援される必要がある。支援の主たる対象は子どもの養育であって，里親への直接的支援ではない。ここに里親支援ということばの誤解があり，家庭訪問や里親サロンで支援が終始する傾向にある現在の支援内容の問題が存在する。

　チーム養育とは子どもを中心に据え，複数の養育者が関与し，子どもの安全感や安心感を促進することである。場合によっては，トラウマインフォームド・ケアの一環として，子どももチームの一員となって自身の問題の対応のあり方について，他の人たちと検討するということも考えられる。「子ども中心の支援」あるいは「積極的な子どもの保護」とは，子どもの状況に合わせて複数の養育の担い手や専門的ケアを個々の子どもに提供することである。いわば子どもに対し，社会的に擬似血縁関係を提供することである。近年「子ども家庭福祉」ということばが強調される中で，子どもの育つ基盤である家庭を支援するという考え方が一般化してきた。しかしながらそうした基盤がきわめて脆弱でありながらも，親子での生活を強いられる子どもたちも多く存在する。また育ちづらい子どもを抱える里親にとっても，里親が中心になりつつも多様な養育の担い手なしでは，継続した養育は困難である。

　里親養育支援がいわば養育者の不満や不安を傾聴するというレベルに終始し，子どもの養育ニーズに適応した支援が提供されないことに起因して不調問題を引き起こすこともある。こうした状況は，児童相談所への不信感によりさらに増幅されることもある。そこで必要とされる支援とは，複数の担い手とともに子どもを共に養育しているという共有意識を感じられる子どもへの直接的な養育支援や専門的治療的ケアであったり，子どもの行動への疑問に対し適切に応えてくれる児童精神科医等の有効な助言などであるが，実際にはこうした基本的支援が欠如傾向にある。

　子どもに対する不可解な思いを含め，児童相談所の担当福祉司をはじめとした専門職と共に検討会議を開催し，子どもを養育する土壌を形成すること

も重要である。しばしば里親と専門職の考え方に差異が生じることがある。その認識の差異を明らかにし，個々の里親養育のあり方について共に考える場が必要である。

　里親養育においては子どもの個別差を配慮することが重要であり，過去の養育体験は「強み」「弱み」双方に作用する。里親の子どもに対する「わからなさ」が苛立ちを生むこともある。里親，専門職の垣根を超え，相互に「わからなさ」でつながり合う，「わからなさ」を共有したうえで納得できるストーリーを養育者なりに構築する，そのためにはチーム養育や，子どもの養育のあり方について検討する会議に里親自らが参画することがきわめて重要であろう。

文献
尾崎京子（2012）「アメリカの子どもたちを支える里親たち」『はーもにい』107，2頁
厚生労働省（2015）『児童養護施設入所児童等調査結果』
林浩康（2014）「里親養育の社会化」『里親と子ども』Vol.9，64～72頁
林浩康（2017）「要保護児童を対象とした養子縁組の現状とその課題」『子どもの虐待とネグレクト』19(1)，8～15頁

第2章

里親・養子縁組における
アタッチメント

● 増沢 高（子どもの虹情報研修センター）

1 ── アタッチメントに関する新たな理解

　心の発達は前段階の発達課題が獲得されて次の発達課題が積み上げられるという漸成的過程である。ゆえに，初期の発達課題は人格の基盤形成ともいえる重要な課題となる。初めの段階で獲得されるべき重要な課題は，世界に対する安心や安全の感覚であり，人や自分に対する信頼の感覚を心の中核に宿すことである。こうした感覚を宿すためには，子どもの生理的，情緒的欲求に対して応答を繰り返す養育者の存在が不可欠である。空腹時の泣き声に喚起されて養育者が授乳する，泣いている乳児を抱いてあやすなどの応答的養育行動は，子どもにとっては，不快から快へと救い出される体験ともいえるものとなる。また子どもの笑顔と発声に，養育者は呼応し，声をあわせ，共に笑いあう。こうした情緒的やり取りに夢中になるのもこの課題獲得の重要な要素となる。求めれば救われ，働きかければ応えてくれるやり取りを通して，子どもは，世界への安心と信頼，そして自分が能動的に働きかける力をもった主体としての自分自身への信頼を確実なものとしていく。出生後6か月ころには，安心と安全をもたらしてくれる対象が分かるようになり，不安や恐怖を感じたときには，その対象に近づき，接触して不安を鎮めて安心を得ようとする。ボウルビィ（Bowlby, J., 1982）は，この行動を「アタッチメント行動」と呼び，その対象を「アタッチメント対象」と呼んだ。安心を得

25

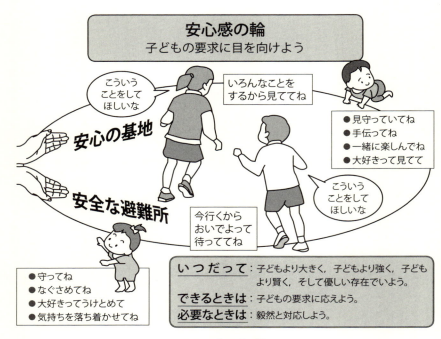

図1　安心感の輪

(Web page: Circleofsecurity.org © 2000 Cooper, Hoffman, Marvin & Powell／北川恵訳〈2011〉)
出典：北川恵「養育者支援」(数井みゆき編著『アタッチメントの実践と応用』所収) 誠信書房, 27頁の図2-1より転載

た子どもは、やがてアタッチメント対象を離れて好奇心いっぱいで遊び始める。アタッチメント対象が近くにいることで、安心してのびのびと主体的に活動できるのである。この行動は「探索行動」と呼ばれ、これを繰り返すことで、さまざまな物事を取り入れていく。探索行動は、この時期の子どもの成長発達に欠かしてはならない大切な営みである。アタッチメントの対象は、子どもにとって「安全の基地」(Ainsworth, M.D.S., 1982) となり、子どもはそこを基点に行きつ戻りつする。つまり、探索行動とアタッチメント行動を繰り返すのである。この過程をクーパーら (G. Cooper, et al., 2000) は「安心感の輪」として描いた（図1）。年齢とともにアタッチメント行動と探索行動の間隔は長く、行動の範囲は広くなり、やがてアタッチメントの対象がそばにいなくとも、心の根底に対象を宿すことで安心を刻み、安心という心の力

に支えられてより主体的で幅のある活動を可能としていく。

　子どもの発達を理解し，より良い子育て環境を検討するうえで，アタッチメント理論はきわめて重要である。ところが，このアタッチメント理論を社会が理解していく過程でいくつかの誤解が生じており，それが修正されないまま共有され，社会的養護を含むさまざまな領域での養育論に誤った影響を与えている状況がうかがわれる。よく耳にする例としては，以下のようなものである。

①アタッチメントは1対1の関係で形成される。ゆえにアタッチメント対象は1人であるべきである。

②他の養育者とアタッチメントを形成することは，主要な対象とのアタッチメント形成の過程を阻むことになる。

③実親の養育が困難であるならば，養親とのアタッチメントを形成するために，すぐにでも養子縁組をすべきである。たとえ妊娠期に養子縁組を希望した実母が出産後にその意向を覆したとしても，子どもの利益を考えて，すぐに新たな養育者のもとに子どもを渡すべきである。

④養育者の変更があった場合，以前のアタッチメントの対象には，里心がつくからなるべく会わないほうがいいし，忘れさせたほうがよい。

　これらはすべて正解とはいえないもので，中には全くの間違いもある。しかし，子育て領域や社会的養護を担う専門家や実践家の中でさえ，これらが正しいとする認識が少なからずあり，そうした声が，支援のあり方から支援体制，さらには施策に至るまで幅広く影響を与えている。子どもの養育に関わる専門家は，常に新しい知見や理論を学び，それらを実践に反映させること，および支援チームにおいてこのことが共有される必要がある。「発達心理学を専門とする研究者によるグループインタヴュー結果」（林 2015）（第3章も参照）では，日本におけるアタッチメント研究をリードする研究者が里親養育等のあり方について，最新のアタッチメント研究の知見をもとに見解

が述べられた。そこで述べられたことは，今まで通念とされていたものの中に，認識の修正をもたらす必要がかなりあることを示すものであった。ここでは各研究者の見解をもとに，上記にあげた例を中心におきながら，アタッチメント理論の正しい理解と誤った認識への修正を試み，それらを踏まえて社会的養護のあり方について検討する。

2 ── 人類の本来である協働繁殖システムにおける　　複数の養育者とのアタッチメント

　子どもがアタッチメントを形成するためには3つの要件が必要となる。1つは身体的ケアと情緒的なケアが与えられること，2つ目はそれが連続かつ一貫して応答されること，3つ目が養育者の子どもに対する思い入れがあるということである。特に子どもが恐怖や不安を抱えている状況において，それを受け止め慰めるような手立てを講じる養育者がアタッチメントの対象として選ばれるといわれている。しかし現実にはこうした要件を十分に備えた養育者ばかりではなく，またそういった養育者であったとしても，常に子どもに対してこの要件を提供し続けることは困難である。特定のひとりの養育者だけがアタッチメントの対象となるべきとすれば，養育者に相当の負担を強いることとなり，養育は破綻をきたす危険を高めてしまう。

　近年の研究では，1対1の子育ては幻想で，本来人間は協働繁殖であり，複数の養育者がそれぞれで3つの要件を提供することで，子どものアタッチメント形成が進むものと説明する。確かに古来より長きにわたり，人類は群れの中で複数の人間が，相互補完的に養育に関わってきた。生殖年齢を過ぎても寿命が続くのは，孫の子育てに関わる生物学的理由によるという見解もある。

　ボウルビィの初期のアタッチメント理論は母親の愛情的経験や働きかけを重視し，母性剝奪が知的，情緒的，社会的発達に阻害をもたらすと指摘した。しかしこれが「3歳までは母親が育児をするべき」という3歳児神話を生み，

28　第1部　家庭養護総論

母親に大きなストレスをもたらすものとなった。誤りの1つはまずこの点である。

　実母でなくとも別の養育者がアタッチメントの対象にはなり得るし，さらには複数の大人（時には年上の子どもも）が養育に関わり，子どもが複数のアタッチメント対象を得ることで，子どものアタッチメント形成が総合的に育まれるというのが近年のアタッチメント理論の見解である。前述のインタビューの中で遠藤氏は「最近では，協働繁殖という考え方がどちらかというと一般的になっているような気がします。要するに集団子育て状況というのが，生物のヒトにもともと備わっていた子育ての形態だということです」と述べ，近藤氏は，ヴァン・アイゼンドーンなどオランダとイスラエルの研究者が「アタッチメントの統合的組織化理論（複数のアタッチメント形成が総体として子どものアタッチメントを安定させる）」を証明し，母親に限らずさまざまなアタッチメント対象との関係が総合的にアタッチメントの安定性に影響する」との見解を示していることを紹介している。以上を踏まえれば，冒頭に列挙した認識例の①と②は否定されることになる。

　母親中心の1対1の子育ては，先進国の工業化による核家族化がもたらしたと考えられ，長い人類史からみればわずか近年の子育て形態であり，日本でのはじまりは60年代の高度経済成長期にあたろう。この時期の世論調査による家庭観は「夫は外で働き，妻は家事と子育て」であった。この観念が常識としてわれわれの子育て観に根づいており，しかしそれは古来長く続いた子育て環境からみれば特異な形態とみるべきであろう。さらに母親任せの養育は，母親の子育てのストレスを高め，それが虐待発生のリスク要因ともつながる可能性があり，問題は大きいとみなすべきである。女性の社会進出が進み，共働きが常識化した近年は，高度経済成長期の「妻は家事と子育て」という家庭観は昔のものになりつつあるが，母親の育児負担は軽減されてはいない。保育園やその他の子育て支援機関も含め，子どもが複数の養育者との間でアタッチメントが形成され，アタッチメント対象同士で子どもの養育を補い合えるネットワーク型の養育環境を用意することが求められるの

である。

　このことは社会的養護にも当てはまり，里親養育において，あるいは小規模化された施設において，1人の養育者のみ子どもの養育が任されるような状況は避けなければならない。周囲からの養育者任せや養育者自身の抱え込みは，養育の負担を重くし，身体的ケアや情緒的ケアへの余裕をなくさせ，子どもに対する思い入れも萎えさせ，アタッチメントの基地としての機能を低下させる危険性を高めてしまう。社会的養護の領域においても，複数の養育者がアタッチメント対象として機能し，相互補完的に養育が展開できる体制を検討し，整備すべきといえよう。

3 ── ルーマニア孤児の研究から示唆されること

　ルーマニアの孤児の研究は，初期の劣悪な環境がアタッチメント形成を阻害し，その後の心理行動的問題をもたらすことを指摘した。チャウセスク政権下のルーマニアでは，多くの孤児がきわめて劣悪な環境の施設に収容された。その後，幼少期に里親に移された子どもと施設に残された子どもとでさまざまな発達面で有意な差が生じたことが明らかとなった。この結果は施設入所が子どもの発達に悪影響となるとし，脱施設化論を強力に後押しした。国連の「児童の代替的養護に関する指針」にも強い影響を与えている。これらを受け，現在日本でも施設養護，特に乳児院に対する否定論が強まっている。一方で日本の乳児院とルーマニアの孤児院とでは養育環境に雲泥の差があることは自明であり，やみくもに日本の乳児院を否定すべきではないという意見も強い。

　イギリスに養子縁組されたルーマニア孤児を扱った『イギリス・ルーマニアの養子研究』の代表者であり医学博士であるラター（Michael Rutter）氏は，ルーマニア孤児のダメージは，施設養育そのものから生じているのでなく，ルーマニア社会全体の子どもの剥奪状況に伴う社会的養護のシステムそのものに問題があったと指摘している。ギリシャや香港での施設と里親養育との

30　第1部　家庭養護総論

比較研究ではルーマニア孤児のような状況は見られなかったと述べている（2016年，第22回子ども虐待防止学会大阪大会国際プログラムでのインタビューより）。ルーマニア孤児が直面した最大の問題は，施設入所前からの劣悪な養育環境においてアタッチメント対象が不在であった点である。

　遠藤氏は「最初の段階で大人とのアタッチメントが安定したものであれば，その後の環境移行（養育者の変更）は相対的にスムーズに進む確率が高いだろう」と述べている。つまり実親であれ，里親であれ，施設職員であれ，関わる養育者とのアタッチメント形成が重要で，それができていれば，次の環境でのアタッチメント形成は優位に展開するということである。逆にどのような環境であっても，アタッチメントが不十分のまま経過することが，その後の心身の発達に深刻な影響をもたらすということである。例えば乳児院から里親委託等に移行する場合，乳児院において乳児の生理的要求や情緒的要求に十分に応答し，養育者とのアタッチメント形成ができていれば，里親とのアタッチメント形成もスムーズに展開しやすくなるということである。したがって乳児院においては，アタッチメント形成がより促進できるような体制や養育の質の向上に努め続けることである。このことは乳児院の運営指針や人材育成指針でも重視されており，適切な方向性が示されているといえよう。

　この点において古くには児童福祉領域で誤った認識が共有されていた。それは「次の養育者に子どもを託すことが明らかな場合，現在の養育者との濃密な愛着関係は築かないほうがよい」というものである。児童福祉領域に限らず，一般的にはこうした認識はいまだ存在しており，現在のアタッチメント理論はその認識を否定するものである。

4 ── 新生児の養子縁組を急ぐことのリスク

　ルーマニア孤児の研究において，さらに近年になって明らかになったことは，4～6か月以内に救出され，里親養育が行われた子どもは，心的発達に

劣悪な環境の影響はほとんど認められなかった点である。養子縁組において，このことが重要になるのは，妊娠期に養子縁組を希望した実母が，出産後にその意向を覆したとしても，子どもの利益を考えて，すぐに新たな養育者のもとに渡すべきかいなかの検討においてである。

　養子縁組においては，三者への十分な配慮のうえに成立されなくてはならない。三者とは子ども，実母そして養親である。インタビューで，久保田氏は生みの親に対する考慮と養育候補者に対する考慮が重要と述べている。近藤氏は「生みの親が子どもから離され，養母に引き継ぐことは，とりもなおさず生みの親にとっては子どもの喪失で，子どもの喪失に対して，どのようなケアが行われているかが心配」と指摘する。生みの親は，たとえ妊娠中に養子縁組に同意したとしても，出産後ホルモンのバランスから，マターナルアタッチメント（母親の子どもへのアタッチメント）が高まるため，養子縁組に躊躇するのは普通のことである。しかしその迷いを軽んじてはならず，受け止め，納得できるところまで寄り添うことが重要との指摘である。

　さらに近藤氏は，海外の代理母親を例にあげ，生んだ後に子どもを渡すのを嫌がる親は多く，しかしそれは生物学的には当然であり，それへのケアなく子どもが離されることは，子どもの喪失となり，喪失体験がトラウマとなった時に，次の子ども（経産子）の胎児期も含む養育に問題を生じさせる危険があると指摘する。久保田氏も，生みの親に対して「不安定な中で意思決定はさせないということと，十分な熟慮の時間を与えるということが大事」と述べている。この点について，栄永と小林ら（1991）の経産婦対象に行った調査研究において，10代の経産婦の母と子の母子保健状況はきわめて不良で，その背景に初産の段階での実母へのケアが十分でなかったことを指摘した。生みの親に対する子どもの喪失へのケアは，次の虐待予防につながる重要なポイントとなる。日本の現状を見れば，この点はきわめて不十分といってよい。このケアに十分な時間をかけるためには，必然として実母の意思決定までの過程を含めた猶予期間が必要となる。ルーマニア孤児の研究結果は，この猶予期間の設定を許容するものとみなすことができる。

一方，養育候補者に対しても，候補者の抱えている強みや課題の把握が重要である。特に養子縁組を希望する背景に何があるかを理解する必要がある。近藤氏は，養親を希望する背景に，さまざまな生殖医療等を受けながら，失敗体験を踏まえて，最後に養子を迎えようと決心した場合が少なくなく，その場合，失敗体験やそれによる喪失体験がトラウマとなって子育てに影響を与えることを懸念する。こうした養親候補者に対しては，トラウマに対する専門家によるサポートが必要と述べている。日本では，里親や養親に対して，養育者としての適切性も含め，課題や強みを評価し，十分な対応とサポートを行っている状況とはいいがたい。この点についても十分な対応を行うための体制整備が必要である。

　子どもにとっては，養育候補者に委託する前の猶予期間は，一時保護，あるいは一時的な施設入所や里親委託によって担う期間となろう。この期間を担う養育者らは子どもとのアタッチメント形成を育み，実母のところに戻ることも含め，次の養育者に引き次いでいけるよう準備することが重要となる。ルーマニア孤児の研究結果から考えると，猶予期間としては4～6か月が妥当と思われるが，遠藤氏は，一時保護の段階で，安定したアタッチメント形成ができている子どもは，特にその次の移行のタイミングに関しては，それほど急ぐ必要はないとも述べている。猶予期間の検討より，むしろこの間に養育者と子どもとのアタッチメント形成をいかに育むかが最重要課題ということである。この期間に乳児院であれ里親であれ，安定したアタッチメント形成が促進されるような体制の強化と養育の質的向上が求められるのである。

5 ──移行期の支援

　ここでは新たな養育者に子どもを引き継ぐ移行期について述べる。一時保護時など最初の段階での安定したアタッチメント形成は，後の養育者とのアタッチメント形成の基盤となる。しかしこの過程をより確かにするためには，それまでの子どもの育ちの経過や対応の仕方などを新しい養育者に伝えるこ

とである。そのためには当該ケースのアセスメントを丁寧に行っておく必要がある。一時保護以前の実の親との関係，行動上の特質，心理的な傾向，一時保護中の養育者との関係，子どもの育ちの経過等を整理し，それらが今後の養育環境でどのように展開するであろうかをアセスメントし，新たな養育者に伝えることである。遠藤氏はインタビューの中で，こうしたアセスメントがないと，新たに関わる養育者の感情的な混乱や戸惑いは大きいだろうと指摘する。これは施設から養親，一時里親から養親，施設から施設などすべての移行時にあてはまる。アセスメントを行うためには，養育者だけでなく心理職やファミリーソーシャルワーカー（FSW）などの専門職が養育チームとして加わって検討することが有益である。乳児院を含め児童福祉施設にはこうした専門職が配置されており，この点においてさらに機能すべきであろう。

　新たな養育者と子どもの関係形成は，丁寧に進めるべきである。早急過ぎる子どもとの暮らしは危険が伴う。中には問題行動等を抱えてしまっている子どももおり，その場合はなおさらである。子どもによって養育者が関わりやすい場面と関わりにくい場面が必ずある。それまでの施設や里親宅での暮らしの中で現養育者は身をもって把握できているはずである。

　例えば施設から新たな里親に移行する場合，まず施設に新たな養育者を招き，関わりやすい場面から子どもと関わり始め，徐々に他の場面での関わりを増やしていくといった展開が理想だろう。初めからすべての場面で関わるよりは，その方が関係は築きやすいのは明らかである。新たな養育者にも余裕が生まれ，安定したアタッチメント形成に有益となる。関わりの難しい場面への対応は，それまでの養育者の関わりをモデルに，徐々に担えるよう支えることである。こうしてはじめは施設が新たな関係構築の場とし，少しずつ里親宅にシフトしていく緩やかな移行に努めるべきであろう。子どもにとっても，新たな養育者との関係が一定以上構築できていることで，移行時の環境変化に伴う不安や喪失に伴うトラウマが軽減されることになる。

　同時にこの過程において施設の職員と里親との協力関係を強めていくこと

である。ここでできあがった施設と里親とのつながりは，施設が里親委託後の里親支援を展開するうえでの基盤となろう。里親養育や養親の養育が良好に展開するためには，里親や養親を孤立させず，支援の手を継続的に届け続けることである。一方，里親や養親自身も抱え込まずに，施設等の支援者とつながることである。

　制度においても，移行期を重要な期間として位置づけ，例えば，施設から里親へ移行するときに，施設入所と新たな里親委託とを一定期間重ねる，いわゆる二重措置とするなどして支えるべきである。移行期を双方相乗りの支援期間とすることで，協働による支援が推進されるだろう。この期間にアセスメントを共有し，子どもと新たな養育者との関係構築，および施設と里親や養親との協力関係構築をはかるのである。

6 ── 移行した後の支援

　移行後には，以前の養育者から離れることが永遠の別れにならないよう，可能な限り関係の継続に努めることである。複数のアタッチメント形成は総合的なアタッチメントの安定に寄与することは先述の通りである。また以前の養育者と引き離されることは，過去から今に続く人生の連続性の感覚を分断し，かつ「自分は見捨てられた」などの自己否定感につながってしまう危険がある。分断された人生史や否定的な自分史は，自己評価を低下させ，特に思春期・青年期のアイデンティティの形成を難しくさせてしまう。第1節で例示した④「養育者の変更があった場合，以前のアタッチメントの対象には，里心がつくからなるべく会わないほうがいいし，忘れさせたほうがよい」は，以上の理由から全くの誤りであると理解すべきである。

　乳児院から里親あるいは養親への移行を考えた場合，乳児院の養育者とのアタッチメントが形成された子どもにとって，乳児院から離れて養親に移行することは，それだけで大きな喪失体験となりえる。しかし移行後も以前の養育者と子どもとの良好な関係が継続されることで，子どもはそれを乗り越

える力を得ることになる。そのためにはそれまでの養育者と新たな養育者がつながることであり，決して養育者同士が否定し合ってはならない。例えば「施設の職員は嫌いだから，施設のことは話題にしない」「施設の暮らしは忘れさせたいから，施設のアルバムは見せない」「（アタッチメント対象であった）以前の養育者が尋ねてきても会わせない」などの対応は，子どものそれまでの人生を否定することとなり，それは子どもの不安や戸惑いを高め，健康的なアイデンティティの獲得にマイナスに作用してしまう。

　それまでの養育者との健康的な暮らしや良い思い出等を子どもと共有して，大切にとどめていけるよう子どもの育ちを支えることである。このことは施設から施設へ，あるいは里親から施設へなど，あらゆる措置変更において当てはまることである。養育者同士のつながりは，アタッチメント形成の架け橋となって，重層的なアタッチメント形成を可能とし，総体として安定したアタッチメントにつながっていく。里親も施設職員も共にこの点については，十分に認識を深めておくべきである。

文献
数井みゆき編著（2012）『アタッチメントの実践と応用』誠信書房
栄永加代子・小林美智子他（1991）「第1子を10代で出産した経産婦の問題」『大阪母性衛生学会雑誌』33，149〜152頁
林浩康他（2016）「国内外における養子縁組の現状と子どものウェルビーイングを考慮したその実践手続きのあり方に関する研究」平成26・27年度厚生労働科学研究費補助金政策科学総合研究事業
Michel Rutter（2016）「ラター氏から学ぶ　逆境状況の子どもの理解と支援」第22回子ども虐待防止学会大阪大会国際プログラム

第3章

発達心理学を専門とする研究者によるグループインタビュー結果

養育の引き継ぎと
アタッチメント形成

◉ インタビューイー：遠藤利彦（東京大学）／久保田まり（東洋英和女学院大学）／
近藤清美（帝京大学）／増沢 高（子どもの虹情報研修センター）
◉ 司会：　　　　　林 浩康（日本女子大学）

＊厚生労働科学研究として行われた『国内外における養子縁組の現状と子どものウエルビーイング
を考慮したその実践手続きのあり方に関する研究』（平成27年度）報告書に掲載されたインタビュー
記録の一部を以下に掲載する。発達心理学の立場から，アタッチメント形成の要件やその過程およ
び養育の引き継ぎのあり方について，多くの示唆に富む見解が得られた。

▌健康的なアタッチメントの当事者になれ
▌るために支えを得る必要がある

遠藤▶アタッチメント対象の要件として
どういうことが言われているかというこ
とで言えば，身体的なケアや感情的なケ
アを，十分に子どもに与えられること
が1点目になります。2点目が，子ども
の生活全般にわたって，連続かつ一貫し
た存在であるということです。基本的に
は持続的に子どもの生活の中に存在し続
けるということが，アタッチメント対
象の要件になる。3点目が，Emotional
investment ということになります。いわ
ゆる情動的な投資ということです。要す
るに金銭的な利益みたいなものを見越し

てというのではなく，子どもの育ちのた
めに感情的な投資をするということで
す。自分が頑張ることで，子どもが成長
し発達してくれるのであればそれが自分
の喜びとして報われるという感覚とも言
えるのでしょう。この3つの要件を備
えている人であれば，どんな大人の人で
あっても，子どもにとって，かけがえの
ない主要なアタッチメント対象になれる
というように言われていると思います。

増沢▶それに加えさせていただくとする
と，対象人物その方が，そういった健康
的なアタッチメントの当事者になれるた
めに支えを得る必要があるということで
す。1人で抱え込むのではなくて，いろ

37

んなサポートを受ける必要がある。情緒的な投資ということには，やはり心の余裕というものがどうしても必要だと思います。その余裕を得られる環境。さらには親が社会からサポートをもらうことを良しとする文化，社会的認識，そうした環境であることがもう1つの条件として大事なことと思います。

不在であっても，いつ帰って来るのか予測可能であること

久保田▶まず1点目，フィジカルな，そしてエモーショナルなケアの提供ということですよね。それから不在であってもいつ帰ってくるのかと予測可能であること。そして期待できて，当てにできる，そういう存在であるということ。愛着関係の中で，センシティビティが高いとか，情緒的な応答性，つまりEmotional availabilityが高いというようなこと。

アタッチメントに関して誤解されていることのひとつに1人の人がずっと付きっきりでこれを果たさなければならないというようなことがあります

増沢▶このような条件を，養育者の誰もが持ち得ているものではないとも思います。おそらく一般の多くの方々が，こうした条件をすべて満たし100パーセント応えるということは非常に難しいと思います。加えて子どもと養育者の1対1

の関係で，どこまでそれができきれるのかというと，それは無理な話じゃないかと思うのです。現代の家族の多くが核家族で，家庭の中で，子どもと1対1の時間が昔と比べて非常に長い。そこには無理をした子どもとの暮らしの姿がある。アタッチメントの達成をなせる養育者というのは，おそらくいろいろな手助けを周りからもらいながら，余裕のないとき，疲れていて，子どもへの反応が落ちているとき，自分に替わって養育してもらう，話を聴いてもらうなどしていると思います。そう考えると昔の家族は大家族が多かったわけで，そこではみんな祖父母から年長の子どもまで子育てに参加して，支え合っていた。その中には一貫した確かな中心的養育者がいるんだけれども，そこを補う環境が自然とあって，それによって果たし得ていたのかと思います。

アタッチメントに関して誤解されていることのひとつに1人の人がずっと付きっきりでこれを果たさなければならないというようなことがあります。1対1の養育環境を前提に，この話をしていくと，たぶん行きづまっちゃう。

複数の人が関わったとしても，そこに子どもから見て規則性が成り立っていればあまりダメージにはならない

遠藤▶子どもが予測できない形で養育者

が不規則にいたり，いなくなったりしないということが大切です。もちろん，子どもの周りの大人が不在になる時間帯というのはあるわけです。しかし，子どもが見通せる形でそれが生じ，また期待した時間には期待した人に必ず戻ってきてもらえるという体制がしっかりと確保されていれば，あまり問題にはならない。かつては確かに，施設環境等でのマルチプルマザーリングとかマルチプルペアレンティングとかが問題とされていたわけですが，実はマルチプルであること，すなわち，子どもに関わる大人が複数いることそのものが問題の本質ではなく，見通しがきかないことの方が問題が大きい。

司会▶例えば，施設の職員の勤務シフトでも，ある程度子どもは予測可能な状況だと思うのです。そうした状況では何が問題になってくるのでしょうか。あるいは問題にはならないのでしょうか。

遠藤▶あまり問題にはならないかと思います。要するに子どもから見てシフトにわかりやすい規則性があり，当てにしていた人が突然いなくなるというような不意打ちがない状況が実現されていれば，基本，大丈夫なのかとは思います。複数の職員の方がこうしたアタッチメントに関わる重要なところを考え方としてしっかりと共有し，職員間でその関わり方に齟齬が生じない限りは，子どもの発達に

マイナスに作用するところはないように思われます。

近藤▶しかしながら，通常の施設の場合8時間勤務で，そのシフトがバラバラなので，どこに誰が現れるかというのが，さまざまになります。9時から15時まではこの職員がいるとかいうのだったらいいのですけど，そんなシフトを組みませんから，夜に現れたり，朝に現れたりとかしますよね。そこが問題なのです。

司会▶養育者の誰一人として子どもと生活基盤を共有していないということも問題かと思うのですが。

集団子育てはヒトにもともと備わっていた子育ての形態

増沢▶スタッフの人数というのはどうなのでしょう，子どもたちにとって。複数で支え合ってというときにも，それがたくさんいすぎても混乱するだろうと思います。適正人数というのはあるのでしょうか。

遠藤▶昔はそれこそ多くても2～3人というふうに言われたこともあったのです。モノトロピー（単一の養育者）ということも言われました。ただ先程ご指摘があったように，もともと生物種としてのヒトはどのような養育形態をもっていたかということに関して，最近では，共同繁殖という考え方がどちらかというと，一般的になっているような気がしま

第3章　養育の引き継ぎとアタッチメント形成　　**39**

す。要するに集団子育てはヒトにもともと備わっていた子育ての形態だということです。実の親以外の複数の大人が協力し合いながら子どものケアをする、いわゆるアロ（代替）ペアレンティングとかアロケアというものが本来、私たちヒトの生活の自然体・基本型だったかもしれない。もちろん、そこの複数の大人が、みんな同じ重みで同じ割合で子どもに関わっているかというと必ずしもそうではなく、子どもの頭の中では、やっぱり例えば5人の人がいたときに、1番、2番、3番と自然に序列はつくのだとは思いますが。その序列の1番上位に位置する人というのが主要なアタッチメント対象と呼ばれる存在なわけですが、ただし、その人がいなくても、2番目、3番目あるいは4番目、5番目の人が代わりになることができ、そうした中で、子どもは確実に安全・安心の感覚を得られる状況があった。しかし、もちろん、むやみやたらに周りに大人がたくさんいすぎると、子どもの混乱は大きくなるという気はします。それこそ今は誰が世話してくれるのかが全然わからないような状況になるまで複数の人が子どもに入れ替わり立ち替わり関わるというのは、子どもがまだ小さく、特に認知能力が十分に発達していない段階では、人間関係に関して確かな見通しを立てるということが非常に難しくなってくるとは思います。ですから、

別に最大、何人ということはないのですが、普通に考えると、やっぱり2～3人から5人とかというあたりが、少なくとも乳幼児期においては、適当なところなのかなと思うところはあります。

さまざまなアタッチメント対象との関係が総合的にアタッチメントの安定性に影響する

近藤▶ヴァン・アイゼンドーンなどオランダとイスラエルの研究者が、アタッチメントの統合的組織化理論を証明したときに、お母さんとは限らず、さまざまなアタッチメント対象との関係が総合的にアタッチメントの安定性に影響するという研究をしています。お母さん、お父さん、それに保育者とのそれぞれのアタッチメントを総合すると発達のアウトカムが予測しやすいというものです。お母さんが一番大切だということは否定されたわけで、その辺を考えると、いわゆるヒエラルキーで誰が一番みたいなことに、疑問が呈されています。

点としてのアタッチメントじゃなくて、面としてのアタッチメントで、複数の人が子どもを守っている

遠藤▶沖縄県の多良間島という本当に小さい村の子育てを観察しに行っているのですけれども、そこでお祭りなんかがあったら、子どもは放ったらかしなので

すよね。その中で誰が子どものことを世話しているのか。子どもって本当に0〜1歳の赤ちゃんたちです。赤ちゃんでも放っておくのですよね。そういう様子を見ていると、点としてのアタッチメントじゃなくて、面としてのアタッチメントで、複数の人が子どもを守っていると。じゃあ誰が守っているのかなというと、やっぱり5本の指に入る範囲の人が守っているのであって、だいたい親戚、年長のきょうだい、その辺ですね。それで、常に誰かの目があって、赤ちゃんを放っておいても完全に守られているというようなことがあります。それでもやはり5本の指に入るぐらい。それはいわゆる人間が1つの家族をつくるときの範囲が安全基地として働いているんじゃないかなと思います。

▎産みの親への支援の必要性

近藤▶子どもから離され、養親に引き継ぐことは、とりもなおさず産みの親にとっては子どもの喪失なのですよね。子どもの喪失に対して、どのようなケアが行われているのか心配です。もしここでの喪失体験がトラウマになるとしたら、また同じことをその人はくり返すわけです。そこをフォローする体制があるのかということがとても気になります。

　もう1つ、産みの親の方からしますと、産んだこと自体で、心理的にも体もすご

く大きく変化します。そこで、産む前にした決定が、そのままその時点においても同じように維持されているかどうかということは、確認しなければいけないと思うのです。産む前にこういう契約をしたので、「はい、産んだらおしまいですよ」ということには、どうもならないみたいです。海外での代理母親の方の、産んでから実は嫌だったなんて話があるのは、生物学的に見ると当たり前の話なわけです。そうした問題の危険性をどのようにフォローできるのか考えたいと思います。

▎「胎児期の子どもへの影響」「養親候補者への支援の必要性」

遠藤▶出産直後ということで考えるのであれば、子どもの立場からして、実の母親に代わる養育者というのが、しっかりとしたケアを行い得る人物である限り、そして、その人との関係性ということが通常の親子と同じように形成されていく限りにおいて、基本的に、発達の支障は生じないのだと思います。ただ、おそらくそこで1つ考えておかなくてならないことは、そのお子さんのやはり出生の状態というところです。殊にどうしても実親が自分では育てられないというようなケースでは、場合によって、妊娠中の自分のお腹の中にいるお子さんに対するケアというものが十分に行き届いていない

第3章　養育の引き継ぎとアタッチメント形成　**41**

ことがそれなりの確率であり得るということです。ときに胎児虐待と言われるようなこともあるわけですが，日常全般にわたる生活上の不摂生とか，あるいはテラトゲン（催奇性物質）と呼ばれるアルコールやニコチンの摂取とかが，胎内環境を非常に不健康なものにしてしまう。そして，結果的に出産，そして生まれてくるお子さんの身体に，病気や障害も含めたさまざまなリスクが随伴するということが，一般の家庭で生まれてくる場合に比して，そりなりに多くあり得るということを想定しておく必要があるかもしれません。

　当然，新生児がリスクを抱えて生まれてきた場合，そのことが，そのお子さんを引き取って育てようとする大人の人にとって，マイナスに作用する場合があるということになります。そうしたリスクも含めた子どもの状態が養育者の心情や養育の質に与える影響というのは実は相当大きなものと考えるべきでしょう。例えば，非常に低体重で生まれてくるような場合，そのお子さんの感情の表出や応答性が概してとても乏しいということが報告されていますが，それらのことは養育者の子育てへの動機づけをときにくじいてしまうことがある。関わっている大人の側からすると，一生懸命，働きかけてはみるものの，それに対する応答が得られない。つまり，自分のケアが子ども

にどんなふうに届いているかわからないというようなことが生じがちで，それが場合によって，養育における自己効力感をひどく低下させてしまうというようなことがあるようです。お子さんが病気や障害をもっていたり，それ以外のいろいろなリスクを抱えていたりする場合に，新しくそのお子さんを引き取った方というのは少なからず感情的に混乱したり，また育児上の疲労感を蓄積してしまうことが考えられるのです。

久保田▶新生児ということなので子ども自身には，心理的な大きなダメージはまだそれほどないと思います。やはりここでの議論は，産みの親に対する考慮と養親候補者さんに対する考慮という2点であると思います。

　産みの親についてですけども，生物学的なつながりを失うわけではないんだというような，そういうカウンセリングというのは大事です。もちろん新生児委託とか妊娠期のサポートを実践者の方はやっていらっしゃると思うのですけども，妊娠，それから出産，周産期にかけて，産みの親は，いろいろ不安定になると思いますけれども，ですから養子に出すということを妊娠期から決意したとしても，お乳が張ったりとか，ホルモンのバランスでマターナル・アタッチメントという部分が上昇していくと，やはり産みの親の方にも心の変化があるとは思う

42　　第1部　家庭養護総論

のです。そこでまた本当に養子に出していいのかどうかということを（支援者の方々は）確認していらっしゃると思うのです。

　いろいろな報告書とか読みますと，妊娠期から，そして出産直後，さらに養親候補者さんが決まったときとか，養親候補者さんのケアが始まるときとかっていうようなところの要所，要所で折々にその同意というのは確認していらっしゃるとは思うんですけれども身体の不安定，心理の不安定が産みの親にはある。

　普通の人でも産前産後というのは不安定なわけですから，ましてやこういう産みの親の方だと心身ともに不安定になる。ということで，不安定な中で意思決定はさせないということ，十分な熟慮の時間を与えるということがやはり大事だと思います。もちろん，支援者の方々はやっていらっしゃると思うんですけども，共に考えること，サポーターが必要です。その熟慮する時間って長さというよりも，何か密度というか，しっかり産みの親とその支援者が向き合って，本当に赤ちゃんの将来について，パースペクティブをもって，将来について考えるという，そういうようなことで寄り添いながらお母さんの心理面をケアしていくというようなことが大事だと思うのです。しかし，お腹で育てたこと，そして産んだという事実，そして命を誕生させたと

いうことは，それはやはり産みの親の事実として，母であるわけですから変わらない。そこはやはり肯定的にとらえて，命をお腹の中で育んだことというのは，周りの人はしっかり肯定すべきで，そのお母さんが産んだことを決して後悔しないような，この命を育み産んだというような事実に対して，ちゃんとお母さんが誇りまでいかないかもしれませんけれども，事実と受け止めて，後悔しないような，そういうサポートの仕方というのは，これは大事だというふうに思います。

名前を付けるのは産みのお母さんがいい

久保田▶細かく言えば，名前を付けるのは産みのお母さんがいいと思いますし，赤ちゃんへ贈るものというのも，何か妊娠期から準備したものを何かしら1個準備するというような，そういうようなこともとても大事だと思うのです。

　養親さんの方からすると，生物的なつながりを養親は奪うわけではないというような，そういうこともやはり確認しておくことは大事ですし，あとはもし子育てとか，赤ちゃん育てというのは大変なので，子育ての経験がない養親さんには事前から教育入院とかをさせていらっしゃるところもあると思いますけれども，親になる準備教育とか保育スキルとか，保健所とか病院が母親教室でやるよ

うなことも，現実的に指導というか支援していく，それこそ愛着の心理教育というようなことも大事だと思います。

数々の喪失感を経験した養親候補者への対応

近藤▶私は養親候補者の問題性というのは，ちょっと1つ注意しておきたいことがあると思うのです。なぜ養親になりたいのか。多くの場合が自分には子どもがもてなかったというのがあるのではないでしょうか。子どもをもっていらっしゃって，それに加えての方もいらっしゃるのだけども，数々の生殖医療を経ながら，失敗経験を踏まえながら，ようやく他から子どもをもらおうという決心をなさったという例が多々あるように思います。数々の喪失経験を経てきて，それによるトラウマというのが，すごく気になるところです。アタッチメントの世代間伝達と言いますけども，それは自分の親から育てられたということ以上に，アタッチメントに関するトラウマを背負っている人たちが子どもを育てることの危険性ということです。

それは，例えば成人愛着面接においてお話を伺うんですが，成人愛着面接では今の評定方法では，死産とか子どもの喪失についてあまり聞かないのですけれども，死産についての研究で，死産を語るときにトラウマ的な反応を示す人の子ど

もは，おしなべてDタイプアタッチメント（無秩序・無方向型）なのです。そういうような知見も出ているところを見ると，やはりなぜ養子がほしくなったのか，里親になったのかというところの経緯は，しっかりと聞いておく必要があるし，それに対して，そういう人たちは養親・里親になるなということではなくて，手厚いサポートをする必要があるのだろうということを考えておかないと，もう大人なんだからOKといって，そのままお願いしますというわけにはいかないだろうと思うんですよね。そういった問題性をどこか頭に置いておいて，考えていかなければならないと思います。

久保田▶養親候補者さんと赤ちゃんとのマッチングのところで，十分に児相やその他の支援者の方というのは，養親さんのアセスメントはやってらっしゃると思いますけれども，でも少なからずやはり養親さんというのは，不妊治療に失敗したりとかいうような失敗感，挫折感とか，もしかしたら自分のお子さんを死産とか流産とかで失ったという喪失体験を抱えていらっしゃるという比率は高いと思うのです。だからこそ，そのアセスメントの段階で，この養親，この登録者の人は，そういうトラウマとか深い喪失体験を抱えているからちょっと危ないんじゃないかとかっていうような，そういう判断は，どう考えたらいいのか？ 少なからずの

44　第1部　家庭養護総論

喪失体験とか不妊治療の挫折体験ということが，どれくらい影響するのかというような，新しい子育てにですね。でもその体験がある人でも，それを乗り越えていくのではないか？ 私の指導している院生さんから聞いたのですけれども，彼女は養子縁組里親さんのインタビューを修士論文にされた方ですけども。里親さんは，産みたいんじゃなくて，育てたいという気持ちが強い。確かに，喪失体験とか，あるいは不妊治療の挫折体験というのは，これは消えてなくならない。そのトラウマというのは忘れることはできないし，つらい思い出としてずっと残る。しかし，そのことと，新しく縁があって授かったというか，お預かりしたこの命を育てたいんだというような，そこのところはもしかしたら少し別なのかなと。

養親候補者の強みを含むアセスメントの必要性

増沢▶養親さんたちがもともと抱えている課題と，その一方の「強み」というものが，現状では十分アセスメントされていないと思います。アセスメントが十分でないまま里親登録にいたっているという現状がある。里親登録数に対して里親委託が少ない背景に，児童相談所もそういった里親さんの課題を感じて委託を進めにくいということが，もしかしたらあるのかもしれない。でもそこが曖昧なま

ま，霧の中においたまま，里親委託数を増やすための論議を進めていくのは危険でしょう。ここであがったような要因を明確にして，こういう課題もある一方で，こういう「強み」もあるのだということをオープンにしていくこと。久保田先生がお話された「子どもを育てよう」という気持ちというのは，とても大事なことであり，それは「強み」なのだと思います。やはり児童相談所や里親さんへの研修等も含めて，この重要な点を重視した対応をすべきと思います。

遠藤▶もちろんトラウマといった難しい問題が絡んでくる話ですので，そこに関しては非常に専門的な介入というのが必要になってくるのだろうという気はします。ただ，これは心理学の話ではないのかもしれないのですが，むしろトラウマというものを発生させないための予防的な介入あるいは意思決定の仕組みというのを自治体が中心になってつくり上げていくようなことも大切なのかもしれません。ある学会で実際にそれを実践されている方からお伺いしたのですが，島根県の松江市では「島根モデル」という独自の仕組みをつくられているそうです。もちろん養親さん，里親さんには，いろいろな立場の方がなられるわけでして，特に自分自身がお子さんがほしくて，不妊治療など，いろいろ頑張ったんだけれども，結果的にもてない人というのが，必

ずしも養親さんや里親さんになるわけで
はないんですけれども，ただやはりそう
した状況にある人が比率的には多いとい
う中で，不妊治療の先を見越した働きか
けを行う。基本的に今の日本では，例
えば不妊治療ということに関して言う
と，病院の中でとにかく産む努力だけを
させて，結果的に産めなかったというと
ころで終わりになってしまうわけです
が，病院で不妊治療を受けるということ
と同時並行的に，じゃあ自分自身のライ
フコースとしてこれから先，自分自身の
子どもを産み育てていくという以外に他
にどういう選択肢があるかということを
真摯に現実的に考えていくのを専門的に
支えるような試みがなされているのだそ
うです。ただ不妊治療をして，とにかく
自分の子どもをもつんだというところだ
けの，その選択になっている人に，もう
少し視野を広げて，考えてもらう。実子
でないとしても里親として子どもを育て
る，あるいは養子縁組をするとかという
ような選択肢に関して，早い段階から
しっかりと知識を得て，また心の準備を
していくというようなところを支え，仮
に不妊治療に挫折したとしても，そこで
の心理的なダメージができるだけ少ない
形で済むよう，もっと前向きにその後の
人生選択をしていけるよう，促していく。
それを地域全体で進めているようなとこ
ろが現にあるということです。

4か月は熟慮期間としては，十分な時間ではないか

近藤▶現実の新生児の待機場所は多くの
場合，乳児院ということになってしまう。
すべての乳児院がすばらしくはないとい
う現状がある。じゃあどこまでそこにい
てもいいかという問題で，ちょうど社会
実験とも言える，ルーマニア孤児の研究
があります。かつてのルーマニアって，
もうとんでもないような養育を，集団養
育をやっていたところで，そこから救出
された子どもたちの研究です。その結論
としては，4～6か月以内に救出された
子どもたちは，後々は何も影響はなかっ
たと。メタ分析では，せめて12か月未
満で救出された子どもたちは何とかなっ
ているというような結論から見ると，乳
児院にいても4か月以内にちゃんと次
の里親さんを決めることができれば問題
がない。つまり，4か月は熟慮期間とし
ては，まあ十分な時間ではないかとは思
いますね。

特定の大人との間に，安定したアタッチメントが形成されつつある状況で，あるいは形成されてしまった状況であれば，その後の環境移行はそれほど急ぐ必要がない

遠藤▶やはり乳児院も含めた施設環境と
いうところが一時的な保護を担うのか，
それとも里親さんのような存在が一時的

な保護を担うのかというところで，ずいぶんと話は違ってくると思うのです。乳児院とはいっても，ルーマニアのような場合というのは，1人の大人が20人ぐらいの乳児のケアをするというような，常識からはるかに逸脱したような状況ですので，そういうところで4か月，6か月という時間を過ごすことがどれだけ子どもの発達にダメージを及ぼすかはある意味，言わずもがなであるわけですが，日本の乳児院を考えたときに，当然，そうした極端にひどい子どもと大人の比率というのはあり得ないわけです。環境の好転のタイミングは早いに越したことはないのですけれども，ルーマニアのような極端な事例を通じて言われてきているほどには急ぐ必要はないかもしれません。

　特に里親さんが一時保護という場合に，特定の大人との間に，安定したアタッチメントが形成されつつある状況で，あるいは形成されてしまった状況であれば，その後の環境移行はそれほど急ぐ必要はないかもしれないという気がします。もちろん，そこでのアタッチメントが非常に不安定な場合ですと，そこが長引くと，どんどん移行していった後の適応が非常に難しくなってくるわけですが。要するに最初の時点での大人の人とのアタッチメントというのが安定したものであれば，その後の環境移行は相対的

にスムーズに進む確率が高いのだと思います。

　それだけに実は一時保護というところでの，ケアする大人の側の子どもさんに対する接し方というのがすごく重要であるような気がします。加えて言えば，そこでの関係性が安定し良好なものか否かによって，次の段階でのケアのあり方を柔軟に変えていく必要があるということになるかと思います。

過去の養育者と今の養育者がつながること，否定し合わないことが重要です

増沢▶施設での子どもの暮らし，子どもの様子をきちんと伝えていくというのは，当然のことと思います。と同時に，施設の中で職員と子どもとの関係性について，先程のルーマニアの施設とは違って，職員と子どもとの関係が育まれているというケースは日本にはたくさんあります。その関係性から離れて，養育里親さんに行くといったときに，その施設職員と養育里親との関係が築かれるということが重要と思います。前の養育者と引き離されて永遠の別れにならないということです。これは子どもの自分史の連続性，過去から今に至る歴史が分断されずにつながっているという感覚や自分の過去を空白あるいは否定的なストーリーとしないことにつながり，子どもの自尊感情と大きく関わる重要テーマとなりま

第3章　養育の引き継ぎとアタッチメント形成　**47**

す。そのためには，過去の養育者と今の養育者がつながること，否定し合わないことが重要です。例えば施設はとんでもないところだから，もう施設の暮らしは話題にしないことなどといったようなことがないようにすることです。過去の歴史の否定というのは，子どもにとってマイナスで，子どもの自己評価の低下にもつながりかねない。良い思い出は必ずあり，それを紡いでいくことは，自分はこうやって歴史を積んできて今があるんだという肯定的なストーリーづくりに貢献します。一般の子どもと家族は，日常的に過去の思い出を語り合っています。それが自分史の構築に貢献しているように思います。しかし，この点を考えると施設も養育里親はそれができにくいのが実際です。それは子どものそれまでの暮らしや体験について，思い出話ができるほどに十分知り得ていないから当然といえば当然のことです。しかしこのことを現場の職員が自覚することは重要と思います。そのうえで過去の養育者とつながり，それまでの育ちと暮らしぶりを伝え，共有していく必要がある。新たな養育候補者はその子どもの人生を丸ごと理解し，引き受けようという姿勢が必要で，そこには出自という重大なテーマをどう扱うかも含まれます。

▌子どもが一番信頼している大好きな職員が，養親候補者さんと仲良くするというようなことを，子どもに見せたり，一緒に遊んだり…というようなことが大事

久保田▶乳児院の場合ですと，愛着形成ができている，先程の言葉でいえば，乳児院の中でも，その子にとってのプライマリアタッチメント人物の保育士さんが，つまり子どもが一番信頼している大好きな職員が，養親候補者さんと仲良くするというようなことを子どもに見せたり，一緒に遊んだりというような，そういうような自分が信頼している保育士がこのおばちゃんのこと好きなんだとか，このおばちゃんと一緒に遊んでるというような，そういうことを1〜2歳の子どもたちに見せていくというようなことが大事だと思います。

幼児期とざっくり区切らせていただくと，そこでやっぱり発達の遅れとか，器質的な難しさとか，そういう部分がさらに顕在化して，また本来のその子の本当のもって生まれた力，もっているその子の本来のリソースというのはもっと高いのかもしれませんけれども，いろいろな環境的な要因の影響で，発達の問題とか，IQが低いとか，遅れや発達障害とかの問題が出てくるかもしれません。そのようなことを，伝えていくことが，非常に大事になってくるということでしょうか。

施設職員と養親候補者がきちんとつながるということの大切さ

増沢▶施設職員と養親候補者がきちんとつながるということの大切さは，すべての先生方がおっしゃられました。現場でもそう思っている援助者は多いです。そして，きちんとつなぐためには，引き継ぐときの移行期というものを改めて重視すべきだと思います。今まで日本の措置のあり方は，どっちが終われば次はこっちといった，子どもにしてみればあまりにも急展開の場合が少なくない。措置のあり方，そのシステムそのものに，アタッチメントの理論や知見を組み入れて，移行期というものを新たな措置の形態として，例えば施設から里親へ移行するときに，施設入所と里親委託を一定期間重ねる，いわゆる複数措置とするなどして，子どもにとっての適切な移行のあり方を検討し，そのためのプログラムを用意するような，そういった特別な措置期間を設定すべきと思います。移行期にきちんと焦点を当てた措置のあり方を検討しないと，急激な環境変化が子どもに与える負の影響をそのまま放置することになりかねない。

アタッチメントのバトンタッチのあり方というのがすごく重要

遠藤▶自分のルーツとかアイデンティティに関わるところだと思うんですけど，言ってみればバトンタッチのあり方というのがすごく重要だと思うのです。アタッチメントのバトンタッチというところにこれまであまり力を入れてこなかったのかもしれません。どちらかというと，ある日時で，ぷっつりと前のところとの関係が完全に切れて，そこへの思いを一切断ち切ることで，新しいところへの適応を余儀なくされるということが多かったようにも思います。それは言ってみれば，重大な分離，そして喪失の事態であるわけで，場合によって，そこにはそれこそ見捨てられたというような感覚が強く残ってしまうようことがあり得る。そうした意味からしても，2つの環境にまたがって重なって，前のところから新しいところへと，徐々にウエイトをうまく移し替えていくようなサポートの形というのがとても重要だろうと思うわけです。

アタッチメントの独立平行的組織化のモデル

遠藤▶現実的に保育所を利用せざるを得ないという状況というのは想定されるわけですが，そういう場合に保育所において子どもさんの発達がどういうふうに支えられるかといったときに，やはり，そこでも子どもの安全基地になり得るような保育士さんの存在がとても大きいのだと思います。先程，統合的な組織化とい

第3章　養育の引き継ぎとアタッチメント形成　**49**

うようなお話があったのですが，もう1
つの考え方として，独立平行的な人間関
係のつくり方という考えもなされてきて
いるように思います。もともとのアタッ
チメントの考え方というのは階層的組織
化モデルというもので，ドミナントな関
係が1つあって，それを基にして階層
的にその後のさまざまな関係がつくられ
ていくということだったのですけど，そ
れに対して統合的組織化モデルというの
は，子どもを取り巻く複数の人との関係
性の性質が合算・統合されて，その子ど
も個人に特有の対人関係のもち方が決ま
るということを想定します。そして，独
立平行的組織化モデルということです
が，それは，子どもはいろいろと人との
関係を同時並行的にもつのだけれど，そ
れぞれの大人の人との関係から違う発達
的要素を獲得しているのではないかとい
うことを，主張する考え方ということに
なります。実は，実証研究の中では，特
に家庭外における乳児保育などの中での
最初の保育士さんとのアタッチメントの
安定性が，家庭内での養育者とのアタッ
チメントの質以上に，その後の子どもの，
例えば，特に小学校や中学校などの集団
状況での適応性，具体的には，そこを安
心できる居場所として，先生や友人とど
れくらいうまくやれるかといったところ
と，比較的強く関連するというような知
見が得られてきています。保育所という

ところは集団状況ですので，そこで発生
する人間関係というのは，保育士さんと
子ども一人ひとりとの二者関係ばかりで
は当然なく，複数の子ども同士の濃密な
関係というのも同時に発生するわけで
す。そういう中で保育士さんが，個別に
一人ひとりの子どもに対して親のような
形のセンシティビティ，要するに子ども
一人ひとりの欲求とか感情とか的確に読
み取って迅速に対応できるかということ
ばかりではなく，集団の中で発生するさ
まざまな子ども同士の関係性というとこ
ろに対して，どれぐらい目配りできるか
というセンシティビティというのが大切
だと言われてきています。そして，後者
の意味でのセンシティビティが高い保育
者の下で，子どもが集団の中でちゃんと
楽しく遊べて，そこからあまり外れては
いかないというような生活の状況がしっ
かりと経験できた場合には，実のところ，
集団サイズにはあまり関係なく，保育士
さんと一人ひとりのお子さんの個別のア
タッチメント関係も，結果的に良好な形
で実現・維持されやすいというようなこ
とが言われています。

■オープン・アダプションということを手放しで良いとは言いきれないところがあるような気はします

近藤▶やっぱり自分の出自の問題。そこ
はどの子もきっとこだわると思うのです

よね。それがオープンになっている。それが自由に会うことができるということは，子どものアイデンティティにとって，とても大事だと思います。

遠藤▶近藤先生がおっしゃる通りだと思うのですが，やはりこのオープン・アダプションということを考えるときに，そもそもやっぱり産みの親との関係性というものがどういうものであったかということが重要です。アタッチメントが非常に複雑で難しいものであった場合に，基本的にずっと交流を続けていくということが，要するに何の配慮もなされないまま交流を続けていくということが，その子どもさんの長期的な育ちというところにおいて，果たしてプラスに働くかどうかという判断は，誰かがしっかりと専門的な立場からしないといけないところがあると思うのです。先程から出ているように，産みの親との関係性が非常に良好で，比較的そこでも安定したアタッチメントということが形成されていて，ただし，やむを得ない事情によって，新しい環境に移行せざるを得ないというような事態になった場合には，あまり大きい問題にはならないと思うのですけれども，やはり産みの親との関係性というのが，そもそも非常に複雑で難しい厄介な事情を抱えたものであると，その関係性ということを子どもの中でその後も継続していいものか，その後での判断は相当，慎

重になされる必要があるでしょうね。少なくとも，先程から出てきているアセスメントということも含めて，やはり専門的な立場でしっかりと下支えしていくような仕組みというのがないと，なかなかこのオープン・アダプションということを手放しで良いとは言いきれないところがあるような気はします。

増沢▶私もこれに関しては専門家の支援がきちんと間に入るべきことだと思います。産みの親と子どもとの関係性に問題があって分離にいたった場合，新たな環境で産みの親と安全に会う方法をどれだけ見つけ出すかという点が重要と思います。性的虐待の加害親など，会うことにリスクが高い場合を除いて，虐待する親であっても，安全な会い方を見出し，それを継続するというのは，保障すべきだと思います。そのために関係性をアセスメントする専門家，そしてかかわりの場面をコーディネートする専門家は必要です。養親さんだけは無理でしょう。月に1回会うといった定期的な場面で会うものから手紙だけというケースもあるかもしれないです。手紙だけでもそれを継続する。ささやかでもその関係を継続することの意味は，自分は捨てられたわけではないとか，一緒に暮らせないけれども自分を思っていてくれるなど，子どもの自尊心やアイデンティティと深く関わるからです。関係継続のプラスの側面とい

うのを，養親さんやその支援者がどれだけ認識できるかが課題と思います。

久保田▶もちろんアセスメントが必要だとか，養親さんがその大事さをわかることとかというようなことで，安全な会い方ということ，全部おっしゃるとおりなんですけど，ちょっと乱暴な言い方になりますが，私はやはりこのオープン・アダプションというのは幼児・児童である限りは，どっちかというとネガティブ，反対です。「私には2人のお母さんがいて，1人は命を育んでくれて，お腹の中で10か月育んでくれて私を産んでくれたお母さんと，そしてオギャーと生まれてから，赤ちゃんだった私を今日まで育ててくれたお母さんとの2人のお母さんがいる」というようなことを言いきって，自分を了解できるレベルというのは，やっぱり先程出てきた，自分について，いろいろな意味でのグッドなこともバッドなこともあって，だけどもそれが統合された自己のまとまり，あるいはアイデンティティというか，そのようなある程度の自己のまとまりが形成できた，そういう段階で言える言葉であって，やはり幼児・児童の間というのは混乱のもとである，というふうに思います。

それで，やはりその子にとっていつが自分のルーツを探るとか，アイデンティティの問題を意識するのかということは，一般的には思春期，青年期ととらえ

ると，そういうところで自分の親というようなことについて，会いたいとか，知りたいとかというような，そういう時期に専門家が入って，安全な会い方をするとか，そしてそれを養親さんが良しとして，この子の自己形成上，捨てられたわけじゃないことを確認し，ネガティブな面を背負わないで，今後歩み出して生きていけるためには，産みの親とコンタクトをもったほうがいいということを養親さんがしっかりと了解していれば，青年期，思春期以降には，オープン・アダプションって，十分ありだと思います。もちろん産みの親の方の条件とか，どういう生活を送っているかということによりますけれども。ですが，やっぱり幼児期，児童期は基本的には私はいかがなものかというふうに思いますし，本当の開かれた養育というのは，子ども時代の養親さんと産みの親さんとのオープン・アダプションではなくて，乳児院とか児童養護施設とか保育所とか，あるいはいろいろな専門家の方々に，養親候補者さんがサポートを求めながら，サポートを受けながら養育していくというような，ソーシャル・インターベンションとしての文脈というのが開かれた養育だと思います。

増沢▶実際に会うということのリスクというのはあるでしょう。だからそのリスクを排除して，ささやかでも，という部

分の継続なのです。だから，そこの可能性まで全部否定しちゃうのはどうでしょうか。例えばプレゼント。クリスマスにはプレゼントだけが届いた。それは産みの親さんからのプレゼントだよということは，僕は小学校低学年でもそれはありだと思うのですよね。思春期からプレゼントが突然くるなんておかしな話で。それも安全な接点をどうアセスメントし，継続するかだと思うのです。会ってはならないケースは会ってはならない。安全な会い方というのは，そこまでも含めての，あくまでもつながりの継続ということです。それは本当にささやかでも，子どもにとっては大きな意味をもつのだということです。

久保田▶そうですね。贈り物についてはもちろん。それはそうですね。オープン・アダプションについて，私，産みの親御さんとお子さんが会うなどの，直接的な交流だと思ったので，その点誤解していました。

遠藤▶そうですね。そこまで入れてオープン・アダプションですね。

聴衆者からの意見・質問と回答

■出生直後産みの親から養親候補者に養育を引き継ぐということは，フランスなどヨーロッパの養子縁組の常識から言うと認められていないわけなんです

菊池緑（養子と里親を考える会）▶新生児委託のあり方についての質問です。出生直後産みの親から養親候補者に養育を引き継ぐということは，フランスなどヨーロッパの養子縁組の常識から言うと認められていないわけなんです。子どもを病院から児童相談所にあたる機関が引き取りますが，引き取って，パリでは，乳児院へ一時保護します。そのとき，児童社会援助機関の養子縁組課では，子どもの引き渡し調書を作成して，親の同意を取るのですが，それは，将来，その子どもが養子縁組することを前提に引き取るということで，その前提を含めた同意を調書においてしています。預けられて2か月間はその同意の撤回可能な期間として国は親たちに保障しています。その間，子どもを親が引き取らない場合，後見人が正式に設置されまして，後見人機関が養親を選定して，その養子縁組に後見人が同意すれば，この子どもの養子縁組前提の委託が行われるというシステムになっています。

日本の制度を向こうで言いますと，向

こうの人はびっくりするんです。病院からいきなり養親に預けてしまうということに。何かの間違いじゃないかと聞かれました。あちらの常識でいえば，出生から2か月期間は，養親への委託が絶対にできないわけです。かつては3か月でしたけれど，なるべく早く恒久的に親になる人に預けることが大事だということで2か月になりました。ベルギーも2か月です。ドイツでも養子縁組の禁止期間がありますね。

鈴木博人（中央大学）▶同意をとれないのは8週間。2か月です。

菊池▶その2か月をなぜ置くのかといえば，母親が熟慮する権利を保障することが第一にあると思いますし，その子どもが心理的観点から養子縁組の可能性があるのかどうかを観察し確認する期間にもなっているようです。日本の新生児の縁組では，その期間がなくて養親に委託されている。その理由として，なるべく早く養親に預けたほうが，子どものために良いんだという考え方が1つあるわけです。その辺のことをどう考えたらいいのかお聞かせいただきたい。

司会▶一時的な養育場所のあり方も重要なことです。パリの乳児院のあり方は日本とは大きく異なり，1対1の養育関係が保障されています。そこである程度アタッチメント形成がなされるなら，そこでの喪失感というのはそれほど子どもに害を与えることがないと言われています。

近藤▶そうですね。まあルーマニアみたいにむちゃくちゃな施設であっても，かろうじて4か月までなら大丈夫と。で，その後，何とか回復するだろうと。でも日本はそんなむちゃくちゃな乳児院はあり得ないので，そんな危険性はないだろうと思います。実際は，きちんと調べられてはいないので，かろうじて我慢できる範囲が4か月だろうと。

岩崎美枝子（大阪家庭養護促進協会）▶胎児期の胎児虐待みたいなことも子どものトラウマになり得る。大阪で血まみれのバスタオルにへその緒が付いたままくるまれた，青いビニール袋に入れられて，黒いボストンバックに入れられてガード下に捨てられていたというような子どもが，まあまあ結構な数いるんですよ。それはどうでしょう。それから乳児院に保護されて，だいたい半年から1年ぐらいの間に養親に引き取られて，今のところそのことで大きな養育上の問題をもっているというケースで困っているのはないんですけど，何にもないわけないよっていう気持ちはずっとあるんですね。どうでしょうね。

遠藤▶そうですね。それこそ現実的にそのお子さんが，どういうリスクを負ってしまっているかということはしっかりと把握される必要があるかと思います。特

に，長期的な発達ということを考えると，目につきやすい，心理行動的側面ばかりではなく，生理的なところや脳神経的なところに抱え込んでしまったリスクということに関しても，特別な配慮が必要かと思います。新生児や乳児段階では行動レベルで見えないものが，それこそ環境が変わって，里親さんとか養親さんに引き取られてから，胎内環境において脳神経・生理といった見えないところに抱え込んでしまった何らかの脆弱性が，行動的な特異性になって現れる可能性は相当に高いような気がします。

岩崎▶あるいは思春期に出てくる。

遠藤▶そういう危険性も，当然あると思います。実のところ，胎児期のあり方，胎内環境のリスクというのは，揺りかごから墓場までの生涯発達に，長期的に影響を及ぼし続けるという捉え方をしても，決して大げさではないように思います。

岩崎▶特に最近もう１つ増えているのが，母親の覚せい剤。妊娠中もやっていたかもしれないという子が結構いまして。

遠藤▶それはもう確実に出ると思います。

岩崎▶小さいのですけど，出産時。その後の発達に目立った問題がないという段階で，今何人かは委託されていて，養子縁組されているんですけど，これもね，

まだ特に日本は研究が進んでいないので。

遠藤▶そうですね。覚せい剤，アルコールというのは，実は初期段階よりも思春期，成人期になったときでの，やっぱり心身にいろいろな病気，病理というところの。

岩崎▶私，１ケースだけお母さんが覚せい剤だったという子どもで，大人になってから，まあ多少いろいろな背景があったからですけど，覚せい剤に手を出してしまって収監された子が１人いるんです。やっぱり何て言うか，何かそれにはまりやすい傾向が，彼女の体の中にはあったのではないかって思うようなところもないわけではなくて。

遠藤▶それは決してない，ではなくて，やっぱりもう胎内環境というのがかつてよりははるかに，やっぱりわれわれの生涯発達に重要だという認識というのが，今普通になってきていますので。

岩崎▶それともう１つ，先生がちゃんとした愛着関係ができていれば，それが長引いても，そこから新しい養親のところに行くことにそう問題はないとおっしゃるんですが，いったんそれが長引いてできてしまった愛着関係を切られる側，こっち側に行かなければならない必然性が子どもにはないわけでね。それは私はかなり子どもに大きな問題性を残すと思います。だからやっぱりできるだけ小さ

第3章 養育の引き継ぎとアタッチメント形成　**55**

いうちにその決断をするというのが必要なのと，ただ愛されてきたその人が，例えば死んだりして，場合によってはほかの人が養子に行かなきゃいけないとき，愛された経験がこっち側で生きるということは，本当によくわかっているので愛されているに越したことはないと思うんですけど，それが意図的な期間だとするのなら，やっぱりできるだけ最小限必要な期間にするべきで，子どもにとってはやっぱり，匂いの記憶なんていうのは，すごくあるんじゃないかと思うのです。言葉で表現できない分だけ，そういう嗅覚だとか，聴覚だとかというのは，私たちが考えられないほど鋭敏にもっているのではないかと思うので，養育者との関係をやっぱりできるだけ早い日程にさせる努力というのは，ちゃんとしなければいけないのではないかなと思っているんですけど。

遠藤▶そうですね。もちろん早い段階ということが望ましいということは確かだと思います。ただやっぱりその年齢に応じた別れ方ということですね。あるいはアタッチメントのリレーの仕方という，周りの人たちの配慮というのはきっとあって，やっぱり年齢が上っていくと，そのお子さんがどういう形で自分の置かれた状況ということをしっかり理解し受け容れられるかというところの，周りの配慮というのがすごく重要になってくる

ような気がしますね。ですから，たぶん乳児段階で，自分自身がそれこそ捨てられたんじゃないかというような感覚を，非常に理不尽な形でずっともってしまうようなことがあるのだとすれば，やはりそれは早い段階というところでの移行ということに越したことはないと思います。ただ双方の古い環境と新しい環境というところの，そのバトンタッチの重なりという部分が，それなりにある程度確保されて，さらには子どもが理解できるような形で実現されれば，最悪のリスクというのはそれなりに避けられることもあるようには思いますので，そうした観点からのアプローチも忘れはならないところかと思います。

岩﨑▶長ければいいものでもないのですけどね。施設との交流は。

遠藤▶当然，一概に長いということがいいわけではありませんね。

岩﨑▶確かにケースバイケースですから。

遠藤▶はい。ケースバイケースということです。

岩﨑▶その辺はそれなりに考えていかなきゃいけないです。

菊池▶さっきの質問ですが，私は，養育期間は，養子縁組前提の一時保護期間のことですが，非常に重要だと思うのです。ことに，社会的に問題のある生まれたばかりの新生児を，乳児院に例えば2か月

預かるという目的は何かといえば，それはアタッチメントを子どもがつくるためじゃないと思うのです。フランスの場合，その保護期間中に，親が子どもに会いに来ることを認めておりまして，面会中に，乳児院の職員がその親子関係を観察していると言われています。例えば，子どもがその親が来ると顔をそむけるとか，固くなってしまうとか，眠ってしまうとか，そういう状態が子どもにあるかどうかをチームで観察している。お話にもあったように，マッチングのために，子どもの発達とニーズを把握することもしていると思います。そもそも生後2か月までの子どもにアタッチメントをつくることができるのでしょうか。

岩崎▶ヘネシー・澄子先生は3か月までが非常に大事だと。3か月までにつくられたアタッチメント，愛着関係とそれ以後の愛着関係には違いがある。早い時期のほうが大事だと，澄子先生は言ってらっしゃる。

鈴木▶その点について質問ですけど，ここが，出生3か月が決定的なんだと，だからそれまでに委託することが1つの論拠として出されていますが，ほかの先生方の論文を読むと，まだ対象認知できていないと言われ，混乱するんですよ。その点についてちょっと。通説的な見解というか。

近藤▶アタッチメントに対してはもう実

践家たちの経験値みたいなものがたくさんたまっているのですけども，それと研究者がやっている研究との乖離が甚だしすぎる。実際エビデンスは何かということで議論をしないと，私の経験はこれだからそうですよと言っても，その根拠は何なのかということがわかりません。それからもう科学は日々どんどん変わって，例えば，脳科学のレベルで言われると，確かに脳の形成は最初の3か月あたりとても速いので，その時点でいろいろなものが形成されているのは，それははっきりしているのです。そこの時点でいろいろなダメージがあったら，もうそれでおしまいかというと，そこの話とはまた別の問題で，修復可能性についても考えなくてはいけない。だから最善は何かというよりも，この議論は，これをやっちゃおしまいよ，というところをはっきりさせて，それはやらない。それは許さないということで，最善を追求してなんていうことは，土台無理だと思います。だからいろいろなことをコンプロマイズさせて，どこかで着地点を見つけていくしかない。

岩崎▶でも先生，最善は何かってわかっておくことも大事じゃない？

近藤▶わかんないですよ。何が本来的であるとか，どうすればすべてがうまくいくといったことは，わからないですよ，そんなものは。

対象の識別能力と，対象の代替の困難性や不可能性は，基本的に，分けて考える必要があるということです

遠藤▶子ども視点でアタッチメントを考えるか，養育者視点でアタッチメントを考えるかというところでも，その捉え方はずいぶんと違ってくると思うのです。

　子どもの側が特定の対象に対して，絶対にその人でなければならない，替えがきかないというような意味での強力で特別なくっつきというものを形成していくというときに，おそらく出生後3か月時点で，そこまでのことはまずないと個人的には思います。生後3か月というのは，ボウルビィのアタッチメントの発達段階の仮定を受けての話だと思います。ボウルビィは，そこで，生後3か月くらいから，対象の絞り込みが行われ，それまでの不特定対象から特定対象への定位と発信にアタッチメント行動の性質が大きく変化すると言っています。ただ，これは今から約半世紀前の仮説ですよね。最近の科学的知見に基づくならば，対象の絞り込みということで言えば，誕生後に光を受けてから遅れて発達してくる視覚以外の感覚モードでは，対象の識別や選好は，すでに出生間もない頃から成り立っていると言われています。例えば，聴覚に関して言えば，子どもは胎内環境の中ですでに母親の発声パターンを学習しており，出産直後から母親の声とそれ以外

の人の声とをかなり明確に識別できるということが明らかになっているのです。こうしたことからすれば，対象識別を伴うアタッチメント行動は，ボウルビィが考えたよりもずっと早く前から生じ始めていると見なすべきなのです。ただ，ここで特別に注意しておくべきことは，対象の識別能力と，対象の代替の困難性や不可能性は，基本的に，分けて考える必要があるということです。例えば，生後直後から対象の識別ができているのだから，もはやその時点で，対象の替えがきかない，あるいは困難だという話にはならないということです。個人的には，対象の識別ができてはいても，アタッチメント対象の代替がさして困難を伴うことなく子どもにとって可能な期間が，おそらく一般的に人見知りが顕在化してくると言われている生後半年くらいまではあるように思われます。少なくとも，生後3か月段階で，すでにアタッチメント対象の代替が困難であるということは，もちろん個人差はあるでしょうが，一般的には，やや言い過ぎの感があるような気がするのです。

　ただ，養育者視点からすると，またちょっと違う見方も必要なのかもしれません。例えば自分自身がそれこそお腹を痛めて産んだ子どもというところでのボンディングという観点からすると，早い段階で子どもさん自身の皮膚に触れたり

とか，あるいは視線というものを合わせたりといった日常の所作が，濃密であればあるほど，そのボンディングの形成にはプラスに働くということがあり得ると思うのです。要するにお子さん視点から言うと，あるいは発達科学のエビデンスからすると，対象の絞り込みやアタッチメントの質というのは決してそんなに早い段階で固まってしまうということではないと思うんですけれども，養育者の方は子どもの人生の最初期段階でいかに子どもと感情的やりとりができたかということで，その後の関係性のあり方が，大きく方向づけられるということがあるような気がします。子どもと養育者との関係性というのが，その後どれぐらい円滑な形で，長期的な意味で持続し，うまく子どもの発達を支えるものになっていく

かということで言えば，やっぱりスタートラインというところで，それがうまくいくということに越したことはないわけです。だから養育者視点で考える立場というのと，子ども目線の本当に現実的な発達のメカニズムというふうな観点で考える視点というところで，アタッチメントの見え方というのは全然違ってくるように思います。こうした視座の違いということがあまり考慮されずに，本来，次元の違うさまざまな知見がごちゃごちゃにされて社会に垂れ流されてしまっている状況に関しては，今後，しっかりと知見の整理を行い，子どものアタッチメント上のケアに関して，一定のガイドラインのようなものを示していくことが必要なのかもしれません。

第4章
座談会「里親委託・養子縁組において大切なこと」

◎ 林 浩康×石井佐智子×石井 敦×ロング朋子×米沢普子×宮島 清

林▶本日，司会進行をさせていただきます日本女子大学の林です。私を含めて6人がこの座談会に出席しております。最初に，お名前とお立場を簡単に1人ずつご紹介いただけますでしょうか。

石井（佐）▶埼玉県の里親会に所属しております。現在は，一般社団法人になっておりますけれども，こちらに任意団体として6つの地域里親会がございまして，南児童相談所管内の川口，戸田，蕨の里親さんたちの集まりであります「南はなみずき会」の会長をさせていただいております。1995年に里親になりまして，今年で22年になります。その間に特別養子の長男，それから実子が生まれまして，3番目が特別養子，それから4番目が小学校5年生の里子です。委託を受けて5年になります。途中，短期で何名かお預かりしております。

石井（敦）▶現在は一般社団法人埼玉県里親会の理事長に6月から就任いたしま

して活動しております。普段は民間企業に勤務しております。

米沢▶公益社団法人家庭養護促進協会は里親・養子縁組の開拓，支援の活動を始めて55年になります。私はそこの神戸事務所のケースワーカーをしています。

ロング▶一般社団法人ベアホープのロングと申します。ベアホープは特別養子縁組の斡旋事業をしている団体です。個人では養育里親でもあり，現在はNPO法人東京養育家庭の会の理事もしています。

宮島▶埼玉県で児童相談所職員として働いてから，大学の教員になりました。

■ 委託までの取り組み

林▶それでは，まず石井さんご夫妻から，委託までの現状と課題ということでお話しいただけますでしょうか。

石井（佐）▶厚生労働省のポスターでもど

んな方にも務まるとのイメージで里親を募集しています。「子どもは可愛いから里親になりたい」と申し込まれますが，実際に委託されるお子さんたちには，例えば発達上の問題など多様な課題のある子どもがいます。委託のお話があって面会が始まり，面会を進めていくうちに，里親さんたちの気持ちが前に進まなくなってしまうということを最近よく耳にするようになりました。委託率を上げるために，今まで児童養護施設にいたお子さんたちを私たち（里親）がお預かりするというケースが増えています。乳児院からの場合はこれまでの委託実績に加えて，里親支援専門相談員の配置もあり，専門職の方たちがノウハウを蓄積していただいたのでずいぶんスムーズになってきたように思います。一方，児童養護施設からの場合等ですと，お子さんたち（特に幼児さんなど）は，はしゃぎ過ぎたり，少し汚い言葉を使ってしまったりとか，お子さんのことをよくわかっていればあまりショックを受けないことを，40歳過ぎまでお子さんに接してこなかった里親たちはびっくりしてしまいがちです。埼玉県でも里親登録の最近の平均年齢は45歳あたりですので，その45歳の里親たちが46，47歳で，乳幼児または小学校低学年のお子さんたちに初めて接したときに，子どもというもののイメージがズレてしまって，そこの最初のステップ

のところで躓いてしまいます。そうした問題を少しでも解消できないかということで，私たち里親が未委託の方たちを取り込みながら，サロンを開いたり行事にお招きしたりしています。また，2017年度の取り組みということで，未委託のご夫婦に声をおかけして施設を訪問したり，失敗談を含めた体験談を先輩里親から提供してもらう研修を始めます。失敗談を含めながら，子どもってこんなところもあるけど，それが普通だし，共有して一緒に乗り越えていける仲間づくりから始め，子どもを理解してもらおうっていう感じで取り組んでいます。

林▶ご自身の体験というよりは里親会の役員としてのお立場からお話しいただきました。

石井(佐)▶私はおかげさまで子どもに意外と懐かれるので，面会後，1週間程度で生活が始まりました。また，一時保護の場合には朝電話があってその日に来ます。「その子，懐きませんからお返しします」と言うわけにはいかないので，基本的にはお断りしない気持ちです。今までわが家で懐かないからお返しするということはなかったかなという意味で，「研修，研修」とよく言いますが，その前に適性，つまり子どもと打ち解ける親和性をもつとか，その親和性のところをトレーニングする必要があると思います。子どもに声をかけるときに無表情で「こ

第4章　座談会「里親委託・養子縁組において大切なこと」　**61**

●石井佐智子（いしい・さちこ）1995年に埼玉県で里親登録。現在、「南はなみずき会」会長。実子、特別養子、里子の計4人の男児を養育中。

んにちは」と言う方もいるので、ちょっと違うんじゃないか、目線を合わせてほしいなとか、頭の上から声出して「こんにちは」と言ってもらいたいなとか、そういったことも含めて研修だとしたらそれも研修かもしれないんですけど、そのへんのところを反対に察知していただく能力もほしいなっていうところですね。

■ 里親としての適性・研修のあり方

林▶子どもを受託する側の適性というテーマが出されました。

米沢▶私が仕事を始めた昭和40年代は、里親登録されて、「こういう子どもがい

●林 浩康（はやし・ひろやす）日本女子大学人間社会学部社会福祉学科教授。大学院生だったとき里親キャンプなどでのボランティア活動を契機に里親に関心をもつ。

ます」と紹介され、その人たちも希望すると子どもと面会して、「じゃあ頑張ってやります」ということになれば、次は引き取っていたんです。それでもやれていた。それがだんだんそうじゃなくなってきたというのは、社会の子育ての力が弱くなったというふうなことを言われ出したのと同時期で、同じように里親さんも子どもを見る機会が少なくなった。養子縁組でも養育でも希望する人が、姪も甥もいない、子どもの姿を見るということが身近になくなってしまった。私たちも申込者の研修会、今でいう基礎研修にあたるようなものを始めました。登録前研修のときに、里親さんに問いかけていることの1つは、「自分でもいろんな情報を得て、里親に向いているかどうか考えてください」ということです。研修をこなしておけばいいというものでなく、講義や実習を通して、「里親としてやろうと思うかどうか」ということ。もう1つは、子どもたちの姿をどう伝えていくかということです。特に養子縁組希望の場合、不妊治療中に子どもと接触することを遮断している人が結構いるんですね。里親や養子縁組を求める子どもの状況を知っていただく機会も必要と考えています。

林▶ご本人自身がその過程の中で自分の適性を見極めるということは重要と思います。

ロング▶適性についていえば不妊治療をされて，最終手段として私たちのところに辿りつく方が結構多いので，彼等の心的な侵襲性へは配慮しつつも，養子縁組への切実さが懸念事項でもありえます。研修については，希望者さんがどういう適性をもっているかによって，必要な研修は違ってくると思っています。ですから，集団研修もやるんですけれども，ベアホープでは個別研修計画をケース会議の中で組み立てて提供するということをするんですね。内容は，夫婦のコミュニケーションに対してだったり，あるいは子どもの養育像，イメージづくりであったり，あるいは細かいことですが，必要なら，子どもが来たあとの家計管理に関してや，プロの栄養士の指導を入れたりなど，専門家チームを組んで準備していくということをやっています。ただ，もともとの適性というものが，研修を乗っけていくうえである程度土台として必要だなと思っているので，どの部分がスクリーニング対象で，どの部分を育成していく対象にするのかというところは，非常に悩むところですね。ただスクリーニングして「落とす」ではなくて，どこをどう伸ばしていくことによって子どもを委託することができるのかっていうことです。あともう１つは，養親さん，あるいは新規里親さんから，「どれぐらいの可能性で子どもがわが家に来るんです

●石井 敦（いしい・あつし）
1995年に埼玉県で里親登録。2004年に専門里親登録。2017年より，一般社団法人埼玉県里親会理事長。

か」と，私はよく質問をされるんです。
石井(敦)▶「委託のお話があるまでどれくらい待つんですか」とは聞かれますね。
石井(佐)▶基本的には皆さん，子どもが来ると思っていらっしゃいます。来ない方もたまにいらっしゃいますが，基本的に登録したときには来ると思っていて…。
ロング▶私たちの答えは，家庭を必要としている子どもに対しての養親さんの数は圧倒的に足りないです，だけど養親さんがほしい子ども像に合った子どもの数は圧倒的に少ないですと。その２つの事実の間でどこをどうやって調整していくのかというのが，私たちの仕事だなと

●ロング朋子（ろんぐ・ともこ）
一般社団法人ベアホープ代表理事。東京都の養育家庭として，実子2人と共に里子2人を養育中。社会福祉士。

第4章 座談会「里親委託・養子縁組において大切なこと」　63

●米沢普子（よねざわ・ひろこ）家庭養護促進協会神戸事務所で長年ソーシャルワーカーとして里親・養子縁組支援に取り組む。民間機関として広く実践を紹介。

いうふうには感じています。

宮島▶完璧な人間，完璧な夫婦，完璧な親はいないですよね。当然，完璧な里親もいません。ですから，完璧を求めて振り落とすようなことはしてはいけないと思います。でも，ソーシャルワーカーもそうなんですけれど，里親は自分自身を使ってする働きですから，自分のことをわかっていないとできない，自分を用いないとできないことですね。里親さんは，自分の人生と自分の生活の中に子どもを迎えるわけですから，やっぱり自分や自分のパートナーのことを自分たちが理解することが必要だと思います。それをしてからでないと，子どもにきつい思いをさせることになるし，里親も子どもが来た後の変化に乗り切れないということが起こってしまいます。そうすると幸せどころか不幸になってしまう。ですから一方的に登録するほうが，落とすとか認めるとかというのではなくて，ご自分たちの選択として適切なのかどうかの振り返りを助けることがぜひとも必要だろうと

思います。ソーシャルワーカーになるトレーニングでも，人間理解とか自分理解というのが最初に来るものです。里親さんにも最初に必要なことは，ご自分の判断の経過を振り返ってもらって，ご自分たち自身のことを考えてもらうことだろうと思います。

石井（佐）▶そうですね。本当にそうだと思います。

■ 未委託里親への対応

林▶自分から適性がないということで自己理解したうえでやめるという方はいいんですけども，むしろその逆のパターンというのもあると思います。そういう場合，ある程度機関側がスクリーニングしていくという機能も必要になってくると思うんですけど，それはどうあるべきなんですか。なかなか機関としては「あなたは無理です」ということも言いにくい一方で，実際は未委託のまま放置されているという現実もあって，そのあたりよく議論になるところだと思うんですけど，適性の見極めを促す，自己理解を促す，そのためにいったい何が必要なんでしょうか。

石井（佐）▶いろんな里親さんを見ていて一番感じるのは，幸せか不幸かということの判断基準を自分に置くか，周りの人に置くかということですね。周りの人に

置けるぐらい少し待つ力がないと，自分をいつも一番においてしまうと相手を見る余裕がなくなってしまいます。周りの方が良くなることを喜びとして感じられたり，その相手の人が困っていることや辛いことに対して共有できることとか，そこのところを伝えるべきだと思います。「あなたは自分が一番ですか，周りの方のことも大切にできますか。一番でも構わないですけど，一番が割合として100%ではなくて，一番をやっぱり5割以下にしていただきたい」ということかと思います。

林▶里親・養親として育っていくというシステムも一方では必要で，研修のプロセスの中で変わっていくこともあるかと思うんですけど。

石井(敦)▶よく児童相談所（以下，児相）の方々とも話をします。里親会の役員ですので，いろいろな里親さんの声を聞きます。「私，何年未委託のまま放っておかれるんですか」という里親会の会員もいらっしゃる。そういう訴えを受けたときに，登録をしたということは社会の資源として認めたわけですから，何らかの形で活用しないのは行政としての落ち度ではないか，とかつては指摘していました。里親が登録制である以上，よほどのことがないと落とせない。逆に認定されないことが差別であると訴えられるかもしれない。では，いったん登録をす

るということで門戸を広く開放したら，そこからその里親の適性なり長所をどう見極めて，どういうお子さんをこの夫婦にマッチングすることがそのお子さんのためになるかということ，もっと養育者としての適性を見ていただく機会を増やせないのかと常々思っています。体験で申し上げると，私どもは登録した直後に「里親会の旅行に参加してみてください」とアドバイスを受けました。なぜかというと，「いろんな親子がいます，いろんなお子さんがいます，そういう方々をぜひ見ていただきたいし，そういう方々と触れあうことで逆に預ける側もあなたたちを観察できます」というふうに言われて，夫婦2人で参加しました。とても難しいお子さんでご苦労されているご夫婦もいましたし，比較的育てやすそうなお子さんと和気藹々としたご夫婦もいらっしゃいました。そういうところに私たちが出て行って，なるべく積極的にコミュニケーションを図ろうと努めたのをたぶん見ていて，私たち夫婦にはこの幅

●宮島 清（みやじま・きよし）日本社会事業大学専門職大学院准教授。埼玉県福祉職を経て現職。社会福祉士。専門は子ども家庭福祉とソーシャルワーク。

だったら大丈夫かなとか，むしろこういうお子さんだったらこの夫婦はこの子の良いところを伸ばせるのではないかなということを見てもらえる機会であったかなと今振り返っています。そうすると今度はどう委託に向けていくかということでは，座学だけでも駄目で，その方の養育者としての良いところというのを実際にいろいろな方々との触れ合いの場だとか行動の場面とかで見ていって，その方の適性を見極めていくという努力をもっと委託する側の行政はもつべきだと思います。

林▶里親会主催のキャンプに児相側の職員も関わってくるということですか。そして，そこで石井さんなんかとディスカッションしながら評価するということでしょうか。

石井(佐)▶いや，ディスカッションというか，様子を見ているというか，観察されているというか。

石井(敦)▶養育者としての実際のところを見てもらうというのは，何にも代えがたい場面かなと思います。これは埼玉県以外の里親さんにお話をすると，「里親会の旅行に児相の人が行くなんて信じられない」と言われましたけど，例えばそうした行事だとかイベントなどで，それぞれの里親の行動特性や適性をありのままを見てもらうことが結局子どものためではないかと思います。

米沢▶そういう集まりにそれはプラスアルファされたものだとは思うんですが，そんなふうに利用するということは参加している当事者にすごい影響を与えることと，そういう意図をもって参加することにはデメリットもあるんですよね。

石井(敦)▶あるかもしれないですね。1

つに限らず，さまざまな場面があればいいと思います。

米沢▶未委託の方がキャンプとか行事に参加するというのは自身を高めることでもありいいんだけども，自分が見られている場であるというのはね，本来の活動の目的を損なわないように心がけることも大事だと思います。

石井（佐）▶確かにそういうところもありますけど、子どもを預かるというのは他者から見られるということに対して、自分をどう出せるかということを客観的に捉えるぐらいの力がないと、何か問題があったときに乗り越えていく力のところまでいかないと思うんです。

宮島▶言葉はよくありませんが、2通りの「塩漬け」があると思います。どちらもなくさなければいけません。1つは、委託できない、委託する自信がもてない場合には、そのことを伝えないといけない。少なくても、今の仕組みは、里親としての欠格状況に反してなければ基本的には登録を認めるという仕組みですから、登録しても、それで必ず子どもが委託されるということではないことを説明する必要があります。ただ、説明しても、受け取ってもらえないという場合もあるのだとは思います。

もう1つの塩漬けは、適性があるにもかかわらず、そのような方がいることが、伝わらずに埋もれてしまうということがあるということです。年度をまたぎ、文書の上では残っていても、対面的な関係を伴う活きた情報がないと、安心して子どもを託すということはできないものです。こちらの塩漬けもなくしたい。

役所でも、一部の民間団体がしているように、ビジョンを示すことが必要だと思います。それを示さなければ、なぜ選ばれないのかの説明はできません。そうしなければ、「私たちは親になれない不適格者ということですか」という感情的な問題になってしまいます。児童養護施設を認可する場合には、細かい審査があって簡単には通らない。里親についても、「こういう里親を求めている」ということを示すことがあってよいはずです。例えば、適度に自己開示ができて、子どもを託す児相との間でパートナー関係が結べることを重視しているとか、里親の場合には、公的養育として委託を受けるのですから、「里親養育の最低基準」などを一緒に読んで、どのように感じますかという事前研修があってよいはずだ

と思います。もちろん，里親さんの場合には，自分の生活と人生の中に子どもを迎え入れるということですから，非常にわたくし性っていうか，個性とか雰囲気とか，関係とか，そういうものもちゃんと見ていく。両方を大切にしているということを具体的に示していくことが必要だと思います。

　また複数回，少なくとも最低3回以上の対面的なやりとりが必要だと思います。最初は，問い合わせに応える，その後面接をして内容が互いにわかってくる，互いに信頼できるかどうかというのが見えてくる，そういったことを経て，打ち解けて本音で話せるという段階に入る。最初は，ガチガチになっている，そこだけで吟味される，あるいはするというのでは，お互いに無理だと思います。

石井（佐）▶そうですね。なので未委託の方たちを児相の方がいないランチ会にお誘いしたり，それからバーベキューをして，そのあと土手沿いなので花火を見る。50〜60人集まる場所を提供していただけているんですけど。そういったところには，最初はなるべく児相の方は来ていただかなくて，ある程度みんなが仲良くなったところで，お声がけする場合もあります。一方で児相のほうのサロンもあるんですね。でも，それだけだとなかなか全部を開示できないということで，里親だけだったり，いくつかその地域の里親会によって，またそのメンバーによって，気が合う／合わないというグループではなくて，経験値だとかそういったことによるグループが埼玉はおかげさまで長年の積み重ねの中でできているように思いますね。

養育者に求められる力と委託機関として行うべきこと

ロング▶ところで，養育里親と養子縁組里親とか養親さんって，別物で，求められている適性も違うのではないかと。どういう支援を行うことができるのかとか，子どもの状態などいろんな部分が違うと思うのです。現状の制度の中で養育里親さんに絶対的に求められているものは，石井さんのおっしゃるとおり，自己開示力だと思います。その自己開示力が，開かれる場に参加されるというところでプレッシャーをかけられたときに，やはりちょっと辛いかもしれないというのは私も感じます。

林▶自己開示力っていうのは具体的にどんな力ですか。

ロング▶養育里親さんの場合は特に自分の辛さであるとかしんどさであるとか，あるいは課題自体が何だかわからなくても，助けが必要な状態に自分があると思えるとか，コミュニケーション能力も含んだ，オープンネスのことです。対して養親さんに私が委託側として一番求めた

い部分は，自己覚知ができているかというところですね。開示力が養育里親さんほど必要でないかもしれない，例えば真実告知なんかもそうなんですが，縁組後は実家庭になるところに発生してしまうその密室性みたいなところで，自分自身を知っておかないとリスクが出てくる。共通する部分はあるんだけれども，常に多くの人の介入のある養育里親に求める要件や必要とされる研修・支援と，実家族となる養子縁組の家庭に必要とされる要件や力量や支援は，今の制度下では違うのだと思います。

林▶今お聞きしたその自己開示力とか自己覚知というのは，当然子どもを育てるうえで養親であろうと養育里親であろうと必要な力かと思います。例えば自分が困ったときに助けてくれっていうことをきちっと表現できる力があるか，だから逆に言うと縁組後，特に養親だからこそそういう力が必要かなと思う部分もあります。だから，まあどちらがというよりは，今のは，養育者としてのコンピテンシーという捉え方が共通基盤としてありうると思うんですよね。それでもやっぱり，共通基盤がありながらもそれぞれに特化した何かはあるんではないかなと思うんですけど，その何かというのはなかなか難しい。家庭養護促進協会ではいかがでしょうか。

米沢▶神戸事務所では養育里親も養子里

親の委託にもかかわっています。今の制度，登録は底を広く，いろんな希望者にとってチャンスがあるという登録の仕方だと思うんですね。それについて，異論もあるとは思います。里親になりたい人，養親になりたい人の面接や訪問調査のときに，できる限りその人の理解に努め，また夫婦のコミュニケーションのあり方や，今の制度ではふさわしくない考え方とかあればその点を話し合ったり，里親自身が感じられるようにすることも必要なことです。

林▶そのご夫婦が，米沢さんの前で養育についての考えとかを共有されるわけですね。

米沢▶そうです。

林▶普段夫婦で養育について必ずしも話していない，改めて米沢さんの前でやりとりをするというところを米沢さんが評価するというようなことと，2人が自己理解を促すというようなことを目的に行われるのですね。

米沢▶そのときに課題になるかもしれないと思うことは，登録そのものに関わることではないかもしれないけど，これから子どもを受けるときに考えないといけないこととか，家を開くということがどういうことなのかとかいうことです。時に，ずっと話していくと，全然夫婦の考えが違うということが明らかになるということもあります。そうすると立ち止

まってもらわないといけない。そういうプロセスの中で気づいたり，オープンにするという意味があるんではないかなと思いますね。

専門職も学ぶ中での里親・専門職相互の変容

宮島▶少し前に話された里親さんの旅行のことに戻してしまうのですが，里親と児相職員が一緒に旅行に行くということがプラスになっているのは，2つの条件が揃っているからだと思います。1つは，歴史だと思います。もう1つは，日帰りじゃなくて1泊2日であるということです。後者から言うと，特に初めて参加する人はやっぱり緊張していたりします。でも一緒にバスに乗って，長い時間，遠くまで行って，やりとりをして，いろんなところを回ったりして，そして，夕食を食べて，ガサガサして，子どもが寝たあとも，告白のし合いみたいな感じの時間になる。そうやって夜中まで話すといった伝統があるので，児相職員も泣いたり，教えられたりっていうことが起こる。そういうことが長年積み重ねられているので，一方的に引いた立場で吟味するというのではなく，一緒の時間を過ごす，共有するっていう要素がかなり高いんです。だから，いい体験だったから次も行ってみようということになるし，児相の側でも，若い職員にはなるべく行っ

てもらうようにしようとなっている。そういうことが40年以上もやられてきているからできるんだと思います。それをいきなり，吟味される方とする方で始めたらぎくしゃくしてしまうはずです。

林▶児相の児童心理司や児童福祉司が学ぶ場でもあるわけですね。

宮島▶そうなんですよ。むしろそっちが大きいです。

ロング▶そういう関係になったあとに指導が必要になったり介入が必要になったりしたときに，若い児童心理司さんや児童福祉司さんたちだと，どうするのかなと今ちょっと心配になっちゃったんですけど，役割葛藤が起きるんじゃないかなって思いました。

宮島▶むしろ逆だと思います。逆に関係ができているから言える。見て見ぬふりはしない，嘘を言ってはいけないという循環も生まれます。もちろん皆がそうはいきません。でも，核になる職員がいて，一緒の場面を経験している。それで，複数の職員が，里親さんと子どもの関係とか，ご夫婦の姿とかを見ているから共有できる。今何が起こっているかというのが，それが担当だけで，1対1の関係だけだったら，それはちょっと判断しにくいし言えなくなるのではと思います。これには，核になる先輩里親，里親会の役員さんなどがどのような姿勢かによっても全く違ってきます。信頼の下地がない

中でやろうとしてもうまくはいかない。里親サロンも同じだと思います。時おり「児相の人がいて，よくできますね」といった話を聞きますけれど，里親サロンも同じように育つ場や教えられ合う場になります。そのようなサロンは，里親だけで行うサロンと同様に大切なものだと思います。

あと，もう1つの石井さんのお言葉に戻りますけど，「100％自分だけ…」ということもあるかと思います。里親になろうとする方の多くが，不妊治療を5年10年という長い期間経験されています。このような場合，最初は100％でもいいと思うんです。とにかく子どもがほしいというのは無理もないことです。でも，そこから，違うんだ，自分たちのことが100％だったけど，子どものことも100％，実の親のことも100％，同じように幸せを求めているんだなって発想できるようになれるかどうかだと思います。

石井(佐)▶里親さんが委託前は難しいので，委託されながらいろんな問題を乗り越えながら，ご自分でステップが上がっていくということをなるべく自覚していただくように努めています。リーダーになっていただいたり，後輩の方のケアをしていただきながら，「あなたの接し方でいいのよ」ということを伝えたり，「最近，頑張っているわね」というようなこ

とを，各里親会の役員になってきた私たちと同じぐらいの方たちも，そうした視点で後輩の方たちに接しています。おかげさまで長い年月の中でそういった関係性が培われてきました。さっき夫が言った，半分この「見られますよ」というのは表だって文章が出たりとかそういうことではなく「あなたたちのことをよく見た結果，委託に進みましたからよかったですね」ということであって，それを皆さんに押しつけるということではないんですけど。

石井(敦)▶そうですね。行事に誘われたときには「アピールするチャンスですよ」との記憶もありますが…。

石井(佐)▶夫はアピールという言葉を使っていますけれども，みんなと普通にご飯を食べたり，微笑みあったりということが自然にできる場所，私たちはそういった場所だと思っているんです。その中に，肩の力を抜いてきていただいていいですよっていうところで，またそこに自然にしていただけるということなので，そこで，「私はこういう人です」ということをアピールということではなくて，みんなで仲良くしましょうということのアピール。

宮島▶アピールと言われたのは，トータルに理解してもらう機会だという意味ですよね。

石井(敦)▶自分たちをよく理解してもら

うチャンスです，というそういう意味で。

石井（佐）▶楽しめることとかが結構大切ですね，バス旅行でご飯を食べながら，他の人の歌うカラオケに手を叩いて，みんなと仲良くなっていくとか，なんかそういったところの，本当に自然なところを，夫はアピールと言いましたけど，また幹事である私たちがそこをうまくご一緒できて，終わったときに楽しかったねという時間。そこをたまたまそこにいた児相の方たちも一緒に楽しみながら，「あの人，気さくだね」とか，そういったふうに良いところを見ていただく場かなというふうには思っています。

林▶感情をきちんと共有できることは子どもへの情動的関わりにもつながってくるとも思います。

委託までの期間・縁組後の 里親登録の継続

ロング▶私たちの機関に来る方というのは養育里親さんと違って，現状は不妊の方がほとんどなんですね。そうすると，不妊でさんざん傷ついてきて，ようやく登録までこぎ着けて，ご本人たちは藁にもすがる思いで登録できたという喜びの中で，「待つ」ということは1日1日がやっぱり傷になっていくので，そこは1年待つということはベアホープではほぼないですね。よほど何か課題があって，ご本人たちと相談のうえ，例えばご両親

の介護が入ったとか，ご本人がご病気になられたとかならありますけど。

宮島▶早ければいいというものではないですよね。ちょっとこの部分は関わりをもったほうが，準備が整うかなというのはありますよね。それで待つ場合はありますよね。

ロング▶ありますね。

宮島▶ただ，1年とか2年は長すぎる。やっぱりタイミングはあるなと思います。行政の場合で，そこを意識していない例に出くわします。私自身も，以前は，そのことに全く鈍感でした。

米沢▶登録して半年ぐらいは自分が勉強する時間かなと思い，本を読んだり，先輩の話を聞いたり。1年になるとそのモチベーションがぐっと下がるという意見を聞くことがあります。1年待つと，ああもう自分は必要とされないかもしれないという気持ちが出てきてモチベーションが下がるというふうに言っていますね。

ロング▶モチベーション下がっている方のところに委託するのと，モチベーションが高いままのところに委託するときの違いについてどう思われますか？

米沢▶どうでしょうね。モチベーションもね，上がったままではね，心配なところもあります。ですけど，自分にもうやる気がなくなったところに子どもを受け入れてもうまくエネルギーが注げないこ

ともある。少なくとも自分の家庭が役に立つとか，子どもの幸せを共に感じられるとか，そういう期待感があるときに委託されるのがいいかなとは思いますけどね。

林▶埼玉県みたいに行事に誘ったり，未委託の人もサロンに誘ったりというのは，ある意味，その長期化している未委託の人の動機づけを維持させる大きな手段でもあると思うんですよね。レスパイト先になるとか，短期間の委託を受けるとか…。

ロング▶短期間の委託については，養育里親はできると思うんですけど，養子縁組は難しいと思いますね。養育里親は一定期間お子さんを預かって家庭復帰というところがある中で養育里親に登録しているので，そんなに早い者勝ちみたいな意識は少ないかもしれないですけれど。養子縁組の場合は，「あそこに来たのに，うちに来てない」という思いは，やはり養育里親よりはもっと強く出るかなと思いますね。

石井(敦)▶強いですかね。

林▶養育の引き継ぎとか，委託後の支援とか里親委託を受けられていて，いろんな課題を抱えていると思うのですが。

石井(佐)▶埼玉県もかつては発達の診断を改めて受けることは，養育中に相当顕著な様子がなければ，声がかかりませんでした。最近はやはり WISC（知能検査）を受けることも増えてきて，養育中の子どもの発達の状況を把握できることは多くはなりました。また定期的に受けることで変化や成長を捉えやすくなりました。やはり一般家庭もそうですけれども，私たちがお預かりする場合には発達障害のお子さまたちは少なくはないと思いますし，身体的な障害をもつ場合も少なくはないとは思います。ただ，そこに関しても，支援を受けられるということをなるべく皆さんと共有して，「臆病にならないで一緒に育てていきましょう」とお伝えしています。籍に入れる／入れないではなくて，その子が生きていくためには私たちがどう関われるかということを考えていただくように，なるべく未委託の方たちにもお話はするようにしています。

石井(敦)▶それから，特別養子縁組後の方にも，里親登録をやめないでいただく，もしくは登録をやめた方にも里親会の特別会員になっていただくことをお勧めしています。せっかく養育実績もできて，家庭も開示できるようになって，基礎・基盤もできてきた方々です。先程おっしゃった，未委託の方には対応力などの点でレスパイトとか一時保護が難しい側面を考えますと，この方々の力を社会的養育の貴重な資源として引き続きお借りすることが必要かと思います。里親会の活動などを通じて仲間になったのに，特

別養子縁組が成立してやめるのではなくて，里親会の中でケアする側に立っていただきたいとお引き留めをします。その方のところに一時保護，それからまた2人目は養育里親というケースも含めて，複数の子どもがいる家族で育つことが子どもにも好影響であると思います。埼玉県では養子縁組希望であっても「委託直後は養育里親と同じ扱いである」として縁組と養育の両方で里親登録をしています。養育力を高めた家族を増やしていくというのが，私たち里親会が考えている1つの流れではあるかなというふうに思っています。

子どもに関する情報の共有と委託後の支援体制

石井（佐）▶埼玉県では，例えば，里子が学校に入学する場合に，児童福祉司さんが同行することが多くなりました。それまでは里親個人が里親家庭としてこの地域に住んでいるということを地域の小学校の管理職に伝えてました。なるべく学校の管理職にも説明に行ってくださいと言い続けてきました。児童福祉司が学校に入学のときに同行して説明するということが2015年から実施されました。里親さんたちに，「1人で抱え込むのではなくて，いろんな支援がありますよ」と伝えるようにしています。

米沢▶里親，それから関係機関，里親支援専門相談員もいますが，近年子どもの状況を共有しようという傾向はあるんじゃないかなと思います。年長児の委託の当初は，転校先の小学校，中学校，高校によろしくお願いしますということもしています。里親がもう少し情報をもらったほうがいいのではないかということは全国的にいろんな会で感じるところでもあります。

石井（敦）▶そうです。埼玉県も進んできたとはいってもやっぱり委託時に提供される情報が児童養護施設より里親は少ないんですね。ですから，もちろん病気の情報も，今出ている病気の情報はわかるんですけど，世代を遡った情報というのは，あれば教えていただきたい。情報が少ないから育てにくいところはあります。

米沢▶そういう苦情は多いですよね。いろいろ難しいことが起きて，そうなった時に初めて情報を知らされることがあるといった苦情があります。ニューヨークのNACという機関の尾崎京子さんから「ノー・シークレット，ノー・サプライズ」ということを聞きました。最初からきちんと話をする。里親も正直に話をしてほしいというふうな関係性を保ち，のちのち「そんなことは聞いてはいなかった」というようなトラブルがないようにすると言われていました。子どもたちを養育する人たちはやはり子どもに関する

情報を知っている必要がある，そしてサポートをする必要がある，だから，情報共有をシビアに考えて必要なことは提供してもらう。で，関係機関も，里親もそれに対して秘密保持をきちっと確保するということは，もう少し，徹底してもいいのではないかと思う。

宮島▶どんな支援が必要ですか？ という問いかけに対して申し上げたいことがあるんです。すでに話したこととも重なりますが，里親委託だけのことじゃないのですが，例えば市町村が家庭支援をしなきゃならない，でも支援とは何なのかということが全然議論されていないですよね。支援として大切なことはいろいろあると思うんですけど，まずは，当事者がきちんとした支援者を得るということが一番大事ですよね。そして今何が起こっているかということが把握されること。つまりニーズの把握が重要ですよね。そのためには，理解するということ，アセスメントが重要ですよね。これらがあって，初めて打つ手がわかってくる。打つ手が先ではなくて，支援者がいて，ニーズが把握されれば，そしてそれが本人と共有されるプロセスがあれば，これに対応するサービスが活きてくる。例えばレスパイトですけれど，『思い出のマーニー』という映画を観ると，あの映画に登場するお母さんと子どもとの関係は，子どもが，レスパイトを夏休みにしたこ

とによって，お母さんとお子さんとの関係が整えられたという話だと受け取れますよね（笑）。

ロング▶そうですね。

宮島▶夏休み中，母の知人である夫婦，お母さんとは違う別の養育者に出会い，その周りの人と出会ったことによって，里親であるお母さん，お母さんと呼べなくなっていたのがお母さんと呼べるように整えられたという物語だと言ってよいと思います。

米沢▶そうね。私はかねてからレスパイト先を施設，同じ地域の里親だけでなく，都会の子どもは自然豊かな環境の里親宅に，地方の子どもは都会にとか選択肢が広がり，里親のレスパイトが子どもの気持ちや考えが広がるようなチャンスになればいいと思っています。

┃「応援ミーティング」の 活用・チーム養育のあり方

ロング▶千葉県の応援ミーティングのモデルなんかはすごくよくできていますよね。

林▶機関間のつながりをつけるとか情報を共有するという意味でいうと，埼玉県の応援ミーティングってどうなんですか。

石井（佐）▶2016年度ぐらいから始まっています。例えば，乳幼児の委託の場合には，市の職員の方，保健師，学校が参

加してくださいます。

林▶そうですね。形式的なものじゃなくて実態としてそのつながりができているかということですよね。どうしても一般化すると形式的なものになってしまう。

宮島▶チーム養育が重要だと言われていますけれど，どれぐらいの人数のチームがいいかということはあまり話題になっていないように思います。9人とか11人とか，野球やサッカーのような，イメージになってしまいますけれど，そんなに大人数が集まるのは大変なので，実際は3人か5人ぐらいのバスケットチームぐらいのほうが私はいいかなと思っています。

　一方で，寄り添い型の支援も重要だと言われています。両方のことを合わせて考えると，やっぱり2，3人が寄り添って小チームをつくり，その後ろにも第2のチームが控えているというイメージで，アウェーじゃなくてホームグラウンドにいるようなイメージでしょうか。二重の輪で支えられながらプレーができるような安心感というのが必要ではないかと。チーム力が強調されるあまり，寄り添ってくれる人がいなくなってしまっているということもあるように思います。

　里親さんに来ていただいて，年齢によっては子どもさんにも来ていただいて，関係者に集まっていただいて応援ミーティングを行う。このとき，みんな

に，あるいはみんなを紹介する人がやっぱり必要なんですよね。伴走者がいるわけです。その存在がいちばん大事だと思うんです。それがあってミーティングの機会が生きる。チームができるということだと思うんです。そのあたりのことが整理されて理解されるようにしないといけないと思います。

　児童養護施設の場合でも，今は6人から8人の子どもを3～4人のケアワーカーで養育していたりするわけですけど，その場合には，この生活単位には，必ずチーフのような立場の人がいて，全体を見るようにしている。それで声がけをする，場合によっては，そのチーフが直接一緒に子どもに関わってくれたり，ちょっとの間は代わりにやってくれたり，あるいは施設内のさまざまなスタッフの機能を使って，その養育単位のグループを支えるということをしている。やっぱりそういったマネジメントがあるからチームでの養育ができるんだと思うんです。今は，マネジメントを行う存在の重要性がぼやけてしまっているのが怖いなと。チーム養育が言われたことによって生じていると思います。

ロング▶里親としては支援者という名前のいろんな係の人が周りにいっぱいいて，どこに何をどう言えばいいのかわからないというのは非常に困るんです。やはり窓口の一本化がすごく大切で，その

一本化された窓口が「9時17時受付で，いつもその場にいない人」ではなくて，子どもを近くで，里親だけでなく子どもを見れる人であるという必要はすごく感じていますね。宮島先生がおっしゃっている伴走者というイメージだと思うんですけれども。さまざまなリソースがあっても，里親がそのリソースを全部把握するというのは非常に難しいので，やはりケースワーカーがそういうネットワークづくりのプロフェッショナルであるというのが，養育里親のソーシャルワークとしてあるべき姿かなというふうに，考えています。残念ながら現状は，支援される側からしてみると誰が何の役割なのかとてもぼやけているので，リソースが増えてきても利用しづらいという現状があります。やはり，伴走者でありうる一本化された窓口が必要だと感じます。

林▶委託機関の責任として最小のチーム養育単位を構成する必要があるかと思います。実際子どもの養育ということを考えたときに，その控えの人を含めた養育体制が必要なわけですよね。それは委託機関としてそこをマネジメントしていくというような体制がきちっととれる必要もあるでしょう。また最近トラウマインフォームド・ケアということが言われる中で，やっぱり子ども自身もそのチームの一員になることもあるんだということを感じることがあって。今言われたような里親さんもそのチームの一員だというけど，やっぱり子どもがその課題を外在化して，思春期ぐらいになってくるとやっぱり自分を客観視して，自分の困り感を人に伝えることも重要かと。子どもの困り感を中心に，その時その時でチームの体制というのを変えていくということは必要ですね。

▍自立支援と年長児の委託

宮島▶自立の支援についてなんですが，これは東京都の先進的な取り組みの1つですけれど，各児童養護施設に，自立支援コーディネーターという専任職員が1名ずつ配置されるようになって，すでに5年が経っています。最初は，やっぱり担当のケアワーカーが寄り添わなければ話にならないのではないかと見ていましたが，5年経って，各施設でも，また自立支援コーディネーターの集まりのレベルでも，知見の蓄積がなされ，力になっているのだなあと教えられています。今年の3月に3つの施設の自立支援コーディネーターの方に，集まってお話を聞かせていただく機会を得たのですが，活用できる社会資源の状況などを本当によく把握されているんですよ。そういった情報やノウハウは，ぜひとも里親に委託されている子どもたちのためにも提供していただけるといいなと思います。

ロング▶自立支援コーディネーターは全施設にいないですよね。

宮島▶東京都だけ，加配ですね。

石井(佐)▶先程の，里親家庭が実家となることは私たちもそれを目指しているところなんですが，埼玉県の高齢児の委託が増えてきて，一時保護から，実親から私たちのところにお預かりするのが高校1年生だったり中学1年生だったりするケースも増えています。乳幼児期から預かっていれば，覚悟や準備，積み立てもできるんですが，数年間で自立のところにもっていくのがなかなか難しい現状もあります。いろんな奨学金制度もやはり児童養護施設の対象のものが多く里親家庭対象も増えてきていますが，まだPRや社会のフォーカスが少ないのが現状です。私たちの課題も，里親家庭，短期の高齢児の子たちにどういった支援が提供できるかという，動きが始まりつつあります。東京都さんが進んでいるということで，都県市を境にした違いを感じながら，また里親家庭と，児童養護施設の子どもたちの差も話題になります。やっぱり2，3年だと里親さんのほうも「その子にとっての実家に」と言われても，実家のところまで気持ちがいかない，里親さん側の問題も出てきて，そこで，「ここはあなたの実家にしていいよ」ということを強制できない。そこのところはもう3年間養育してくれたことだけでも，

環境を提供してくださったことでありがたい，次のステップをやっぱり周りで支えることを始める必要があります。

宮島▶実家ということが打ち出されたときには，これは重荷だよねと感じました。里親さんがこれに応えようという気持ちは尊いですけれども，反対に里親養育を拡げるということにおいてはブレーキにもなると思っています。まず，年長児にとっては，下宿屋プラスアルファぐらいの信頼できるおじさんおばさんでいいのに，家庭を強調されるのは嫌だと感じる例も多いと想像します。里親さんの側にしても，そういうところまでを背負わなきゃならないのではとても怖くてやれないよというのもあると思います。例えば3年間を共に暮らしたとして，そういったおじさんおばさんとして，それにふさわしい関わりはあとでも続くけど，それ以上のものは背負わなくていいよという，そういった合意を前提とした仕組みを築かないと，やっぱりきつい。

米沢▶後見人制度的なものも検討してみてはと思う。後見人的に支援する人は経費も必要ですので，少し報酬をもらえるみたいなものです。里親もそのメンバーになろうと思ったらできる。中高生になった年長児の委託も増えているんじゃないですか。

石井(佐)▶そうです。多いです。

林▶でもそれだけ不調ケースも増えてい

るでしょうね。

石井（佐）▶はい，そうです。

米沢▶だけど，数年の養育だったら頑張るわ，と取り組む里親さんもいるでしょ。その間に里親のできることは限られているけれども，生活していくうえでの知恵や方法を教えられる。それは，仮縫い程度のことではあっても，その後，子ども自身が本縫いをしていくことに託すしかないと思えることがある。

石井（敦）▶そうですね。数年だから受けられるという方も増えてきているとは思います。その一方で，「不調」についてはゼロを理想にするあまり施設も児相もマッチング件数を増やす足かせになっているとも感じます。確かに子どもにとっても担当者にとっても大変なことではありますが，「必ず起きるもの」と捉えてその原因分析，有効な事前対策，生じた際の対処方法の精度を上げることが肝要です。委託の絶対数を増やしながら不調「率」を下げる発想の転換が求められます。

■ 里親家庭・子どもへの対応

米沢▶ソーシャルワーカーがあまり子どもを見なくなってきていると思いませんか。児童心理司が子どもを十分に見て，ソーシャルワーカーが子どもを理解したり，子どもとの関係性をちゃんと維持し

ていくという機能がちょっと薄れつつあるんじゃないか。

宮島▶心理職の方に，専門性に基づいて子どもを深く見てもらうことと，ソーシャルワーカーが，環境や生活のことを含めて全体を見ることの両方が大切だと思います。全体把握することと深掘りする両方がないとやっぱり支援は成り立たないと思います。加えて，関わり方のスタンスや距離感も違うと思います。例えば，市町村と里親との関係があるかないかとか，施設の里親支援専門相談員の関わり方だとか，児相だけに限っても関わり方は全然違うと思います。東京都では，特に里親に関わる「親担当」と「子担当」の役割分担は独特だと思います。乳児院が里親委託後に関わるフォローの仕方にも，幅があると思います。

林▶乳児院の格差も大きいですよね。

宮島▶あるように思います。私がお聞きしているのは一部の例かもしれませんが，子担・親担当に分かれていて，両者の間には微妙な意見の違いが生じる。里親からはそれが見えてしまう。親担当は，里親の苦労や悩み，迷いを見てきているから，それらの全部を含めて考えたいと思っても，子ども担当はそれができない，待てないということが起きる。そうした時に，親担当の判断ではなく，子担当の判断が優先されて，親担当の方が身を引くということが起こる。そうすると，里

親さんの児相への不信が生じます。こういったことは、聞いていてもわかりにくいと思うんですけれど。

石井(佐)▶埼玉県ではケースワーカーの方たちに年1回ぐらいしかお会いしないので…。

宮島▶委託後の定期的な訪問はないのですか。

石井(佐)▶委託直後はあります。

宮島▶里親委託ガイドラインには「定期的な家庭訪問」として、委託後の2か月間は2週に1回程度、委託の2年後までは毎月ないし2か月に1回程度、その後は概ね年2回程度訪問するとされているのですけれど…。

石井(佐)▶安定してくると年1回です。里親委託等推進員の方は3か月とかもう少し頻度がありますけど、埼玉県のケースワーカーの方たちは忙しいと聞かされてずっと何年もですから、1回訪問しているのはまだましで、名前もわからないまま異動してしまったという話も聞きます。おっしゃっている意味はわかりつつも私たち現場にいると、そのケースワーカーの方たちとどれだけコミュニケーションをとる機会があるかというと…。

宮島▶そうですね。里親と児童福祉司の距離はさらに遠くなっているのかもしれません。先程、東京都の例としてお話しましたけれど、全国で起こっていることかもしれません。今、児童福祉司の多く

が20代というところは、めずらしくありません。埼玉県でも、里親委託等推進委員の多くが、再雇用のベテラン職員で、そのような方々が里親関係の業務を担っていると聞いています。

石井(敦)▶はい。元部長・元課長さんなどが、委託等推進員ですね。

石井(佐)▶だから、その方たちのほうが頼りになるというか。

石井(敦)▶若いケースワーカーよりも。

宮島▶ちょっと特殊なかたちかもしれません。そういう頼りになる人が選ばれて再雇用されているのだと思います。

■ ファミリーホームのあり方

宮島▶いろいろなところの事例検討会に行かせていただいていますが、その中で、里親委託やファミリーホームへの委託に関して同じような事例に複数出会うんです。どちらも、過剰な期待というか、過剰な反応というように思えてしまうんです。その1つは、児童養護施設の方々が、この先もずっと施設養護になる、それでは駄目だというので、小学校の3年生ぐらいのお子さんの里親委託への変更を検討される例です。わかるんですけれど、その子は、3歳くらいから6年間くらいは、その施設で暮らしている。確かに、18歳までこのままではいけないのはよくわかりますが、施設で暮らした6

年間をなかったことにはできない。それを前提にした委託ならよいのですけれど…。その他にも，個々にいろいろ難しいことがあって,その内容を丁寧に聞くと,私には難しいなと感じられてしまうことが多いのです。

　もう1つは，複数の児相から子どもが委託されていて,どうみても,そのファミリーホームのキャパを超えてしまっているのに，児相の側からはそれが見えていないという例です。例えば，1つのファミリーホームに3人の幼児さんが委託されていて，しかも，そのうちの2人は，まだ委託後数か月しか経っていないというのです。このような，養育者のキャパを超えているような委託が少なからずされてしまっているように思います。これは児相の側の問題が大きいのだとは思うのですけれど，里親さんの側から見た場合，こういった事態をどのように見ておられるのかということを，聞きたかったんです。

石井(佐)▶私たちベテランと言われつつある里親の中で，もちろんファミリーホームに進む方もいらっしゃるんですけど，ファミリーホームにならないということも私たちは選んでいるんですね。ファミリーホームになってしまうと，やっぱり子どもの数が多くなるので，子どもに対して時間をかけられなくなることは私たちの本意ではない一方

で，さいたま市なんかは里親さんをファミリーホームのほうに誘導して，委託も増えていると聞いています。さいたま市が埼玉県から分かれてまだ16年なので，里親さんたちも，私たちよりもお若い方たちが結構苦労しながらファミリーホームを運営しているという話は伝わってきます。埼玉県の中のファミリーホームは19かな，そのうち里親から出た方たちは2なんですね。だとするとほとんど法人なんです。児童養護施設の職員の方たちがもともと小規模のところから，児童養護施設からも離れてご自分でという方が多くて，この前もAさんのところに伺ってきたんです。Aさんは子どもを守るためには，どんな子でも受け入れるということはバランスが崩れてできないので，やっぱり小学校の低学年ぐらいまでじゃないと，高学年の子は…というように，ファミリーホームを維持するためにはそうなってくる。では高学年の子はどうするのかということの中で，私たち里親のほうが受け入れていくべきではないかと最近考えています。

　先程お話した一時保護所から児童養護施設を経由せず，直接委託される中高生や，一時保護として受け入れその後里親委託に切り替わるお子さんが増えています。児童養護施設のベテラン職員からファミリーホームの事業者に転じた方でもそのファミリーホームを維持するため

第4章　座談会「里親委託・養子縁組において大切なこと」　　**81**

には子どもを断るとおっしゃっているんですね。それは勇気をもって断ると，それ自体はこの中にいるお子さんたちを守るために必要，じゃあ断られたお子さんはどこにいくのかということで，私たちも少し勉強し始めていくと，その子たちの受け入れ先に私たちがなっていくべきなのではないかというように考えています。

石井(敦)▶ 先日，埼玉県外の里親さんからファミリーホームに移行された方とお話をする機会がありました。障害も含めて非常に大変なお子さんを預かっていて「やはり人を使わざるを得ない，そうなってくるとファミリーホームしかなかったんです」と。特別養子や養育里親と，ファミリーホームや施設との違いを感じています。籍が入っているかいないかの違いはあるにせよ，子どもにとって最適な環境である家庭で家族の一員として成長していく意義を考えますと，やむなくファミリーホームに一歩踏み出すのではなく，養子縁組家庭・里親家庭の支援こそが優先順位の一番ではないかと思います。子ども1人に対して乳児院に年間いくらかかっているか，児童養護施設で子ども1人に対して直接間接含めていくらのコストをかけているかということと比べると，里親家庭で育つ子ども，そしてその里親への支援，かかっているコストにおいては一番低いわけです。ですから，先程チーム養育というお話も出ましたが，安心して養育できる里親家庭に対するサポート体制を早急に，直接・間接経費も含めて施設や乳児院並に引き上げていくことが必要です。施設の維持・運営に要しているコストを里親委託コストに積み替えることと，委託・措置先の割合変更は表裏一体ではないかということです。

石井(佐)▶ 特別支援学級（学校）に通うお子さんを引き取った場合には送迎があるんですね。送迎があるお子さんを1人預かっても，送迎がないお子さんを預かっても，私たち里親の措置費は同じでも負担感に大きな差があります。私の親しい里親さんも，例えばみんなでランチでのサロンをと誘っても，「お迎えがあるから」と参加できません。また，「泊まりがけの里親の研修会に行きましょう」と声をかけたいのですが，託児はあるものの新しい環境への適応が心配で利用しにくいのが現状です。子どもの発達の状況によって，3人預かれるかもしれない家庭もあれば，1人しか預かれない場合があります。しかし，かかっている労力としては同じぐらいであってもその労力の評価がないんですね。そこのところの評価を細やかにしていただきたいなと思います。

米沢▶ ファミリーホームに委託率の引き上げを担ってもらっている面もあります

よね。私は今でいうファミリーホームの家庭養護寮で，長期養育の子どもたちの措置終了後，自分自身がどこで，どう生きていくのかということの難しさを見てきました。ファミリーホームのほうが幼児を受け入れようとするところもあると思いますが，それは里親さんのほうがよいのではないかと思うことがあります。幼児で短期だったらいいんです。ファミリーホームがね，長期養育のお子さんを引き受けていることに課題があるんじゃないかと思ったりします。家庭養護寮が全盛のときに親の面会がある子ども，元の家庭に帰っていくような子どもを養育している人が多かったですね。

宮島▶これには，ファミリーホームの側の問題と，児相側の問題の両方があると思うんです。児相の側は，事業となっている安心感，かつ，家庭養護だから預ける。実際にその家庭の中がどうなっているかを十分に吟味しないでお願いしてしまう。しかも，ファミリーホームだから，実親との交流も可能だとなる。1人の新しい子どもが新たに加わるということの影響はとても大きい。その子の影響は，他の子にも全体にも影響する。でも，ファミリーホームをやっている人は，しっかりした人で，外部の補助者もいると児相の方は見てしまう。だから，家庭の中で起こってくることをあまり考えないで委託してしまう。そういうことが，残念な

がら起こっているように思います。ファミリーホームの側もついつい頑張りすぎてしまう。

米沢▶男女の境界線とかも考慮されての委託なのだろうかと考えさせられることもあります。

宮島▶ありますね。幼児さんを含めて，最悪の場合には，子ども6人に1人の大人，あるいは多くが子ども6人に対して大人1.5人ぐらいとなる。ある意味，今は，児童養護施設の職員配置のほうがファミリーホームの対応より人が厚いんですよね。

石井(敦)▶社会的養育の優先順位において，里親とファミリーホームを分けるべきだと思います。ファミリーホームは地方自治体で施設と近い扱いでの管理・関与をしています。里親委託の優先順位が高いのであれば，ファミリーホームや施設以上のコストを里親家庭にかけるべきです。施設の小規模化が先ではなく，里親の活用が先だと思います。

▌パーマネンシー保障の観点の必要性・縁組後の対応

林▶ファミリーホーム，里親，縁組の対象を考えるというのは，アメリカのパーマネンシーの考え方からすると非常に曖昧なわけですよね。本来的に里親の中にもかなり縁組ケースが入っていて，パーマネンシーの保障に向けた永続的な養育

プランという考え方が根づいていないように思います。

宮島▶例えば，日本では，さっき石井さんが，縁組したあとも，里親として，養育実績を上げた方には留まってほしいと考えているとおっしゃいましたけど。自治体によっては養子縁組をしたとたんに里親登録を抹消しちゃうという運用がありますよね。でも，それってもったいないし，あぶない。里親と養子縁組とは違う。そこは子どものニーズを踏まえて曖昧にしてはならない。でも，そこを強調しすぎると誤解が生まれると思うんです。

林▶しかし，その児童福祉法の改正では縁組後の支援も都道府県業務に位置づけられたわけですから，それによってどう変わっているかという調査結果がまだないんですよね。現実として，登録を継続しているところが増えていると思っているわけですが。

ロング▶登録を継続した縁組家族にどのような支援が必要かと考えると，現状の制度では，養育里親とはニーズが異なっているように思います。今出てきた課題であるとか現状であるとかというのは，リービングケアも，ファミリーホームも，養子縁組での課題ではないですから。里親養育は愛情的にはね，長期里子と養子縁組里親が一緒と石井さんがおっしゃっていることには「そうだ」と思うんですけど，ただ，例えば今施設が扱っているような一時保護や年長児のケースを養育里親が受託するようになれば，やはり実子とは違うケアが必要になってきますよね。親御さんに返すなどということも縁組にはないですから。そこが，ごっちゃになっている状態で，養子縁組里親の登録をそのまま継続すればそれで良いとは思えないんです。それぞれのニーズに対応した支援を提供する枠組みが必要です。

林▶長期里親が縁組みの代替的な役割をしているという現実はあって，そこにはいろんな要素が絡んでいて，なかなか突っ込めないところなんですね。

ロング▶そうですよね。そこはパーマネンシーの観点から言って課題ですね。

林▶パーマネンシー保障においてリーガルパーマネンシーの意義を認識する必要もあるかと思います。

　本日は家庭養護に関する示唆に富むご発言をいただき心より感謝申し上げます。

(2017 年 7 月 26 日，於：明石書店会議室)

第5章
地方自治体が家庭養護推進に
どう取り組むか

◉川松 亮（子どもの虹情報研修センター）／坂井隆之（東京都多摩児童相談所）

1 ―――はじめに

　子どもは特定の大人との親密な関係性の中で，大切にされる経験をしたり
依存したい気持ちを支えてもらったりすることによって，自己肯定感をもち
ながら社会的自立への道を歩んでいくことが可能となる。そのためには，家
庭において社会的な支援を受けながら養育を受けることが基本であり，保護
者がさまざまな困難を抱えて養育しがたいときには，それに代わる家庭で養
育される必要がある。こうした考え方は国連子どもの権利条約の基本理念で
あり，さらに2016年に改正された児童福祉法総則に盛り込まれた基本理念
でもある。そしてこの考え方を否定する者はおそらくいないだろう。

　ところが実際には，家庭に代わる養育の場である養育里親や養子縁組里親
委託の件数をみると，自治体間における開きが大きい。例えば，ここ10年
で里親等委託率[*1]を大幅にアップさせた自治体があり（表1），また2015年
度末に里親等委託率が30％を超えている自治体がすでに10自治体存在して
いる[*2]一方で，委託率が低迷している自治体も多い。養子縁組について見る

＊1　里親等委託率とは，里親・ファミリーホーム委託児童数を乳児院入所児童・児童養護
　　施設入所児童・里親およびファミリーホーム委託児童の合計児童数で割った数値である。

＊2　2015年度末時点で，静岡市の46.9％を筆頭に，以下，新潟県，新潟市，宮城県，滋賀
　　県，沖縄県，さいたま市，福岡市，大分県，北海道の順で，以上の10自治体が30％を超
　　えている（厚生労働省雇用均等・児童家庭局家庭福祉課「社会的養護の推進に向けて」

表1　里親等委託率の過去 10 年間の増加幅の大きい自治体

		増加幅 (17→27比較)	里親等委託率	
			平成 17 年度末	平成 27 年度末
1	静岡市	32.0%増加	14.9%	46.9%
2	さいたま市	25.3%増加	8.1%	33.4%
3	福岡市	22.7%増加	10.6%	33.3%
4	大分県	21.8%増加	8.9%	30.7%
5	岡山県	16.1%増加	6.2%	22.3%
6	静岡県	15.6%増加	9.8% (浜松市分を含む)	25.4% (浜松市分を含む)
7	青森県	14.7%増加	10.7%	25.4%
8	石川県	14.5%増加	2.5%	17.0%
8	長崎県	14.5%増加	2.5%	17.0%
10	沖縄県	14.3%増加	21.0%	35.3%

※宮城県，岩手県及び仙台市については，増加幅が大きい（宮城県：27.2％増（10.7％→37.9％），岩手県 15.8％増（9.8％→25.6％），仙台市：11.4％増（15.0％→26.4％））が，東日本大震災の影響により親族による里親が増えたことによるものであるため，除いている。

出典：「社会的養護の現状について（参考資料）」平成29年3月（厚生労働省HPより）

と，2013 年度に特別養子縁組を前提として里親委託した事例数が 3 事例以上あった児童相談所が17.3％であったのに対し，1 件もなかった児童相談所が39.6％となっていた[*3]。これらの相違の要因としては，自治体内の施設整備状況や歴史的経緯，里親開拓の取り組み方法あるいは地域や民間団体との連携の進み具合，未委託里親支援や里親養育不調防止のための取り組みの状況，児童相談所の体制の相違などさまざまな点が考えられる。

　一方で，家庭養護推進のためにと，やみくもに里親委託や養子縁組を進めれば問題が解決するわけではない。慎重さを欠く里親委託・養子縁組は養育の困難を招き，子どもにさらなる傷つきをもたらす結果になりかねない。また，保護者に対する子どもの複雑な思いをくみ取りながら，施設での長期の

（平成 29 年 3 月）厚生労働省ホームページから）。

＊3　厚生労働科学研究費補助金政策科学総合研究事業「国内外における養子縁組の現状と子どものウェルビーイングを考慮したその実践手続きのあり方に関する研究」（研究代表者：林浩康）2014 年度報告書の中の「児童相談所における養子縁組に関する研究」（研究分担者：林浩康）。同研究は 2 年間にわたって行われ，2015 年度に総合研究報告書が出されている。

養育を継続することも，子どもの幸せを考えた場合の大切な選択肢のひとつである。家庭復帰が困難だからといって，ただちに養子縁組を検討する要件にはならず，子どもの最善の利益を十分に検討した結果の養子縁組選択でなければならない。さらに，乳児院をはじめとした施設養護は，治療的な関与を中心として子どもの成長発達を保障し，親子関係再構築の支援を行うための重要な社会資源であることを忘れてはならない。いずれにせよさまざまな社会資源と結び合った，地域社会全体での社会的養護推進の体制が構築されていかなければバランスを欠くこととなってしまう。

　以下では，自治体において家庭養護を進めるために何が必要なのか，理念の共有，推進の体制，スタッフ配置，市区町村との協働，養子縁組支援，民間団体との協働，新規里親開拓について，それぞれの観点から述べてみたい。

2 ── 家庭養護推進の理念共有

　自治体が家庭養護を推進する体制を確立するためには，まずは支援者側の意識を変えていく努力が求められる。支援の現場にはさまざまな不安や懸念があるのは事実である。例えば里親養育不調事例の経験は，支援者側の慎重さを招く要因のひとつになっている。それに対して，成功体験の共有や事例を通した学びを，里親子当事者を含めた他機関とともに進めることで，支援の可能性を認識し合うことができるだろう。里親養育不調についても，それが生じる背景に何があるのか，予防のための取り組みをどこまでできているのかを他機関とともに振り返ることで，次の展開につなげることが可能となる[*4]。そのためには，地域の他機関による研修機会が必要である。

　とりわけ児童福祉施設と里親・児童相談所とが協働した取り組みが大切だ

[*4]　千葉県中央児童相談所では，里親養育不調を防ぐ取り組みのひとつとして，「里親応援ミーティング」の取り組みを行っている。里親子が参加して地域の関係機関が「イチゴ大福」のように包むイメージで開催し，里親子の孤立防止にもつながっているとのことである（石井耕太郎「支援ミーティング──めざすものと実際」『里親と子ども』Vol.9，明石書店，2014年10月所収）。

と考える。家庭養護と施設養護とを対立的にとらえている限り，家庭養護の進展は壁を超えられないと感じる。むしろ施設養護と協働した取り組みをどれだけ展開できるかが，今後の家庭養護推進の成否を左右するだろう。

施設養護と協働した家庭養護を進める場合に，里親養育にあっても保護者との交流を実施するなど，親子関係再構築支援の一環として位置づける必要がある。今以上の里親委託を進めるならば，家庭復帰を前提とした里親委託が当然ながら増えていく。家庭復帰をしない場合にも，保護者と子どもとの関係を意識した養育が求められるようになる。したがって里親にも支援者にも，保護者との共同養育を志向する姿勢が求められるだろう。

以上のような養育は，地域に開かれた養育でなければ成功しない。地域の関係機関や民間の支援機関などとともに，里親は子どもを取り巻くチームの一員であることを認識できなければならない。里親が困ったときに相談する姿勢や里親サロンや里親会へ参加することを含めて，開かれた養育に対する里親側の意識を高めることが肝要となる。こうした意識啓発をリードすることが自治体の役割であろう。

地域に開かれた子育ては里親養育だけに必要とされているものではない。地域にはさまざまな子育て家庭があり，地域社会全体が多様な子育て家庭を包摂し，欠けている支援資源を創出しながら，子育てを支え合う地域社会を形成しなければならない。こうした地域での共育ての意識を啓発し，家庭任せではなく地域社会全体で子どもを育てる土壌をつくることこそが，自治体に課せられた役割であると考える。

3 ── 推進の体制

今後の家庭養護推進にあたって，児童福祉施設を核とした推進体制の構築を具体化することが肝要と考える。施設養護と家庭養護とがつながっており，同じ子どもを支援し合う存在として頼ったり頼られたりする関係があれば，里親にとっても養育の支えになる。子どもにとっては故郷のような役割を果

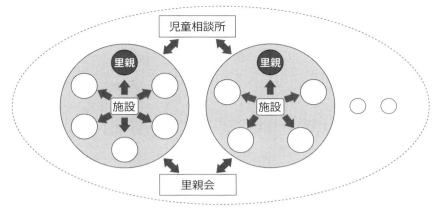

施設には里親支援事業を付置

図1　施設を基盤とした里親支援ネットワーク（筆者作成）

たし，里親にとっては養育のアドバイスを受けられ安心を得られる存在が施設ではないだろうか。里親委託後にも施設の行事参加等を通じて交流を継続することで，子どもにとっても複数の大人が継続してかかわる安心感が得られる。

　このため，施設を基盤として里親をグループ化して支援を届けるような体制を，自治体内で計画的に構築することを検討する必要があると考える（図1）。ただ，施設は偏在していることや，里親宅が遠隔地になる場合もあり，地域割りの仕方や，他の民間支援機関とのネットワークを加えることなどの工夫が必要となるだろう。

　こうした体制を構築するためには，施設への児童家庭支援センター設置を進め，それを里親支援機関として位置づけ，里親支援事業を受託することも積極的に検討すべきだと考える。この取り組みを広げる中で，施設が里親支援を展開することに自治体からの補助がなされるならば，施設から里親へ子どもが移行していくことに施設側のインセンティブも働くものと思われる。

　また，施設や里親支援機関との連携協働の基本として，子どもや里親に関する情報が，児童相談所からそれらの機関に十分提供されていなければなら

ない。現状では施設や里親支援機関が十分な情報をもっていない場合が多く，その点の改善に自治体として取り組むべきであろう。

こうした連携協働をスムーズにするためには，一定期間は施設と里親を相互に行き来することも可能な仕組みが必要である。そこで措置を重ねてつなぎ合うために，施設と里親との複数措置を可能とすべきだと考える。国における検討がなされるように，自治体・関係機関全体で要望をまとめる時期に来ているのではないだろうか。

4 ── スタッフ配置

この間に大きく里親委託を増やしている自治体の中には，民間機関との連携協働が大きな成果を生み出している自治体がある[5]。あるいはまた，児童相談所の専任スタッフ体制を充実させている自治体も見られる。例えば福岡市では，2012年にすでに，里親専任担当児童福祉司2名および非常勤の里親対応専門員3名という体制になっていた。また大分県では，2012年には中央児童相談所に里親専任担当職員2名，兼任担当職員1名，非常勤の里親委託等推進員が4名の体制になっており，里親委託の大幅な伸びにつながったと評価されている[6]。

さらに，2013年度に新規里親登録数が多かった児童相談所を調査した結果によると，里親担当の正規職員が6人配置されている児童相談所や，常勤2名と非常勤の里親委託等推進員を3名配置している児童相談所など，総じてスタッフ体制が整備されていた[7]。

---

[5]　静岡市里親会が母体となった静岡市里親家庭支援センターの活動は，静岡市の委託率アップだけではなく，静岡市の里親支援活動全体を活性化している（眞保和彦「里親会が中心となってすすめる包括的な里親支援」『里親と子ども』Vol.10，明石書店，2015年10月所収）。

[6]　全国里親委託等推進委員会『里親等委託率アップの取り組み報告書──委託率を大きく増加させた福岡市・大分県の取り組みより』（2013年2月）

[7]　「里親リクルート調査報告」『全国里親委託等推進委員会　平成27年度調査報告書』

一方養子縁組についても，毎年10数件の養子縁組里親委託を実施している自治体で，里親専任職員4名，非常勤2名という体制を組んでいる自治体が見られる[8]。しかし，里親および養子縁組担当の職員体制について聞いた調査では，常勤専任職員を配置している児童相談所は28.4％に過ぎず，職員の勤務体制別の組み合わせでは，非常勤専任1名と常勤兼務1名の体制が16.2％で最も多いというのが現状である[9]。

　以上のように，児童相談所のスタッフ体制の強化がまずもって必要であるが，これは民間機関も同様なのであり，地域の相談支援体制全体としての人的配置整備を自治体が責任をもって計画的に推進することが求められる。その際に，児童相談所の担当者・里親支援事業の里親等相談支援員[10]・施設の里親支援専門相談員の三者の関係性について，相互にどう重なり合った支援を実施するのか，地域ごとの協議の仕組みや協働の取り組みを自治体がリードすべきである[11]。

5 ── 市区町村との協働

　里親養育を地域で支えるためには，地域の多様な関係機関の理解を広げ，地域のさまざまなサービス提供に結びつけて，里親子をサポートできる体制を構築しなければならない。そのためには市区町村との協働体制は欠かせない。要保護児童対策地域協議会においても，積極的に関与する姿勢をもち，

　（2016年3月）

[8]　林浩康「要保護児童を対象とした養子縁組の現状とその課題」日本子ども虐待防止学会『子どもの虐待とネグレクト』Vol.19 No.1（2017年5月）

[9]　注3を参照。

[10]　従来の里親支援機関事業に替えて，平成29年4月から里親支援事業が創設された。それに伴い，従来の里親委託等推進員（非常勤）は里親等相談支援員（常勤）に変更された。

[11]　注2で取り上げた厚生労働省の資料には，7つの自治体および施設での取り組みが紹介されており，参考になる。

里親の了解のうえで定例的な情報共有ができるようにしておく必要がある。注4で紹介した里親子応援ミーティングの取り組みも，要保護児童対策地域協議会の枠組みの中で実施されている。

　市区町村の中には，里親登録時の児童相談所の家庭訪問に市職員が同行し，そのことで市の職員と新規登録する里親との間に，最初の時点からのかかわりをもっている自治体がある[*12]。この取り組みをしている児童相談所の管内では，各市が地区里親会の事務局を担っているともいう。子どもが里親委託された後，里親に養育上あるいは生活上などの不安や心配事が生じた際に，児童相談所よりも近くて敷居の低い市区町村の窓口で相談することができるよう，市区町村を交えた相談支援の仕組み構築が求められている。この点は，里親養育だけではなく，養子縁組成立後の家庭においても大切な視点であることを強調したい。

　里親養育をする中では，行政手続きや医療受診の際に，呼名であるとか保険証の扱い等で悩みを抱えることが多い。そのつど説明をして理解を得ることは，里親にとっての大きな負担である。里親養育について，関係する機関が日頃から理解をしておくためには，各種行政窓口や医療機関，学校，保育所等の職員への周知啓発が欠かせない。こうした点でも市区町村の協力を求める必要がある。

　地域での開かれた家庭養護を推進していくために，市区町村を巻き込んだ支援体制の構築が不可欠であり，そのために都道府県がリーダーシップを発揮しなければならない。

6 ── 養子縁組相談支援の展開

　養子縁組相談支援においては，児童相談所と民間支援機関とが併存しながら実施しており，それぞれに業務の流れや費用負担など異なる点が多い。民間支援機関に関しては，2016年12月に「民間あっせん機関による養子縁組

---

　*12　注7を参照。

のあっせんに係る児童の保護等に関する法律」が成立したが，児童相談所の養子縁組支援も一体的に規律する法律ではなく，その関係整理が今後の課題として残っている。

養子縁組支援の流れに沿って課題をあげるなら，妊娠に悩みを抱える女性への相談支援の仕組みや方法，養親希望者の認定と研修，実親への支援と実親からの同意の取り方，実親が自分自身で養育することを決心した場合の地域支援，養子候補児童と養親候補者とのマッチングのあり方，実親の元から養親候補者へ子どもが委託されるまでの間の子どもの養育場所，試験養育機関中の支援，養子縁組成立後の支援，子どもの出自を知る権利の保障方法，記録の保管など未整理な課題が多岐にわたっている。

紙幅の関係ですべての課題に触れられないが，とりわけ実親からの同意の取り方については，慎重な検討を行うべきである。養子縁組支援の各段階で，丁寧な説明と同意の確認作業が繰り返される必要がある。さらに，実親が自身で養育する場合には，一度は養子縁組を検討した事例であることを意識した子育て支援が，地域で重層的に実施されるように，地域のネットワークにつなげる必要がある。中には，養子縁組相談途中で中断する事例もある。現在は，こうした実親への支援や丁寧な同意確認の取り組みが不十分であると考える。特に民間支援機関の事例では，遠隔地に実親が居住する場合もあり，確実に地域支援につなげられるような仕組みの構築を行政がリードすべきである。国全体での仕組みづくりが課題となるが，自治体においてもモデルとなる取り組みの検討が必要と考える。

もう1点指摘しておきたいのは，養子縁組成立後の支援が現状では十分に実施されているとはいえない点である[13]。児童相談所は養子縁組が成立する

---

[13]　注3を参照。注3で取り上げた調査では，65.0％の児童相談所が成立後の支援をしていると回答していたが，その内容は里親会・里親サロンの情報提供が85.0％，養子縁組家庭への訪問が47.7％，地域の子育て支援に関する情報の提供が39.8％などとなっていた。その内容や支援を継続する期間がどうなっているかが課題である。具体例として，「特別養子縁組親子の交流の場を設置」「応援ミーティングを開催しているので，そこで各関係機関，市や保健師等からの細やかな情報が提供される」といった事例があった。養子縁

と事例を終結する場合が多く，その後は養子縁組家庭での養育に任されてしまっている。思春期を迎える時期などに養育の困難が生じたり，出自の情報をめぐって養親子の間で軋轢が生じている場合もある。真実告知がどう行われているか，その後に子どもの情緒的な揺れがなかったのかどうか確認するすべもないという事例が多い。民間支援機関も同様であるが，養子縁組成立後の支援が継続されるように，その仕組みやそのための人員の配置など，自治体が率先して検討することが喫緊の課題である。

7 ── 民間支援機関との協働

里親養育支援および養子縁組支援のすべてを児童相談所が担うことは現状では難しい。児童相談所は子ども虐待相談の初期対応に相当な労力を奪われており，各種相談の継続的な支援にまでなかなか手が回りきらない状況にある。児童相談所の人員拡充にも限界がある中では，従来の児童相談所業務を他の機関が担うことも検討せざるを得ないのが実情となっている。

また，地域での総合的な支援体制を構築するという意味でも，民間機関が専門的な役割を担い行政と連携協働することが必要である。里親子や養親子にとって安定した支援を実現するうえで，民間機関が果たす役割は大きい。とりわけ問題が最も起こりやすく相談需要の高い夜間休日の支援は，公的部門では十分な対応がしにくく，民間支援機関に対する期待が高い。自治体において行政と民間機関がどう協働するかを検討するとともに，民間機関を育成するような取り組みが求められている。

里親養育支援では，前述のように施設を中心とした機関を拡充して，そこに支援の大部分を委託し，児童相談所は節目の措置の判断だけで関与していく体制も検討してよいだろう。ただ，実親との面会交流の設定や交流の進行管理は，児童相談所の責任の部分として残るものと考える。どこまでを民間

組支援に関するその他の課題については，川松亮「養子縁組里親支援のこれから」『里親と子ども』Vol.10（明石書店，2015年10月）参照。

機関に委ねるかは自治体の管轄面積や児童相談所の体制，民間機関の成熟度などの要件が異なるため，自治体それぞれにおいて民間機関を交えた共同検討の場を設けて計画を推進する必要がある。

　また，養子縁組支援においては，民間養子縁組支援機関と児童相談所との協業関係の整理がよりいっそう急がれる段階にある。例えば，民間養子縁組支援機関において養親希望者として登録する際の要件に，都道府県における里親認定を受けることは[14]，養親希望者の質的な均質化を図るうえで大いに検討すべきことだと考える。

　ところで児童相談所では，養子候補児童がなかなか上がってこない状況があるのに対して，養親希望者が多く登録されているのが実情である。一方で民間養子縁組支援機関では妊娠相談を行っている場合があり，その取り組みを通じて養子縁組を必要とする子どもが発見されることが多い。双方が有する養子候補児童と養親希望者とをマッチングすることも今後は必要になると思われる。

　その際に，民間養子縁組支援機関は都道府県の枠を超えて支援を提供しているが，児童相談所は設置自治体内部での委託措置を原則とするという違いがあり，今後は設置自治体の枠を超えた委託を可能とする仕組みを検討する必要がある。この点は，児童相談所間においても自治体の枠を超えてマッチングをすることで，必要な委託先を確保することが可能となるであろうし，民間養子縁組支援機関における国際養子縁組が十分な検討なく行われることを防ぐという意味でも，自治体を超えた委託の仕組みについて検討すべきだと考える。

　民間養子縁組支援機関が関与したものの，遠隔地の都道府県に居住するような事例で，実親が自身での養育を決意した場合や，相談が中断した場合など，必ず居住先の自治体に支援が引き継がれるような体制を確保したい。また，民間養子縁組支援機関が所在する都道府県から遠隔地に居住する養親希

---

*14　一方で，都道府県（政令市，児童相談所設置市を含む）における里親認定基準の適切性については，別途十分な検討が必要である。

望者に子どもが委託された場合，同居の届けに基づく児童相談所の関与や，その後の養育における地域関係機関の支援が確実に実施される体制の構築も必要である。この点では，民間養子縁組支援機関が所在する都道府県が，管内の民間機関に対して十分な指導を行う必要がある。

8 ── 新規里親開拓

　これからの社会的養護を里親中心にシフトさせていこうとするならば，里親委託が可能な新規里親登録数を増やしていくことがまずもって必要となる。そのために自治体ができる取り組みを検討していかなければならない。里親リクルートと呼ばれるこの取り組みに関しては，全国里親会が2015年度に行った調査報告である「里親リクルート調査報告」が参考となる[*15]。この調査では，2013年度に新規里親登録数が多かった児童相談所と，新規登録がなかった児童相談所にそれぞれヒアリングを実施して，その傾向を探っている。

　その結果によると，専任職員の配置が大きく影響している。新規登録者が多かった児童相談所はほとんど専任が配置されていたが，登録のなかった児童相談所はいずれも兼任か非常勤であった。まずは基本的条件となると言えよう。

　続いて，登録数の多い児童相談所は里親支援事業などの民間機関との連携が充実していた。報告書では，民間機関のアイデアにより活動の幅が広がっている様子が見られたことに触れている。里親リクルートにおける民間機関との連携に，自治体が取り組むべきであろう。

　具体的な取り組みについては，チラシやビラの配布について効果を疑問視する意見が見られた一方で，地域限定の広報誌に大きく取り上げてもらうことで効果があったとされる報告が見られた。ターゲットを絞ったり，地域を限定した広報が有効と思われる。そして里親登録の決め手は，里親経験者等

　＊15　注7を参照。

からの口コミによる効果が大きかったことが示されている。最初のきっかけは多数の参加者がある「体験発表会」や講演であるものの，里親を決意する段階では人と人との口コミが大きく作用しているとされている。そのためには，里親会が口コミでのリクルートを担えるだけの力量をつけることが必要であり，里親会活動を育成していくことも必要と考えられる。

　また，広く一般の市民に里親制度を周知する場と，里親になりたい人に焦点を当てた広報の場とを分けているという取り組みも紹介されている。そして里親リクルートに焦点を当てた場合には，参加者に児童相談所職員が後日個別に直接電話をして説明するという，地道な作業が効果的だと報告されている。そのためにも児童相談所の職員体制の強化は必要となるだろう。

　この調査では，ヒアリングした児童相談所の協力を得て，2013年度に新規登録をした里親からのアンケートも合わせて実施している。その結果を見ると，里親制度を知るきっかけは，「インターネットやテレビなどのマスメディアにより情報を得た」が35.9％と多かった。児童相談所としてはホームページを活用することが少ないと思われるが，自治体としてSNSを活用した発信をもっと工夫する必要があるだろう。また，産婦人科における不妊治療を続ける中で，産婦人科に置いてあったチラシで里親制度を知ったという意見があった。不妊治療で産婦人科に通院する方に，より早い段階で養子縁組や里親制度を周知する取り組みも必要であり，産科医療機関との連携を検討すべきだと考える。

　アンケートの質問項目に，養育里親と養子縁組の違いを理解していたかどうかという設問があったが，「全く理解していなかった」「理解していなかった」を合わせると45.3％であったことも報告されている。両制度の違いを理解できるように丁寧に説明し，養育里親と養子縁組里親を分けて登録して，それぞれに合った研修を実施する取り組みを，それぞれの自治体が行っていく必要がある。

　また，「週末里親」や「三日里親」などと呼ばれている短期の里親体験が登録のきっかけとなったという回答が14.0％であった。こうした短期の里親

経験の機会を増やして里親登録に結びつけるように，自治体としても取り組みたい。

　新規里親登録者を増やす取り組みは簡単ではないが，他の自治体の経験を交流しながら，それぞれの自治体が工夫を続けるほかないだろう。最後にもう一点触れておきたいのは，親族里親の拡大である。欧米では親族による養育を優先して，親族による里親への委託が多く見られるが，日本ではまだ少ない。自治体によってはその要件が厳しく絞り込まれている場合もある。親族は実親を育てた元の家庭であることを認識して，その養育力に留意した支援を行う必要はあるが，親族の養育を里親として位置づけできるように要件を拡大することも，自治体が検討すべきだと考える。

　自治体における取り組みについていくつかの観点から述べてきたが，いずれにせよ家庭養護の推進のためには地域の関係者とともにさまざまなアイデアを出し合い，自治体内でのシステムを練り上げていく創意工夫が求められる。そのために都道府県（政令市，児童相談所設置市を含む）が主導しながら市区町村や児童福祉施設，民間支援機関を巻き込んだ共同での検討の場が必要であろう。ひとりひとりの子どもの幸せ，最善の利益にかなう支援とは何なのか，大いに悩みながら衆知を集めた取り組みを進めていきたいと思う。

（川松 亮）

9 ──「社会的養護としての家庭養護」を推進する試み

　筆者が所属する東京都では，児童福祉審議会に専門部会を設け，9回にわたる議論を経て，2016年11月に「家庭的養護の推進について──家庭と同様の環境における養育の更なる推進に向けて」と題する提言を受けた。提言には，子どもと里親を支援するチーム養育体制の整備，新生児委託を推進する新たな仕組みの構築[16]などが含まれた。都の児童相談所には，子どもの

　＊16　提言は，新生児（生後28日以内）の養子縁組里親委託を進めるとしつつ，同時にこれを慎重に進めるプロセスも示した。提言を受けた東京都では，新生児はいったん乳児

ための里親委託をいっそう着実に推進することが求められている。

　本節と次節では，児童相談所の管理者として，里親委託を推進する関係者の間で共有しておきたいこと，そのために筆者が勤務する児童相談所で取り組んでいることについて，報告したい。

（1）チームづくりのために里親委託等推進委員会を活用する

　里親家庭が社会的養護として機能するには，家庭がひらかれている必要がある。密室性の対極にある開放性である。家庭とは本来，密室だから，里親さんには難しいお願いをすることになる。児童相談所や関係機関に求められるのは，家庭を"ひらいて"もらうからには，子どもを一緒に養育するためにしっかり関わることである。

　子どもと一緒に生活する里親さんと，生活しない者たちがチームをつくるのだから，同列ではありえない。役割分担をよく確認し合うことがとても重要である。里親さんからの情報に加えて，学校など子どもと関わる機関の協力を得て，子ども本人からもよく話を聴いて，子どもと里親さんへの支援をタイミングよく組み立てられるだけの体制強化が必要だろう[17]。

　子どもと里親さんへの支援は，中心的には児童相談所と施設や業務委託を受けた民間団体や市町村の責務となる。その機関同士の連携のためには，定例的な，実務に即した相互理解の機会が大切である。

　同時に，今後，里親会の役割はますます重要になる。社会的養護には，手厚い支援が必要な子どもが少なくない。今は施設にいる子どもも多いが，これらの子どもにも家庭生活を保障するために，里親委託に措置変更すること

院に預かり，状態を把握しながら，養子縁組里親の中から希望して選出された養親希望者と交流を進める。養親希望者は，連日のように乳児院に通って専門職から育児指導等を受けてもらう。児童相談所では，新生児委託専任の児童福祉司がケースマネジメントを行う。そして，できるだけ新生児のうちに委託に結びつける。

[17]　児童養護施設二葉学園の里親支援専門相談員であった鈴木喜子氏は，現状では里親委託後の支援の組み立てが里親の"発信力"に委ねられてしまっている，と指摘している（東京都社会福祉協議会児童部会『児童福祉研究』No27，2016年11月刊）。

が増えていく。日々の養育の苦労を分かり合える里親さん同士の交流が，チームの中で不可欠になる。

　児童相談所と関係機関と里親会が相互に理解し，しっかり連携しなければ，里親委託の推進は立ちゆかない。相互理解を深めるひとつの方法として，里親委託等推進委員会を活用し，具体的な事例をあげて，じっくり事例検討することを薦めたい。委員会には，外部有識者を迎えておくと有効である。委員会の時間が仮に2時間だとしたら，各機関の方針の説明などは前半に終えて，後半1時間は事例検討に充てる。委員会の開始時には守秘義務を書面で確認したうえ，資料には個人情報を記載せず，討議の中では決して個人名を出さず，さらに委員会終了後に資料を回収することで，個人情報の秘匿は徹底する。

　里親委託が不調になった事例や，委託したくてもできなかった事例を検討し，どうすればよかったのか，一緒に知恵を出し合う。筆者の職場の経験では，里親会の役員であるベテラン里親さんや有識者そして関係機関の発言から，児童相談所が学ぶことは多い。児童相談所なりに苦闘していることも参加者に分かっていただけるように思う。この相互理解が，"チーム養育"のためのチームづくりの土台になるはずだ。

(2) 実親交流の大切さを再確認する

　実親交流こそ，これから里親委託を推進するうえでの難関である。施設入所から里親委託への措置変更を拡大しようとすれば，子どもとの交流がこれまで通り続けられるように，実親さんから強く求められるケースが増えるだろう。実親交流のあり方は，議論が足りないまま，対応が自治体に一任されている[18]。

---

　[18]　全国里親委託等推進委員会『里親・ファミリーホーム養育指針ハンドブック』（2013年3月刊）は，「現状では，里親の多くは，子どもと実親との交流を経験したことがありません。児童相談所は，これに消極的で，実親と子どもを養育する里親との直接接触を禁止している例が多いようです…今後実親と子どもの交流を進めるには，さまざまな課題が発生するかもしれません」と記している（86頁）。

児童相談所は里親さんの家の安全を守らなければならない。これは最優先だと思う。里親さんと実親さんがまれに接触したとき，不測のトラブルが起きているのが現実であるから，両者の接触を制限する自治体が多いのは当然である。場合によっては，子どもの住民票に対策を講じて，里親宅の住所を秘匿しなければならない。

しかし，実親さんに会うこと自体が子どもの福祉に反しない限り，実親交流をする。里親宅の住所や学校名が子どもから実親さんに伝わらないように，慎重な配慮が必要となる。

社会的養護にとっての実親交流の重要性はいうまでもない。まず，自治体が養育里親を募集する説明会で，実親交流のあるケースが多いことをはっきり説明しておく必要がある。さらに，実際に実親交流のある子どもの養育里親を選定する時点では，交流を求める子どもや実親さんの気持ちを説明し，それを理解して交流を支持してくれる里親さんを選定することが必須である。

当初は実親交流に同意していても，里親さんが「実親と会うと子どもが不安定になるから交流させたくない」と難色を示すときがある。しかし，実親と里親の間で子どもの心が揺れるのは自然なこと。里親さんをはじめ，養育チームの頑張りどころである。安易に実親交流を中止することは，子どもの権利侵害にもなりうる[19]。

「里親及びファミリーホーム養育指針」を里親さんと一緒に読み，実親交流の大切さを再確認することも意味がある。そのうえで，児童相談所には大切な役割がある。実親さんに，"里親宅でのいまの子どもの生活を応援してもらう"ことが，子どもの成長にとって重要であることを伝える。そして，交流の中でも，実親として，里親さんに感謝していることを子どもに伝えて

---

[19] 厚生労働省通知「里親及びファミリーホーム養育指針」は「実親との交流により，子どもが不安定になり，意欲の低下や体調等を崩す場合もある。交流後の子どもの様子を把握し，気持ちをくみ上げるコミュニケーションを心がけるなど，個々の子どもの状況に応じて対応する」と記している（第Ⅱ部1.(7)）。つまり，子どもが不安定になること自体は，実親交流を中止する理由にはならない。むしろ里親さんも児童相談所も，子どもが不安定になる理由や背景にまで踏み込んで，子どもをケアすることが求められる。

もらおう。里親さんが気持ちよく実親交流に協力できるように努力したい。里親さんと実親さんが，お互いに思いやりと感謝の気持ちをもち，それを子どもに語るとき，子どもの心は救われるだろう。

10 ── 里親委託が危機に瀕するとき

　里親委託が順調に推移していても，委託継続が危ぶまれるときが来ることもある。里親による虐待は最たるものだが，ここでは，議論されることの少ない2例をあげる。

（1）里父母の関係が悪化する

　離婚がめずらしくない時代。里親さんも離婚する。里父母さんや子どもから，離婚しそうだと知らされることがある。子どもが里父母さんのことを「あの人たち，私がいなくなったら，離婚すると思うよ」と語ったこともあった。完全な別居状態など，すでに家庭の実体がなければ，委託継続には慎重な検討が必要になる。里父母のどちらかが子どもと関係が良好であれば，離婚後も，夫婦とは別の形での委託継続を追求したい。

　特別養子縁組においても，小学生や中学生になった子どもが，養父母の離婚で，どちらにも引き取られず，施設入所になることがある。いずれの場合でも，子どもが望むなら，同居はできなくなっても，何らかの形で交流は確保したい。実親か里親かを問わず，子どもの重要な人間関係の断絶は，できるだけ避けることが求められる。

（2）子どもの非行が進む

　幼い頃から里親委託した子どもでも，中学生や高校生になると，非行化することがある。実親交流もなく，実親の存在が心の中で整理されていないと，"存在不安"につながり，非行が加速してしまう場合があるようだ。

　一般家庭の非行ケースは，関係機関や親族が親を支えながら，非行が長期

にわたっても親子分離を避ける取り組みがありうる。しかし，里親委託児童が無断外泊してどこへ行ったか分からない状態が続いたり，犯罪に関わったり，里親さんにたびたび暴力をふるうようなとき，養育チームはどうあるべきだろうか。

　残念ながら子どもが里親さんの忠告に耳を貸さず，非行が進む状況では，子どもを守るため，里親さんを守るために，里親さんと相談しつつ，児童相談所が警察へ出向き，子どもの保護と身柄通告を相談することがありうる。一時保護した委託児童から「オレは里子だから家に帰れなかったんでしょ」と言われたことがあるが，真実である（仲間の一般家庭の子どもは，警察から親に引き取られていたのだから）。必要なら家庭裁判所へ送致するなど，司法機関の協力を得て仕切り直しをする場合もあるだろう。親権者である実親さんには，状況を報告する。

　このような困難な時期，子どもの自立支援ができず，里親さんの期待にも応えられず，児童福祉の限界を痛感する。非行を乗り越えるチーム養育の議論がぜひ必要だと思う。

　里親委託の推進と並行するように，委託後の不調が増えている。しかし，施設養育の現場でも，不調や事故は顕在化している。

　里親さんも児童相談所も関係機関も，おとなたちはみんな，「子どもの意見表明権」に対する「おとなの誠実応答義務」を負っている。この応答関係をていねいに積み重ねていく中で，それぞれの子どもの最善の利益を見出すほかはない。困難なときも多いのだが，これが私たちの進路である。

　子どもとおとなの力を合わせて，「子どもの権利条約」を実現する子ども家庭福祉を，現場から築いていきたいと思う。　　　　　　　　（坂井隆之）

第2部
里親委託

第6章

里親支援体制の構築と
ソーシャルワーク

◉ 宮島 清（日本社会事業大学）

1──はじめに

　社会的養護*1とは，保護者が何らかの事由で養育できないとき，公的責任
のもとで子どもを養い護ることである。狭義には，代替的監護のことを言い，
家庭そのものに子どもを迎える「家庭養護」と集団で生活する「施設養護」
のことをさす*2。これに対して，広義には，子育て支援と連続する子どもと

---

　*1　社会的養護という用語を，社会的養育という語に置き換えようとする動きがある。狭
　　義の場合だけを社会的養護とし広義のそれに社会的養育という言葉を与える，「護る」だ
　　けではなく「育てる」という意味を付加するといった積極的な意図なのかもしれない。
　　しかし，筆者は，このような用語の変更には慎重でありたいと考え，この小論では，こ
　　の言葉は用いない。それは，社会的養護という言葉が有してきた，「覚悟」と「公的責
　　任」の後退を懸念するからである。児童福祉法第2条には，「保護者の第一義的養育責任」
　　を強調する内容が，ほとんど説明がないままに挿入された。保護者責任を強調し，自助，
　　互助，共助の実施が公助を行うことの条件とするならば，子どもにとってのセーフティ
　　ネットが壊れてしまう。人々が最低生活さえ営めないような状況下で，自助・互助・共
　　助は機能しない。病気の時には身を横たえてよい。働けなくとも生きててよい。そして，
　　再び立ち上がることができなくとも，あなたがいてくれることが私たちの希望である。
　　そのような思想と価値の下でしか，本当の意味での，互助や共助は機能しない。活躍で
　　きなければ価値はない。自助を条件とする公助，互助と共助が優先して，これが難しい
　　場合にのみ国が恩恵として福祉を下賜する。このような思想への復古を見逃してはなら
　　ない。

　*2　「家庭養護を推進する」こととは別に，施設養護において生活単位を小規模化し，そ
　　こで営まれる生活を家庭に近いものにしようとする「家庭的養護の推進」という取り組
　　みがある。しかし，両者は明らかに別のものである。改正児童福祉法第3条の2も，「家

106　第2部　里親委託

その家族への在宅支援や被虐待リスクのある子どもとその家族への介入・在宅支援を含めて，社会的養護と呼ぶ捉え方がある。また，近年は，前者にも，代替的監護のみならず，その家族への支援や子どもと家族との良好な関係を構築するための支援，これらを実現するための環境への働きかけ，子どもたちが家庭に帰り・社会に巣立った後の支援を含むことが一般的になっている。なお，2016年の児童福祉法の改正によって，狭義の社会的養護には，養育者との間で法的な親子関係を結ぶ養子縁組をも含むことが，少なくとも考え方のうえでは実現した[*3]。

　さて，本稿では，このような社会的養護のうち，家庭養護である「里親養育」を推進するために必要な内容について，特に里親養育を支援する体制の構築とそこで展開されるソーシャルワークに焦点を当てて記す。具体的には，改正児童福祉法の2017年4月1日施行箇所によって具体的なものに書き改められた「里親支援」[*4]という用語を取り上げ，この用語から生じやすい誤解と関連づけながら里親制度が目標とするものが何かを確認する。次に，ここで里親支援の具体的な内容とされた5つの業務について，条文の各記述に沿って，今後それらをどう展開すべきかについて検討する。そして，最後に，これらの業務を実際に行っていくための体制づくりについて取り扱う。

2 ─── 里親制度とはなにか：目的を問う

　里親制度は，1947（昭和22）年の児童福祉法の成立と同時に創設されたも

　庭における養育環境と同様の養育環境」と「できる限り良好な家庭的環境」とを区別して記述している。もちろん，筆者は，施設養護を否定する立場をとらない。

*3　児童福祉法第6条の4の改正により，養子縁組里親にも研修が義務化され，かつ，名簿への登録が規定されるようになった。また，同第第11条第2項の都道府県の業務に，養子縁組に関して「相談に応じ，必要な情報の提供，助言その他の援助を行うこと」が加えられた。

*4　改正児童福祉法第11条第4項では，「都道府県知事は，第一項第二号ヘに掲げる業務（次項において「里親支援事業」という）に係る事務の全部又は一部を厚生労働省令で定める者に委託することができる」とされた。

のだが，里親委託の件数は，昭和30年代をピークに平成に入ってからも減少し続けていた。それが児童虐待への関心の高まりを背景とした積極的な対応による保護される子どもの増加などによって1998（平成10）年前後から増加に転じた。そして，これと同時期に，それまで，委託した子どもの養育を里親任せにしてきたことへの反省が生まれ，被虐待の影響や中途からの養育であることによりさまざまな面で委託される子どもたちについての養育に難しさが伴うことが知られるようになった。これらのことにより，養育者である里親の抱える困難や負担の大きさが注目され，里親への支援の必要が意識されるようになった。

また，1989（平成元）年に総会で採択され，1994（平成6）年に日本でも批准された国連の「児童の権利に関する条約」とこれに基づき，「子どもの権利委員会」がまとめた勧告などを受けて，施設養護への偏重が著しい国内の状況を変えて里親への委託を増やそうという動きが生じた。これらを受けて，2004（平成16）年の児童福祉法の改正によりはじめて里親が独立した条文によって定義され，2008（平成20）年の児童福祉法の改正によって，都道府県の業務に「里親につき，その相談に応じ，必要な情報の提供，助言，研修その他の援助を行うこと」が加えられたのであった[*5]。

しかし，このような経過を経て整備されてきた法律の規定であるゆえに，曖昧となり，今なお，混乱した状況が残る事柄がある。それは，里親制度が

[*5] 里親に子どもを委託することは，児童福祉法第27条第1項第3号による措置である。言い換えればこの措置は，知事が行うべきものを，児童福祉施設や里親などに委託して行うということである。そして，少なくとも児童養護施設の場合には，民間施設の職員であっても「みなし公務員」とし，職員の過失に対する賠償責任は都道府県が負うとした最高裁判決が確定している（暁学園事件判決2007年1月）。このことを考慮すれば，措置権者である知事が，里親養育が適切に行われることを意図して，里親を「支援すること」は，この条文の制定を待たずとも，それ以前から当然行うべきことであったということができる。なお，里親が行う養育について最低基準を設けるべきことは，児童福祉法第45条の2に「厚生労働大臣は，里親の行う養育について，基準を定めなければならない。この場合において，その基準は，児童の身体的，精神的及び社会的な発達のために必要な生活水準を確保するものでなければならない。②里親は，前項の基準を遵守しなければならない」とされているとおりである。

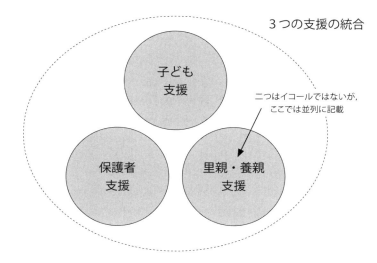

図1 里親制度とは何か（筆者作成）

語られるとき、里親が中心になってしまい、本来の主人公である子どもとその保護者が脇に追いやられ、ともすれば、子どもの保護者については排除されてしまうことさえ起きることである。極論すれば、里親養育は、子どもとその保護者を支援するために提供される「福祉サービス」である。本来は、福祉サービスの提供者である里親が、同時に、「里親支援」という用語のもとで、支援を受ける客体とされていることが、里親制度の特殊性であり、難しさでもある。

このことを踏まえて里親制度とは何かということを言い表してみれば、「里親制度とは、まず子どもへの支援であり、次に保護者への支援であり、そして、これらを成り立たせるための里親への支援であり、これらの統合として理解される」と表現すべきであろう。このような特殊性を、意識的に取り扱わない限り、子どもを支援することや保護者を支援する里親制度の本来の目的を見失う恐れがあると言わざるをえない（図1）[6]。

---

[6] 「子どものため」という表現にも注意を払う必要がある。「子どもが委託されるのを待

3 —— 里親養育を支援するためのソーシャルワークの展開

　改正児童福祉法によって都道府県が行わなければならないとされた里親養育を支援する業務と養子縁組に関して支援する業務を実質的に担うのは，児童相談所である。しかし，児童相談所が置かれた状況およびそこで働く職員が現在置かれている状況は非常に厳しく，ブラック企業にさえ喩えられる状況となっている[7]。このような状況を踏まえてのこととも解されるが，改正児童福祉法で「都道府県知事は，第一項第二号へに掲げる業務（次項において里親支援事業」という）に係る事務の全部又は一部を厚生労働省令で定める者に委託することができる」とされた。しかし，この里親支援業務の外部委託は，児童相談所の負担軽減が本来の目的なのではなく，同一の支援者が，子どもと里親らに対して，継続的に一貫して関わる伴走型の支援を実現する手段としてこそ，積極的に検討されるべきである[8]。もちろん，これを行った場合でも，子どもを里親へ委託する業務，すなわち措置権は児童相談所に

っているのに，委託されない」「養子を得たいのに，願いが叶えられない」「行政は手続きが煩雑すぎる」という主張がなされ，これが支持される傾向がある。それは，これらの主張が単独で語られるのではなく，「養子縁組や里親委託は，子どもの命をまもるために必要だ」「養子縁組は究極の虐待防止だ」「子どもを長期に渡って施設に入れっぱなしにして良いのか」という主張とともに発せられるからであろう。むろん，後段の内容を否定するものはいない。当然賛同する。だからこそ，前段の内容が，「子どものために」として主張されるときには，本当に大切にされているものが何であるかを十分に吟味したい。

*7　朝日新聞は，2016（平成28）年12月13日から4日間，また，同19日から7日間，特集記事「児相の現場から」を連載した。特集の意図は「児相は，児童虐待への対応の中核を担う行政機関だ。…虐待対応の最前線に迫った」と説明されている。この連載は，2017（平成29）年2月まで続けられた。

*8　2015（平成27）年度の里親等委託率が全国で最も高かった（里親およびファミリーホームへの委託中61人・児童養護施設入所中61人・乳児院入所中9人，46.6%）静岡市は，子どもの措置以外の里親関係業務のすべてをNPO法人に委託している。ただし，外部に委託すればそれでうまくいくという訳ではなさそうである。静岡市里親会会長の眞保氏によれば，①里親会が母体となって設立されたNPO法人と児童相談所との良好な関係，②委託初期では到底足りなかった予算が順次増額された，③支援者への徹底した研修の実施などがあって，はじめて可能になったとのことであった。

残り，委託中の子どもの福祉についての措置者としての責任は継続するものであることから，児童相談所が里親のもとで暮らす子どもやその子どもの養育の中核を担う里親が抱える困難などについての「無理解」や「空洞化」が生じないようにしなければならない*9。

　それでは，以上のことを踏まえたうえで，以下，改正後の条文にあげられた5つの内容に関して，実行上の留意点や課題などについて考えてみたい。

（1）里親に関する普及啓発を行うこと。

　里親養育を増やし，かつ，良質なものにするためには，多くの方々に広く里親制度について知ってもらう必要がある。このことは，主に2つのことから裏づけられる。

　1つには，里親のもとで暮らす子どもと子どもを養育する里親は，他の人々と同じように，ともに地域の住民として生活を営むことのゆえである。里親に子どもが委託される場合，それが保護者の病気や入院などのために1週間程度だけ保護されるような場合を除き，ほとんどの子どもは住民票を里親の住所地に同居人として設定される。そして乳幼児ならば，健診や予防接種などを市町村の保健センターで受け，学齢児ならば，学校へ里親の家庭から通うことになる。病気になったり怪我をしたりすれば，里親に連れられて地域の医療機関を受診する。そして，そこでは必ず，これらの機関や施設の職員とのやりとりが生じ，同時に，その場所と時を同じくする地域の人々との接点が生まれる。このような時に，それぞれの場面で，子どもと里親が，「どうゆうことですか？」といった質問を受け，「今まで例がないので…」といった反応や対応に出合ったらどうなるだろう。そのような経験それ自体が，子どもや里親にとって負担になり，力を削ぐものになる。多くの里親が，近

＊9　ただし，実は，すでに空洞化がかなり進んでいるとすべきかも知れない。複数の自治体職員によれば，児童福祉司が虐待事例への対応に追われ，里親の登録や里親委託後の訪問支援などの業務は，児童相談所の内部に配置された非常勤の職員が専ら担う例が多くなっているという。このため，個々の事例を担当する児童福祉司が里親養育の場で起こっていることを理解できなくなっている面があるという。

第6章　里親支援体制の構築とソーシャルワーク　　**111**

年でも，「長い時間説明して，やっと受け入れてもらった」といった体験を口にし，例えば「2分の1成人式」といった，すべての子どもが実父母によって育てられているかのような前提で行われる学校行事への対処の難しさに直面している。

　2つ目は，里親になる人を増やすためである。2015（平成27）年3月末日現在で，登録里親数・委託里親数・委託児童数は，それぞれ9949世帯・3644世帯・4731人である（厚生労働省家庭福祉課資料）ことから，一部には今なお，「里親は足りており，委託が進まないのは児童相談所の不作為による」といった主張が残る。しかし，本当にそうであろうか。委託中の里親の多くが50歳代・60歳代であること，また，過去に委託経験があり委託児童と養子縁組が行われていること等から，新たな委託の可能性が限定的である場合も少なくない。いずれにしても，子どもの年齢，性別，委託を必要とする事由，委託を必要とする期間はもちろんのこと，すべての子どもはそれぞれ個性を持ち合わせている。このため，子どものニーズにあった委託を行うためには，それを満たすことのできる里親を地域ごとに，一定数確保しなければならない。このような状況を踏まえれば，里親の数の不足は深刻であり，新しい里親家庭の開拓は，待ったなしの課題である。筆者は，2017（平成29）年1月に国立武蔵野学院で行われた全国児童相談所等里親担当者研修会の講師を務めたが，ここに参加した自治体の多くからも深刻な里親不足に直面していることが報告された[*10]。

---

*10　近年は，里親家庭の開拓の必要が意識され，自治体によっては，配布物などに相当の予算をかけている例が認められる。このような状況をどう評価するか，また，効果的な広報のあり方とはどのようなものか。多くは他の論者に委ねるが，筆者としては，2つのことについて触れておきたい。1つは，テレビや新聞，インターネット等で発信される情報の質の向上である。これらの媒体で，里親や養子縁組についての話題が取り上げられることは，従来であれば考えられなかったことであり，望ましいことである。しかし，そこで流されている情報は必ずしも正確なものだとは言えない。例えば，2016年12月28日からNHK解説委員室のHPに掲載されている「どう進める　里親・養子縁組」では，里親委託や養子縁組に同意しない実親・保護者があたかも悪者であるかのように解説されている。また，2017年1月に日本産婦人科医会が出した「社会的・精神的な援助が必要な妊産婦への対応」にも「普通養子縁組＝親のため」という誤った断定が記載されて

（2）里親につき，その相談に応じ，必要な情報の提供，助言，研修その他の援助を行うこと。

　この項は，改正前の条文をそのまま残したものであり，ここに含まれると考えられる内容は非常に広範である。このため，この項から想定されることのすべてを取り扱うことは難しい。ここでは3つのことについて述べたい。1つは，里親になることに関わる支援について，2つ目は，里親への研修について，3つ目は，里親からの相談を受けるということについてである。

　① 　里親として登録し，里親として子どもを迎えるということは，多くの場合，一定程度の安定と健康さをもった人たちが，「家庭に恵まれない子ども」を，自分の家庭に迎えるのであるから，そういった子どもが背負っている家族の事情（いわゆる「養護問題」）とそういった経緯の中で身につけた子どもの特性（「ためし行動」など）を理解すればよいと捉えられがちである。このため，里親登録や子どもの委託にあたっては，里親になろうとする人たちの動機と生活状況を調査し，記したような事項について学ぶ研修を受講し

いる。2つとも意欲的なものであるだけに残念である。

　2つ目は，関心を抱き，連絡を入れることを決断された結果としての里親登録希望者からの問い合わせに，児童相談所などの窓口が，丁寧に応対できているかとの問いである。このようなときに，なされがちな「子どもの福祉のための制度」を前面に出した対応は，不妊治療に長年取り組んできた方にとってみれば，「拒否された」「希望がもてない」という印象を抱かせてしまうようである。「子どもを得たい」という思いの強さが前面に出てしまう現実を，いったんは受け止めたうえで，問い合わせに至るまでの経緯をたどりながら，希望者が，子どもと実親へ敬意を払い，彼らの利益を自分たちのそれと同等に思いめぐらせることができるように支援することが重要である。このような方々が抱く「子どもとともに幸せになりたい」という願いは，それ自体は極自然なものであり，もとより，里親家庭が安定せず，そこに喜びがなければ，そこで養育される共に暮らす子どもの幸せは実現されないのである。しかし一方で，メンバーの不調和（隠されているものを含む）や独善（子ども，実親，支援者を「個人」として尊重できない），振り返る力がない（自分を客観視できない），生活が不安定すぎる（経済的，社会的，人間関係のもち方，健康等）等のことは無視できない。これらが認められる時には，適切なプロセスを踏み，表現を配慮しながらも，率直に話し合うことが必要である。そして，このような傾向が修正されないのであれば，その方々には里親になってもらうことは避けるべきである。そうでなければ，子どもと実親を不幸にし，その方々自身の人生をも狂わせてしまうことになってしまうからである。

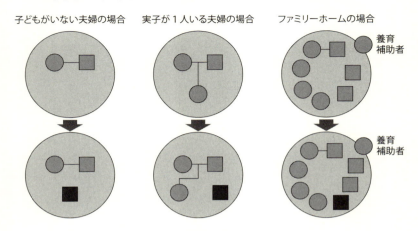

図2　子ども委託するとはどういうことか（筆者作成）

てもらうことが目指される。そして、子どものいない夫婦であれば、子どもの養育技術を身につけてもらうことが必要で、すでに実子がいる夫婦であれば、養育経験があることが安心材料であると受け取られやすい。しかし、このような理解は、決して間違いではないものの、それで足りるというものではない。

　里親として登録し、里親として子どもを迎えるということは、少し大げさな表現ではあるものの、「それまでの生き方を変える」ことである。少なくとも、それまでの家族メンバーで構成されてきた暮らしを、もう1人以上の家族メンバーを新たに加えた暮らしに転換することである（図2）。しかも、これは迎えられる子どもの側から見れば、今までとは違う生活に入るということであり、そこでの暮らしを受け入れ、これに適応することである。

　このような視点に立てば、家族が、メンバーが相互に影響しあう非常に複雑な「システム」であることを踏まえたうえで、家族メンバー全員の納得があるかどうか、各メンバーの個性、相互の関係、新たな状況やストレスへの対応力などについて把握し、家族と家族メンバーにどのような変化が生じる

かをあらかじめ推察するとともに，実際に生じることを定期的にモニタリングしたうえで，家族と家族メンバーが，生じるさまざまな変化に対処できるように支援することこそが必要である。子どもがいない夫婦であれば，それまでの子どものいない生活スタイルを変えてゆくことや「子どもが来れば幸せになれる」という意識を「子どもを育てる」ことへ転換することを支援し，子どもがメンバーとして加わることで生じる夫婦関係の変容などにも注意を向けて支援しなくてはならない。また，ほとんどの里親が年齢40歳代の半ばを迎えていることを踏まえれば，自身の健康や親の介護の課題が生じることも想定しておく必要がある。また，実子がいる家庭であれば，委託される子どもが加わることによる実子への影響にも関心を払う必要がある。

　②　里親への研修については，児童福祉法の2008（平成20）年改正によって，それまでも行われていた専門里親へのものに加え養育里親の研修受講が義務化された。そして，2016（平成28）年の法改正によって，新たに養子縁組を希望する里親にも，これが課せられるようになった。研修を行う自治体は，この研修の場を，私人でありながら社会的養護という公的な働きを担う里親にふさわしいものとして充実させなければならない。そして，その方向性は，里親になることについて前述したような理解があることを踏まえたうえで，単にこの機会を情報提供や知識と技術の習得だけで終わらせることなく，里親となることを希望する方が，自らの強みと課題について省みること，公的な養育であることから順守しなければならないルールについて確認すること，委託者や支援者との支援契約の重要性について受け入れること，活用しうる社会資源や制度を把握すること，リスクマネジメントの力を身につけることなどについても適切に取り扱い，研修に制度的に組み込まれている施設見学や養育体験を振り返り，演習などを通して支援者との間でのコミュニケーションを重ね，里親と支援者が，共に，里親に子どもの養育を担う備えができているか，また，これを行う力をアップデートできているか，あるいは，あまりにも気負いすぎていてすべてを自分の力で乗り越えようとする構造や心境に陥っていないかなどについて点検し，元気を取り戻し，忘れては

ならない価値や倫理について問い直す機会とすることが必要である。

③　里親からの相談は，待っていれば入ってくるようなものではない。例えば，筆者が里親委託推進委員会の委員を数年間務めた自治体では，里親による委託児童への虐待事件の発生を受け，休日を含めて，いつでも相談を受け付けられる体制をとったが，実際に寄せられた相談の実績は多くはなかった。また，委託者や支援者が，里親に対して，「何かあったら何時でも相談してください」と声をかけることは必要だが，実際には，これを受けて里親から連絡が入ることはまれであり，もし入ったとしても，その時に担当者の複数回の不在が続き，かつ，これへの折り返しの連絡が漏れるようなことが重なれば，それ以降の再度の連絡を期待することは難しい。里親からは，担当者の変更によって，「事情を一から説明することを負担に感じる」「本音で相談することはできない」「下手に愚痴をこぼすと，駄目な里親だと思われてしまい，子どもを引き上げられてしまう」という声が届く[11]。ただし，このような反応はすべての地域で共通するものではない。里親登録の前からの一貫して関わり，委託前後の複数回の家庭訪問，担当者の変更があってもそれまでに交わされた情報が確実に伝達されることや漏れやずれが生じることを前提として行われる後任者による家庭訪問などがある場合には，回避されうるものである。このような中で，「委託を行いたいという打診に対して辞退してもよいと伝え，たとえ養育の不調が生じても，その経過を丁寧に聞き取ることで，委託者としての振り返りもできるし，新たな委託にも結びつく」という報告は貴重である[12]。

　いずれにしても，里親からの相談は，里親とそこで暮らす子どものニーズを把握するための行為であると理解すべきで，繰り返しになるが，待っていれば寄せられるようなものではない。子どもの，また，里親のニーズは，子どもの成長やライフステージが進むごとに姿をかえる。小学校に入れば，学

＊11　全国および自治体が開催する里親委託推進委員会での里親会役員の発言や自治体が開催する里親登録更新研修での里親の発言等による。

＊12　大分県児童相談所の河野氏による。

業や集団への適応に関することが，思春期になれば，改めて自分の出自への問いかけや「荒れ」が生じる。そして，その後は社会的自立などの課題が表面化する。これらに対応するとともに，公の養育を担う里親が私人であることから生じる健康や経済的な問題，家族関係の変化などにも対応していくことが必要となる。

（3）里親と第二十七条第一項第三号の規定により入所の措置が採られて乳児院，児童養護施設，児童心理治療施設又は児童自立支援施設に入所している児童及び里親相互の交流の場を提供すること。

　この条文の表現には，率直なところいくつもの違和感がある。具体的に言えば，①なぜ，「児童と」ではなく，「里親と」の順で記述されているのか。②里親との交流が，児童の里親への委託促進のためであるとすれば，なぜここに在宅の子ども，一時保護中の子ども，また障害児入所施設に入所している子どもとの交流が含まれていないのか。③もし，里親と子どもとの交流の目的が，別にあるのであれば，それは何なのか。④なぜ，入所中の子どもとの交流と里親相互の交流が並列に記されているのか，といった点である。

　里親にとっては，いわゆる専門職による支援だけでは満たされないニーズがあり，里親同士の相互支援を充実させることの必要性は，国連の「社会的養護についての指針」にも独立した項が割かれているとろである。このため，里親の相互交流をリードする者には，相互交流の場を安全で発展的なものにするための責任が求められる。一方，措置・委託者である児童相談所には，このリーダー（あるいはファシリテーター）との信頼を基盤としたうえで，里親相互の交流に対して，過度に管理的・干渉的になっていないかを点検することが求められる。

　なお，子どもと里親との交流は，本来ならば，別に項を立てたうえで，その中身を十分検討されるべきである。また，子どもと里親との交流のあり方は，子どもの年齢や措置されている事由によっても大きく異なるものと思われる。現状では，乳児の委託でさえ，数か月にわたって里親が施設に通うこ

とを求めている例が多いとみられるが，これはこのままでよいのか。一方で，学齢児に児童養護施設等から里親での暮らしに移ることを求めるのであれば，相当な期間を設けてゆるやかに交流することが望ましい場合も多いのではないか。交流の期間に要する交通費などの経費が，一部の自治体を除いて，すべて里親の持ち出しになっていることなども含めて，実務とそれの基盤となる仕組みの再構築が必要である。

（4）第二十七条第一項第三号の規定による里親への委託に資するよう，里親の選定及び里親と児童との間の調整を行うこと。

筆者は，これまで的確なマッチングこそ，最大の支援であると繰り返し述べてきた。また，同時に，子どもの幸せを実現することが最大の目標である里親制度であるとはいえ，私人でもある里親に負い切れないような負担を強いたのでは里親での養育が継続されるはずはないと考えてきた。いくつかの養子縁組あっせん団体が行っているように，養子縁組里親に対して「子どもに障害があったとしても実子が生まれたのと同様に受け入れてください」と伝えることは容易だが，不妊治療を長い間続けてきた夫婦に対して，立場の「非対称性」を意識せずにこのように求めるようなことは，望ましいことではないと考える。もちろん，子どもに障害があることが，必ずしも養育の負担が高いということではないようであり，「障害があり発達がゆっくりである分，育てがいがあった」「障害があるからこそ成長が愛おしく，家族やきょうだいに，ポジティブな影響を与えてくれた」「障害福祉には多様なサポートがある。里親でも在宅支援サービスを受けられる」という声もある（高倉 2015）。不可欠なのは，子どもと実親のことが正確に理解（アセスメント）されていること，里親についても同様に理解（アセスメント）されていることを前提としたうえで，それぞれに必要な情報が子どもと実親および里親に過不足なく伝えられたうえで，それぞれの意見を尊重しながら，何らかのかたちで，これら当事者の参加を得てマッチングが行われることである。なお，その際には，子どもが児童福祉施設に入所している場合には，施設お

び施設において養育を担当している職員の意見が反映されるべきである。また，いったん開始された交流が，途中で中断することは，特に，子どもに相当のダメージを与えることになることから，原則として，段階的に情報提供がなされ，当該子どもに負担をかけない方法による交流から開始し，その後に関係を深めていく方法で交流を行うことが必要である。

（5）第二十七条第一項第三号の規定により里親に委託しようとする児童及びその保護者並びに里親の意見を聴いて，当該児童の養育の内容その他の厚生労働省令で定める事項について当該児童の養育に関する計画を作成すること。

　このことは，里親が行う養育に関する最低基準の第10条に「里親は，児童相談所長があらかじめ当該里親並びにその養育する委託児童及びその保護者の意見を聴いて当該委託児童ごとに作成する自立支援計画に従って，当該委託児童を養育しなければならない」とあることと連動する条文であると解せられる。

　ここで問われるのは，ここで言う計画，すなわち「ケアプラン」は，子どものケアを提供する里親に，養育についての指針や情報，留意すべき事項などを書面で伝達するものなのか，それとも「あなたが行う養育をこのようにサポートします」ということを書面で伝達するものなのか，それともその両方の内容を併せ持つものなのかということである。

　里親は，里親養育を担う公的な存在，すなわち実践者であることから，前者であることは当然のこととして求められる。そして，後者であることも，必ずしも「里親の私性」すなわち私人であることのゆえにではなく，公の養育を担う「実践者と」して当然に受けることを求め得る，かつ，受けることが求められる（義務）スーパーバイズの実施を担保するものとして解されるべきである。ここに規定された「計画」がそのようなものとして作成され，里親と委託者と支援者との間で共有されることが必要である。

第6章　里親支援体制の構築とソーシャルワーク　**119**

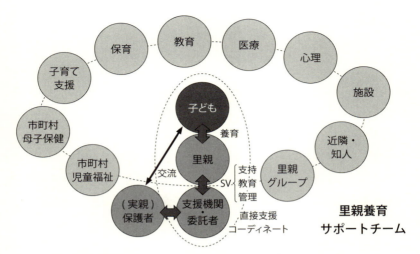

図3　里親養育をサポートする体制のイメージ（筆者作成）

4 ── 里親養育を支援する体制の構築について

　児童福祉法で「里親支援事業」という名称が与えられた前項の（1）〜（5）を踏まえ，里親養育を支援する体制を構築するとは，具体的には，図3のように，子どもを中心において，この子どもの状況を把握し，この子どもを支援し，子どもの養育を中核的な存在として担う里親を支える伴走型のスーパーバイズ体制を整えること，および，里親と共に子どもの福祉を実現する「チーム養育」の体制を整えることを同時に成立させ，かつ，これらのものを統合させることと言ってよい。そして，この場合，支援の中核を担う機関は，子どもと里親への直接支援を行うとともに，多機関連携のためのコーディネート役を担う必要がある。そして，現時点では，この役割は，子どもと里親からの信頼と承認（支援契約）があることを前提として委託者ないし委託者によって指名された機関が担うのが現実的だと考える。

　子どもも里親も地域で生活する。そして，里親は，地域にあるさまざまな社会サービスを利用しながら子どもの養育を行うことになる。このため，市町村のさまざまな部署，公私によりさまざまに展開される子育て支援，母子

保健や医療，保育や教育などが適切に受けられ活用されるように調整する必要がある。言い換えれば，子どもへの支援，里親への支援とも，地域を基盤とした包括的なものが必要で，複数機関による協働が不可欠となる。このため，ケースマネジメントの手法が有効であるとともに，支援を実際に進めるうえでは，適宜カンファレンスを行うことが欠かせない。一方，子どもや里親への直接支援に関して言えば，いわば「非連携」を前提とする個別的な関わりを持ち続けることも大切にされるべきであろう。この場合，子どもの状況を専門的な見地から把握し，それを踏まえて治療的に関わることや，学習支援や社会的な自立のために個別的に関わることなども必要である。また，子どもと里親との間で生じる「緊張関係」を踏まえて，仲裁し，第二の養育者に子どもの養育を一時的に代替してもらうことも必要である[*13]。そして，最も困難で，かつ，重要なのが，個々の子どもの事情と背景に合った実親との交流を支援することである[*14]。

　このようにして，里親のもとで生活する子どもへの支援とこの子どもの養育を第一義的に担う里親への支援を並行して行い，その内容に，「里親支援」という用語ではなく「里親養育を支援する」という言葉をあてることは，それなりに意義のあることだと考える。そして，これをしっかりしたものとして拡げ，そのことを通じて，子どもを自ら養育できない事情を抱える保護者・実親にとっても，安心できる，排除されないものとして構築することが必要である。

文献
厚生労働省（2016）「児童福祉法等の一部を改正する法律の公布について」雇児発
　0603 第1号通知
東京都児童福祉審議会（2016）「提言『家庭的養護の推進について』家庭と同様の

[*13] 　スタジオジブリの映画『思い出のマーニー』（2014）が参考になる。

[*14] 　日本では，面会交流のある子どもには家庭養護が保障されず，家庭養護のもとにある子どもには面会交流が保障されていない。宮島（2015）「10年15年後をイメージして今一度里親制度改革に取り組む」『里親と子ども』Vol.10，明石書店を参照。

環境における養育の更なる推進にむけて」

東京都児童福祉審議会（2015〜2016）「専門部会第1回〜第9回議事録」東京都HP
　（2017年2月3日閲覧 http://www.fukushihoken.metro.tokyo.jp/kodomo/katei/jifukushin/
　jidou_26nd/senmon_26nd/index.html ）

伊藤嘉余子（2016）「『社会で育てる』・『地域と育てる』ための里親支援」『季刊児
　童養護』47巻3号，全国児童養護施設協議会

相原眞人（2016）「静岡市における里親家庭への支援枠組みと静岡市里親家庭支援
　センターの活動に見る里親家庭へのソーシャルワーク」『社会福祉学』Vol.57-3,
　日本社会福祉学会

林浩康（2015）「これからの社会的養護と里親養育のあり方」『里親と子ども』
　Vol.10，明石書店

高倉正樹（2015）「障害のある子どもに家庭養護を保障する」同上

河野洋子（2015）「事例から学ぶ里親養育のケースマネジメント」同上

眞保和彦（2015）「里親会が中心になってすすめる包括的な里親支援」同上

増沢高(2014)「養育のネットワークと里親」『里親と子ども』Vol.9，明石書店

石井耕太郎(2014)「支援ミーティング――めざすものと実際」同上

木村容子(2013)「里親支援とソーシャルワーク」『里親と子ども』Vol.8，明石書店

渡邉守（2013）「里親養育と地域社会との関係」相澤仁・宮島清編『家族支援と子
　育て支援』明石書店

＊本稿は，「里親支援体制の構築とソーシャルワーク」『ソーシャルワーク研究』（43巻1号，
　2017年SPRING）相川書房からの転載である。

第7章
養育里親制度における
チーム養育

◉ 渡邊 守（キーアセット）

1——はじめに

　今日では，全国において家庭養護の促進がさまざまなかたちで図られている。養育里親制度は，間違いなくその家庭養護の柱の1つである。その制度は，社会的養護の主流とは程遠い数十年前から（現在も主流には見えないが），名もなき養育者，つまり養育里親家庭によって支えられてきた。特別に先進的な取り組みを積み重ねてきた地域，または児童相談所ケースワーカーの個人的な資質に頼った成功例を除き，わが国の養育里親制度においては，効果的なソーシャルワークが実践されてきたとは言いがたい。そのような過去を経験しながら，何十年も養育者として子どもの育ちに寄り添い，育てに力を注いできた里親からすれば，今日の「里親養育はチームで」という言葉に違和感を覚えても無理はないだろう。チームや協働などと唱えなくても，困難な子どものニーズにこれまで何度も応えてきた養育里親の中には，自ら地域社会において"頼りになる存在"との関係を築いてきた実績をもつ方も少なくないだろう。そのような養育里親は，児童相談所や"支援者"に頼らずとも，親族や友人だけでなく，児童福祉施設職員や教諭，医療関係者や"ママ友"等と，個人的なつながりをつくり，言われるまでもなく地域社会の中でチームをつくってきた。しかし，これからもそういう力ある養育里親家庭に頼り続けることは，養育里親制度そのものがこれから求められる役割の大きさを

123

考えれば建設的ではない。本稿では，彼らの資質や努力，そして忍耐と貢献の大きさに感謝しつつ，そこからさらに新しいこれからの"チーム養育"をつくりあげることについて述べることとする。

　そのアウトラインとして，「養育里親制度の現状」「なぜチームワークが必要なのか」「チームワークを構築するために」という3つのポイントを通して，読者にその重要性について考える機会を提供したい。

2 ── 養育里親制度の現状

（1）ニーズに応えられる制度なのか

　先にも述べたように，養育里親制度は，これからの日本の家庭養護の主流となるものである。しばらく前から，全国各地でその促進が図られているが，将来的な見通しは決して明るくは見えない。委託率が高い地域においても例外ではない。家庭養護委託率がその地域の社会的養護の質を表している訳ではないことは，家庭養護委託率の高い国や地域の社会的養護の歴史を見ても明らかだ。委託率を上げることで，そこで育つ子どものニーズに応えられるわけではないし，子どもと若者のニーズは多様であり環境や発達によって常に変化することは，養育の現場にかかわったことのある者であれば誰でも知っている。ひとりひとりの育ちの歴史とその中での経験，そして実親や親族・友人，学校や児童福祉施設との関係などがそれに加わり，彼らのニーズはさらに複雑になる。

　そのニーズに養育里親制度はどうやって応えていくのかというこの課題の重要さに比べれば，委託率をどうやって上げていくのかという議論はさほど重みをもたない。委託率とは，ひとりひとりの子どもと若者のニーズに応えるために多様な養育を模索し，彼らの意見に耳を傾けつつ，地域社会が責任をもって育ち・育ての場を決定した結果についてくるものであるべきだ。

　一方で，子どもと若者のニーズの多様性に応えるために，家庭養護が選択肢として十分に機能しているとは言いがたい。それは，その低い委託率から

容易に想像できる。特に養育里親に限って言えば，約4万6000人の社会的養護の中にいる子どもと若者に対して全国で3000家庭程度しか育ちの環境を提供できていない。養育里親として登録している家庭数が全国で8000家庭以上あるにもかかわらず，実際に養育を担っているのはその4割にも満たないということになる（厚生労働省 2017）。保護した子どもと若者を地域社会で育むことの重要性，そして家庭を通じて子どもと若者が地域社会から得るべき利益のことを考えれば，登録家庭の4割未満しか必要とされていないというのは不自然に見える。

（2）制度を機能させるための鍵

「実親の理解が得られない」という児童相談所のケースワーカーの声もよく聞かれる。それが現場の実際であることに疑いを挟むことはできないが，それが主たる理由であるのであれば，地域間で開いた格差が「実親の理解」の差となってしまう。もちろん，実親の理解が地域間で数倍も異なることなど考えられない。そこで鍵となってくるのが，養育里親家庭での安全性の確保や信頼関係の構築の2つではないだろうか。社会的養護の中にいる子どもと若者のニーズの多様性を理解している現場のケースワーカーからすれば，地域社会の中でそれに個別に応えられる家庭養護が，育ちにポジティブな変化を生む可能性をもっていることを十分に理解しているはずである。しかし場合によっては，それは“知識”であって，自らのケースワーカーとしての経験ではないのかもしれない。先に述べたように，個人の資質により密度の濃い支援を続けてきた一部の児童相談所のケースワーカー等には，養育里親家庭との信頼関係を築いてきた実績があり，家庭養護が子どもと若者に利益をもたらすということを，“知識”ではなく“経験”していると思われる。一方でそういった経験のないケースワーカーにとっては，養育里親制度は理解できても，養育里親ひとりひとりを理解する機会を得ること自体が難しいのが実際ではないだろうか。ケースワーカーが養育里親個人のことをよく理解できていないのであれば，いくら国に家庭養護促進の旗を振られても，保護

した子どもや若者を信頼してそこに委託することに難しさを覚えるのは当然ではなかろうか。むしろ，その養育里親家庭の強みや課題を理解しないまま，国の方針だからと次々と委託を進めるケースワーカーがいるとすれば，そちらの方に違和感を覚えるのは筆者だけではないだろう。

　養育里親家庭からみたらどうであろう。お互いに信頼できるケースワーカーと協働できればよいが，そうでなければ，養育里親からもケースワーカーを理解できていないまま，子どもや若者の養育を担うことになる。

　そのような中で，既述したような一部の力のある養育里親は，個人的なつながりによって自ら支援のチームをつくらなければ，養育上の困難な状況を乗り越えることはできなかったかもしれない。つまり，ケアワークの担い手である養育里親が，目の前の子どもや若者のためにソーシャルワーク的な役割まで担わざるを得ない状況が少なからずあったというのがこれまでのこの国の養育里親制度ではないだろうか。

　そのような養育里親個人の努力にこれからも期待し続けるのであれば，養育里親制度がこの国において子どもと若者のニーズに応えられる養育の質・量を得る日は来ないだろう。養育里親が，ソーシャルワークの不在を補うために奔走するのではなく，養育者としての専門性を目の前の子どもと若者のために十分に発揮してもらえるようにするには，彼らを招き入れるチーム機能が必要となる。

3 ── なぜチームワークが必要なのか？

（1）養育里親家庭にとって"チーム"とは

　「養育里親制度をチームワークで」というのは，よく聞かれるようになった。個人的養育に陥りがちな養育里親を，チームで支えるというのは多くの人の共通イメージだろうが，実際のチームワークの進め方のイメージがこの国で統一されているかどうかは未だによくわからない。

　ここで言うチームとは，さまざまな専門機関や支援者を招き入れて，その

中に養育里親も加えた協議会のようなものを意味しているのではない。チームとは，子どもや若者を中心として，彼らの育ちの場である養育里親家庭を孤立や個人的養育に陥らせることなく，子どもと若者を中心として，彼らのニーズに応えるためのものを地域社会からその家庭につなぐ役割の担い手（機関）に，養育里親家庭が帰属感をもてる関係のことを意味している。

その帰属感について，説明が必要であろう。まず，なぜ帰属感が必要なのか。それは，個人的養育に陥りがちな養育里親家庭を孤立させないためである。帰属先が明確であるということは，孤立していないことが明確であるということになる。孤立を防ぐためにグループ（集団）を用意または整備することがイメージされるかもしれないが，集団をつくれば孤立しない訳ではない。今日，養育里親家庭への“支援者”と呼ばれる機関や役割が以前に比べて多く配置されるようになったが，養育里親の孤立感は果たして解消されているだろうか？“協働”や“連携”といった言葉がさまざまな場面で聞かれるようにはなったが，「里親支援機関や里親支援専門相談員は何をしてくれるのかしら？」といった養育里親からの声は今でも決して少なくないはずだ。何をしてくれるのかわからない“支援者”を信頼することはできない。同時に，“支援者”側も養育里親家庭を信頼するために必要な情報を十分にもっている訳ではない。信頼しあうことのない関係を制度によって用意されても，実質的な協働，つまり共に考え，取り組み，振り返りや成果の確認をし合える関係を築けることにはならない。例えば，団体競技を想像してみてほしい。その競技のレベルが高度であればあるほど，そのチームメンバー同士の信頼関係は強固であることが求められるし，よく分からない者同士がなにか目的をもった成果を競技で達成することなど通常は考えられない。団体競技を始める第一歩は，ルールを覚えることや技術を身につけることではなく，団体つまりチームに属することから始まる。この国が，養育里親制度をチーム養育として進めるのであれば，その一歩は，養育里親候補者が属する先を見つけられる環境整備から始められるべきではないだろうか。つまり，養育里親家庭が最初から，あるいは将来的に帰属意識をもてるような専門機関を設け

ることが必要であろう。

(2) 一般家庭との比較から考える

　次に，地域社会に根ざす一般家庭をもって提供する里親養育が，なぜチームによって進められる必要があるかについて説明をしたい。繰り返すが，養育里親家庭は地域社会に根ざす一般の家庭である。一般家庭は，その家庭の中だけでは応えられないニーズが発生した際に，その地域社会から必要なものを獲得する。またそのための社会資源も完全ではないにせよ一定整っている。ならば，一般家庭が活用する社会資源で子育て，つまり里親養育を担えばよいではないかという考えがあっても不思議ではない。では，なぜ養育里親家庭には一般家庭では今日あまり求められることのないチームワークが必要なのか。地域社会に根ざす養育里親家庭ではあっても，養育里親個人の養育技術の高低にかかわらず，一般家庭同様の社会資源だけで社会的養護の中にいる子どもと若者のさまざまなニーズに応える続けることは，実際には難しい。なぜなら，養育里親家庭で子どもや若者の養育を担う時に，一般家庭における実子の子育てとは異なり，過去の経験（特に大切なライフイベントにおいて）を養育者と子どもは共有しておらず，お互いの理解や信頼に必要な経験もない中で，養育を開始しなければならないからだ。また，それだけではなく，血縁と法律上の両面でつながりがないことも，一般家庭の養育とは異なる。そのことが日々の養育を難しくしていることを，一般家庭を想定している地域社会のさまざまなサービス提供者は十分に理解できているとは言いがたい。さらに，家庭と地域力にはそれぞれ差があり，統一することができないことも一般的な地域社会とのつながりだけに頼ることの難しさとして理解される必要がある。一部の力ある養育里親家庭のように，地域社会とのつながりが深く，養育だけでなくソーシャルワーク的な働きも担うことができ，またその属する地域社会にも多様な子育てを支える力があるのであれば，それは望ましいことである。しかし，今日，家庭は多様化し，地域社会とのつながりがそれほど深くなくても日常生活に支障はないのが一般的であり，

また，地域社会の子育てを支える力も全国同じではない。ソーシャルワーク的な働きが自らできることや地域社会との深いつながりを養育里親候補者の要件で求めても，それに応えられる家庭は決して多くはないだろうし，そもそも，家庭における養育という役割を担う養育里親家庭にそこまで求めるのはあまりにも前時代的で，現在の子どもと若者のニーズに応えるには十分だとは言えないだろう。養育者に求められるものは，当然だが，子どものニーズに応えられる養育をすることであり，それが安定して実践できるように環境を整えること（養育者のニーズに応えることを含み）は養育者が帰属するチームの役割である。

（3）施設との比較から考える

一般家庭との違いという視点から，チームによって養育がすすめられることの重要性について述べたが，施設養育との比較からもチームワークによる家庭養育の重要性は理解することができる。言うまでもなく，施設における養育は組織によって行われる。つまり，施設は，その組織力では応えられないニーズに直面しないかぎり，組織の中で子どもと若者のニーズに応える力をもっている。それを支えるのは，ケアワーカー同士の連携，スーパーバイザーの存在，施設長のリーダーシップ，心理職や家庭支援専門相談員などの専門性をもつチームメイト，そして医療関係者との継続的な連携などである。それぞれの専門性や個人の資質を発揮できるように環境を整えるのも組織の役割であると同時に，どの職員も組織に属して孤立することがなく，個人単独で重要な決定をすることも通常は許されない。ケアワーカーの力量や個人の強みと課題がチームとして把握されているため，属している組織とケアワーカーの間に信頼関係が成り立っている。施設は組織としてケアワーカーを信頼するに足りる強みを把握しなければ養育を任せることはできないし，ケアワーカーも施設への帰属感と信頼されている実感がなければ安心して養育の役割を担うことはできないだろう。この組織としての構造が施設の強みのひとつだと思われる。それに対し，現状の養育里親制度はどうであろう。

登録前に訪問調査や面接などで評価をされる立場は経験するが，自分が信頼されているという実感をもてるような帰属先は制度として整えられているとは言えない。日々の養育が目の前の子どもや若者にとって望ましいものなのかどうか，一緒に考えてくれるチーム体制も漏れなく用意されているわけではない。しかも，養育里親家庭は個人であるため，法人である施設よりも脆弱で変化しやすいにもかかわず，その変化に常に気を配ってくれてサポート含む共に考えてくれるチーム体制が整っている訳ではない。仮に施設で不調が起きれば，それは施設全体の痛みとして共有されるだろう。では，養育里親家庭で不調となった場合（もちろん最も傷つくのは当事者である子どもと若者であるのは間違いないが），里親としての生き方を否定され打ちひしがれた養育里親と痛みを共有している組織が制度として整備されているだろうか？そのようなチーム体制がすでに整備されていたら，養育里親家庭での安全性や透明性といった課題解決は，施設と比較していまほど遅れをとってはいないはずだ。これらのことからも，養育里親家庭を招き入れ帰属感を覚えてもらえるようなチーム養育体制の整備が急がれることは明らかである。

4 ── チームワークを構築するために

（1）何から始めるのか

　では，チームワークを構築するために私たちはどうすればよいのか。既述したように，信頼し合えていない"支援者"と呼ばれる機関や役割を用意しても，それが機能しているわけではない。機能するチームワーク，つまり養育里親家庭の帰属先となるチームをつくるために，まず始めるべきは，信頼関係の構築である。関係構築には，養育里親やその候補者とかかわりを始める前の準備が必要になる。「この候補者はどんな人なのか？」「この人には養育者としてどんな資質があるのだろうか？」というように相手を評価しようとする前に，支援者は自分自身に対して「自分や自分のチームはこの養育里親家庭（候補者）のために時間と努力を注ぐ準備ができているのか？」と自

己吟味をすることが最初の準備となるべきだろう（Labossiere, 2016）。養育里親家庭やその候補者は，子どもの養育を受託した時から，24時間養育上のさまざまな課題と直面し，話を聞いてくれる相手を求めるだけでなく，ニーズに気づき応えてくれるよう求め，頻繁に連絡をくれ気にかけてくれる本当のパートナーを必要とするようになるのだから，チームにもそれに応えるため，このような準備が必要になる。

（2）信頼すること＋信頼されること

　そのうえで，養育里親やその候補者から信頼されるまえに，彼等を信頼することを次のステップとするのが望ましいだろう。しかし，チームのメンバーやチームを信頼できるようになるには，信頼の根拠が必要になる。養育里親家庭やその候補者を信頼するには，養育者としての強みを理解することと同時に課題（あるいは弱み）を把握し，それがチームとして補えるものなのかどうかの見立てが求められる。支援者には，その強みを発見する感性と，常に起こり得る家庭の変化をキャッチする敏感さと頻繁なコミュニケーションが求められる。それらと並行して，養育里親やその候補者がチームを信頼できる経験を積み上げていくことも重要である。そのためのポイントとして次のようなものがあげられる。

- 帰属する先（誰と協働して養育をするのか）を明確にする
- ビジョンを明確にし，共感・共有を促す
- 帰属先（チーム）の一部であることを理解（経験）できるようにする
- チームの中で求められる役割を明確にする
- その役割はその人でなければならないことを理解してもらう
- チームの中の他者の役割を理解できるようにする
- 達成した成果を正当に評価する
- 達成した成果をチーム全体で共有する

ここでいう成果とは，養育里親家庭で生活をする子どもや若者の成長であり，それをチーム全体でフェアに評価することが，養育里親の帰属感を高め，孤立を防ぎ，さらなる養育のモチベーションを高めることになる。養育里親を生き方として選んだ里親個人のモチベーションの維持は，子どもと若者の安定した育ちの環境に欠かせないものであり，それが養育の質を左右することは言うまでもない。また，成果に至るプロセスでも，共に悩み考え，望ましい前進が得られないときにも一緒に振り返ることで，チームワークを構築する経験につながる。もし"支援者"の役割を担うものが養育里親と共に悩み考え振り返る経験を積み重ねることがないのであれば，それは"支援者"と"支援を受ける側"の距離・格差から抜け出せない前時代的なソーシャルワークであって（Doel and Shardlow, 2005），これからの養育里親制度にふさわしいものではない。

5 ── これから：まとめにかえて

厚生労働省の検討会が「新しい社会的養育ビジョン」をまとめ（新たな社会的養育の在り方に関する検討会 2017），これから養育里親制度が子どもと若者のために果たさねばならない養育の質・量は過去と比較にならないほどになる。養育の担い手である養育里親候補者を数多く獲得することは必須ではあるが，これまでのように養育里親家庭単体でさまざまな子どものニーズに応えてもらうことを期待したのでは，この国の家庭養護に未来はない。これまで養育を担う役割の大きさに耐え続けた，あるいは押しつぶされてしまった里親を，これからのソーシャルワークは忘れてはならない。そして，孤立の原因を，養育者側に押しつけては絶対にいけない。彼等が誰と一緒に社会的養護としての養育を担っているのかを当然のように理解し，帰属先がある心強さを経験できるようなソーシャルワークが今すぐに必要である。リクルートから候補者と共に学び協働関係をつくり上げることは，その専門機関が増えることで近い将来実現されるだろう。一方で，これまで，そして現在

132 第2部 里親委託

も養育を担っている養育里親家庭をどのようにチームに導き入れるのか，彼等と新しいポジティブな経験を積み上げていく役割を誰が担っていくのか，児童相談所を含む"支援者"の責任はこれからさらに大きくなる。その担い手の確保は，養育里親候補者獲得と同じくらい，あるいはそれ以上に重大なミッションかもしれない。

文献

新たな社会的養育の在り方に関する検討会（2017）新しい社会的養育ビジョン
　　http://www.mhlw.go.jp/file/04-Houdouhappyou-11905000-Koyoukintoujidoukateikyoku-
　　Kateifukushika/0000173865.pdf [accessed: 5th of August, 2017]

厚生労働省（2017）社会的養護の現状について　http://www.mhlw.go.jp/file/06-
　　Seisakujouhou-11900000-Koyoukintoujidoukateikyoku/0000172986.pdf [accessed: 1st
　　of June, 2017]

Doel, M. and Shardlow, S., 2005, *Modern Social Work Practice: Teaching and Learning in
　　Practice Settings,* Ashgate Publishing, Ltd., Hampshire, England

Labossiere, S., 2016, *How to know you are not ready for a relationship,* https://www.youtube.
　　com/watch?v=FjKBMZrjvjg [accessed: 15th of March, 2017]

第8章

里親研修
自治体等の取り組み例を踏まえて

● 鶴岡裕晃（神奈川県庁）

1 ── はじめに

　神奈川県は人口900万人（2017年5月1日現在）を超え，東京に次ぐ人口規模の自治体となっている。しかし，政令市（横浜市，川崎市，相模原市）および，児童相談所設置市である横須賀市は，法制度上，里親に関する事業については独自に実施しており，本章で紹介する神奈川県の里親研修に関する取り組みは，先の4市以外を所管する神奈川県庁（以下，本県）が行う事業を指している。

　さて，本県は2015年3月に策定した「神奈川県家庭的養護推進計画」のもと，里親委託推進に取り組んでいるが，2015年度末の里親等委託率は11.4％となっており，全国平均を下回っている。委託率を上げることは近年の目標のひとつだが，むしろ，社会的養護を必要とする子どもたちの可能性を広げるために里親への支援をいかに充実させるかが，長年にわたる課題と目標であり，現在も変わりはない。

　本章の目的は，自治体による里親研修の取り組み例として，基礎研修から認定登録後の里親活動を支える研修まで，本県が研修に取り入れているカリキュラム例などを紹介することであるが，本章を通じて，児童養護施設，乳児院，児童相談所（以下，児相）等が協働して里親研修に取り組んでいることを，少しでもお伝えできれば幸いである。

2 ―――神奈川県の里親支援体制について

　まず，本県の里親支援の体制について説明しておきたい。

　本県は他都道府県と比べ面積の狭い自治体ではあるが，里親制度推進等の取り組みについては，児相圏域（5か所の児相を設置）ごとの活動が主となっている。各圏域には児童養護施設に併設する形で本県独自の事業である家庭養育支援センターが置かれ，昭和40年代から施設が先頭に立って里親制度を推進してきた歴史がある。現在，里親支援に関係する機関とその役割等は，表1のとおりである。

表1　神奈川県の主な里親支援機関等一覧（2017年4月現在）

区　分	里親センター ひこばえ	家庭養育支援 センター	里親支援専門 相談員	里親相談員	児童相談所
か所数／人数	1か所	5か所	15か所	13人	5か所
設置場所	本県の里親制度推進の中核を担う 乳児院と児童養護施設を設置する社会福祉法人に事業を委託	里親制度の推進等を行う 児相圏域ごとに1か所ずつ設置 児童養護施設に併設	児童養護施設12か所，乳児院3か所に配置	養育経験豊かな里親の中から児相長が推薦，知事が委嘱 里親に対する養育相談活動等を行う	各児相に非常勤の里親対応専門員（里親等委託調整）と，常勤の里親担当児童福祉司（兼務または専任）を1名ずつ配置
里親の新規開拓	学校・保育所・保健機関等での里親セミナーの実施	施設行事や地域行事に里親紹介ブースを設置 里親講座の開催，協力	里親講座の開催，協力	巡回相談 里親講座，セミナー協力	里親講座 巡回相談 来所相談
里親への研修	里親を対象とした研修会の実施	外部講師を招いた研修会の企画，運営 里親サロンの開催	研修会の協力	里親サロンの開催	登録前研修 登録更新研修 里親サロンの協力
里親委託の推進	里親委託等推進委員会参加（全所）	里親委託等推進委員会参加（全所）	里親委託等推進委員会参加（各所） 里親委託候補児童の選定	里親委託等推進委員会参加（各所）	里親委託等推進委員会を開催（各所） 施設入所児童の自立支援計画での個別検討

第8章　里親研修　自治体等の取り組み例を踏まえて　**135**

里親家庭への訪問および電話相談	各機関の紹介，調整等，広域的な支援の実施	里親会活動に関する相談受付	児相と連携し家庭訪問	里親からの相談対応，委託後の養育協力	里親担当，福祉司等が家庭訪問，来所相談
レスパイトケアの調整	相談受付，関係機関の紹介・調整	相談受付，関係機関の紹介・調整	依頼があったときに自施設での受入検討	必要な里親にレスパイトを提案	里親からの申し出により調整

　その他，県里親会および地区里親会への支援，レスパイトケアの調整・実施，アフターケアを含む委託後の支援，養子縁組成立後のフォローなどの役割もある。これらの事項に取り組むにあたっては，必要に応じて多機関によるチーム体制をつくり，それぞれの役割を確認しながら協働することを意識している。

3 ── 里親登録・認定までの手続きと研修について

　里親になりたい方の相談開始から，認定・登録のための研修を経て，実際に活動を行うまでの過程については，厚生労働省通知「里親制度の運営について」等に基づいて本県も体系をつくっており，おおむね次の（1）～（6）のような流れを里親希望者に説明している。ここでは，本県の基礎研修，登録前研修のカリキュラム例と合わせて，その過程を記してみる。

（1）相談

　里親になりたい方，里親について知りたい方などからの相談は，児相，家庭養育支援センター，または里親センターで受けている。問い合わせで終わる場合も少なくないが，さらに具体的な説明を希望する相談者については，住所地の児相に来所してもらい，児童福祉司，里親対応専門員が，里親の制度等について案内する。その際，里親制度が「親の病気や虐待等，さまざまな事情により家庭で養育できなくなった子どものために里親家庭を提供し，あたたかい愛情と理解をもって社会的養護を必要とする子どもを育て，子どもの福祉を保障する」ものであると，説明している。

また，本県では児相主催で年に数回「里親講座」を開催し，一般向けに里親制度の普及啓発および説明を行っている。

（2）基礎研修

　児相での来所相談後，次の段階に進むことを希望する方には，社会的養護の子どもや里親制度について理解するため，児相での講義と家庭養育支援センター（児童養護施設）での施設見学を行う「基礎研修」の受講を案内する。

　「基礎研修」はこれまで児相ごと所管地域内に住む希望者を対象に随時行っていたが，2017年度からは2か月に1回，すべての児相が合同で実施する方式に変更。会場は児相または児童養護施設で，5か所の圏域ごとに順に行うこととしている。また，里親制度の普及啓発のために行っている「里親講座」と「基礎研修」の内容が重なっているとの指摘があったことから，「里親講座」と「基礎研修」を同日開催とすることで，同じ内容の話を何度も伝達することがないよう調整をしている。表2は「基礎研修」のカリキュラム例である。

表2　「里親講座」と「基礎研修」を同日開催する場合のカリキュラム例

（児童養護施設を会場とする場合）

<table>
<tr><th colspan="2">科目</th><th>内容</th><th>時間</th><th>講師</th></tr>
<tr><td rowspan="4">里親講座</td><td>里親制度の基礎
（里親養育論）</td><td>里親制度についての基本的な説明（相談から登録までの流れ，里親の種類や要件など）</td><td>30〜40分</td><td>児相福祉司など</td></tr>
<tr><td>施設での生活</td><td>施設の概要，施設での子どもの生活の説明</td><td>20〜30分</td><td>施設の里親支援専門相談員など</td></tr>
<tr><td>里親体験談
（里親養育演習）</td><td>先輩里親の体験談を聴く
里親についての疑問，質問に先輩里親が答える</td><td>60〜90分</td><td>里親相談員</td></tr>
<tr><td>施設見学</td><td></td><td></td><td>児童養護施設職員</td></tr>
<tr><td colspan="2">＝休憩＝</td><td colspan="3">※里親希望者でない方は，ここまでで終了</td></tr>
<tr><td rowspan="2">基礎研修</td><td>里親制度の基礎
（里親養育論）</td><td>里親制度，養子縁組制度の説明
里親として求められる資質
社会的養護について</td><td>30〜40分</td><td>児相福祉司など</td></tr>
<tr><td>保護を要する子どもたち（養護原理）</td><td>要保護児童の理解
児童虐待の現状</td><td>50〜60分</td><td>児相福祉司など</td></tr>
</table>

| | | 虐待を受けた子どもの状況など | |
| 地域における子育て サービス（児童福祉論） | 地域で受けられる子育てサービ スの紹介など | | |

「基礎講座」では，セルフチェックやワークを取り入れ，受講者が里親や要保護児童について理解が進むような工夫をしている。

セルフチェックでは，子どもに愛情をもって養育できる／社会的養護の下にある子どもたちが家庭で育つ必要性を感じている／大変な時には周囲に助けを求めることができる，など10項目にチェックしてもらう。

また，ワークについては，ある子どもの写真を1枚見てもらい，「この子はどんな体験・経験をしてきているでしょう？」など質問し，参加者に想像してもらうセッションを行っている。

いずれも，答えがあるものではない。里親希望者に社会的養護と子どもの養育について考えてもらうプログラムとしている。

（3）里親申請書の提出

「基礎研修」終了後，里親希望者には里親申請書を提出してもらう。その後，児相職員が訪問等により，家庭状況の調査を行う。

（4）登録前研修

「登録前研修」では，里親制度および子どもの養育について必要な事柄を学ぶことを目的とし，中央児相での講義を2日間，施設での研修（実習を含む）を2日間，受講してもらう。

本県は2008年の制度改正以降，里親制度は社会的養護を必要とする子どもたちのためのものであるとの認識に立ち，養子縁組里親の認定を行ってこなかった。今般の法改正で養子縁組里親が法定化されたため，2017年度から養子縁組里親の登録も行うことになったが，養育里親としての登録を行ったうえで，養子縁組里親としても登録する，いわゆるダブル登録で制度を運用することとしている。したがって，「登録前研修」については，養育里親

138　　第2部　里親委託

のためのカリキュラムに里親希望者全員が受講し，養子縁組里親希望者には
さらにその登録のためのプログラムを一講座多く受けてもらう形式をとるこ
とになった。

　「登録前研修（講義）」カリキュラムについては，次の表3のような内容を
里親希望者に提供している。

表3　「登録前研修（講義）」のカリキュラム例

	科目	内容	時間	講師
講義（1日目）	里親制度の基礎Ⅱ 里親制度の基本 （里親養育論）	「里親が行う養育に関する最低基準」について 里親委託から解除までの流れ（マッチング，交流，受託，解除，措置変更，一時保護など，具体的な手順を説明） 里親委託に伴う諸手続きや利用できる制度等	80 〜 105分	児相福祉司
	子どもの心 （発達心理学）	子どもの心理発達（情緒面，愛着関係） 試し行動，退行，分離不安など委託後に見られる行動特徴と対応上の留意点 特別な配慮を要する子どもへのケア（知的障害，発達障害，虐待を受けた子ども）	60分	児相心理司
	＝休憩＝			
	子どもの身体と事故防止 （小児医学） （里親養育援助技術）	子どもの健康管理，栄養管理，食育 子どもの発育，成長，運動発達 乳幼児健康診査，母子手帳，予防接種 事故防止，医療機関の情報 SIDS，SBS，思春期の心と身体について	60 〜 80分	児相保健師
	子どもの権利擁護 （里親養育援助技術）	子どもの権利擁護（児童憲章，児童の権利に関する条約） 社会的養護における権利擁護 被措置児童等虐待について	50 〜 55分	児相福祉司

	里親養育のさまざまな課題（里親養育援助技術）	実親との関わりにおける留意点 真実告知 ルーツ探し 性の問題	50〜55分	児相福祉司
	1日目のまとめ	振り返り，効果測定	10分	
講義（2日目）	養子縁組里親専門科目	養子縁組制度の意義と手続き 縁組前後の実親の事情と変化，子どもの変化と受け止める必要性 真実告知と出自を知る権利 支援を受けることの必要性	150分	児相福祉司，里親センター職員
	＝休憩＝			
	関係機関との連携（里親養育援助技術）	児相，里親支援機関，児童福祉施設，学校，幼稚園，保健・医療機関等，里親が活動するうえで関わる各機関の役割と，連携について	50〜55分	児相福祉司，里親センター・家庭養育支援センター職員
	先輩里親の体験談（里親養育援助技術）	長期委託，短期的な委託（3日里親，緊急一時保護），さらに養子縁組を経験している里親から，実際の養育体験を話してもらう	60分	里親相談員，養育里親
	グループ討議（里親養育援助技術）	里親希望者から「なぜ里親になろうと思ったのか」「研修を受けてみてどう感じているか」などを話し合ってもらう 疑問に思っていることなどを質問し先輩里親に答えてもらうことで，里親活動の具体的なイメージをもつ	60〜100分	里親相談員，養育里親など
	里親会活動について（里親養育援助技術）	里親会活動の意義	20〜30分	里親会
	2日目のまとめ	振り返り，効果測定	10分	

次に「登録前研修」の実習について紹介する。従来1日目は県立中里学園（児童養護施設・乳児院）での全体研修，2日目は家庭養育支援センター（民間児童養護施設）という実施形態をとっていたが，2016年度末の中里学園閉園に伴い，2017年度からは2日間とも，家庭養育支援センターで行うことになった。

受講者は，住所地の所管区域に設置された家庭養育支援センターで実習を行う。各施設の特性等により多少メニューが異なるものの，おおむね共通したプログラム内容としている（表4）。里親希望者からのアンケートなどを参考に，より効果的なメニューを組めるよう，関係機関による検討を継続していく。

表4 「登録前研修（実習）」のカリキュラム例

	科目	内容	時間	講師
実習（1日目）	オリエンテーション	研修の流れ，留意点	15分	里親支援専門相談員
	児童養護施設について	施設の現状，施設の理念・基本方針，社会的養護が必要な子どもの状況，施設の権利擁護，里親に期待すること	45分	施設長
	施設で生活している子どもたちについて	施設の児童の状況，入所理由，子どもとの関わりにおける留意点，施設で生活する子どもの理解，子どもの特徴とその対応，子どもの発達，子どもの行動，危険予知，安全への配慮	45分	主任指導員（または個別対応職員，家庭支援専門相談員ほか）
	＝休憩＝			
	児童養護施設における食事，食育	施設の食事，里親宅での食事提供，食事の特徴，成長段階別の食事の留意点，特別な配慮を含めたひとりひとりの子どもへの対応，施設の行	45分	栄養士（または保育士，児童指導員）

第8章 里親研修 自治体等の取り組み例を踏まえて **141**

		事食，食べ物による事故等		
	児童との交流	外または寮で，遊び，学習などを通じて子どもと交流する	90分	児童指導員，保育士ほか
	食事	食堂または寮にて夕食を取り，家庭でつくる食事との相違を体験する	60分	保育士，児童指導員ほか
	1日目のまとめ	振り返り 実習1日目を終了しての感想，アンケート記載，質疑応答	30分	里親支援専門相談員
実習（2日目）	オリエンテーション	研修の流れ，研修の留意点	15分	里親支援専門相談員
	児童との交流	寮内で，幼児との遊び，余暇を通じて子どもと交流，児童への積極的な関わり，児童の発達の理解，児童の行動の理解，養育技術，危険予知，安全への配慮，児童養護施設での生活の理解	105分	児童指導員，保育士ほか
	食事	食堂または寮にて昼食を取り，家庭でつくる食事との相違を体験する	60分	保育士，児童指導員ほか
	＝休憩＝			
	児童との交流	寮または外で，学童，中高生との交流，児童への積極的な関わり，児童の発達の理解，児童の行動の理解，養育技術，危険予知，安全への配慮，児童養護施設での生活の理解	105分	児童指導員，保育士ほか
	2日目のまとめ	振り返り，効果測定	30分	

また，施設実習においては，子どもへのあいさつ，声かけができましたか／（特性や年齢など）子どもに合わせた関わりができましたか／疑問に思ったことを，職員に聞くことができましたか等，10項目程度のポイントを里親希望者に提示し，自己評価してもらっている。

（5）児相長面接

登録前研修終了後，児相長が家庭訪問等により里親希望者との面接を実施し，里親として適格かどうかの判断をする。同時に，家庭養育センター長，児童相談員等からの意見も聴取することになっている。

（6）里親登録・認定

知事は児童福祉審議会の意見を聴いたうえで，里親登録の決定（養育里親，養子縁組里親など）または，里親の認定（親族里親）を行う。本県では現在，児童福祉審議会に設置された施設里親部会を年2回開催し，里親登録の決定等を行っている。

4 ── 里親登録直後の研修（施設実習）

本県では独自に，里親登録後の施設実習を研修として設定している。この実習（研修）が修了した後，子どもの委託について，検討や調整が開始される。

研修は乳児院で10日間の日程で行う。実習の内容は，入所している乳幼児の沐浴，調乳，食事の提供などの体験である。乳幼児への直接支援を経験することにより，社会的養護を必要とする子どもの理解を深め，養育技術の習得を図ることを目的としている。

養育経験のある里親については，実習期間を5日間にすることができる。3日里親だけの活動や高年齢児のみの受託を希望する里親についても，社会的養護の子どもの育ってきた環境を理解してもらうため，実施している。

5 ── 更新研修

里親登録更新希望者に対し実施する研修。里子を養育中の里親は，5年に1回の受講が必須なため，本県では，県内政令市，中核市と共同し，複数の開催日を確保できるよう調整している。

どの自治体主催の回も，更新研修が里親として子どもの養育を継続するために必要な知識，新しい情報等を習得することを目的としていることは共通している。本県主催の更新研修は，児相職員による講義やグループワークを主体にしたメニューを実施している一方，相模原市，横須賀市主催の回は，子ども家庭福祉，子ども虐待，里親ソーシャルワークなどを専門とする大学教員の講義を取り入れている。また，川崎市は里親支援機関のNPO法人によってプログラムが実施されていることに特徴がある。いずれの回を選ぶかは里親の判断に委ねられており，重要な研修機会となっている。

6 ── 里親活動を支える研修

登録・認定後，里親活動を支える研修について，本県では，前述のとおり，乳児院，児童養護施設を中心に，その体系がつくられてきた経過がある。1968年，養護施設において里親の養成等を行うことを目的に創設された家庭養育センター事業は，その後，事業内容を多少変化させ，現在は家庭養育支援センター事業という名称に変わってはいるが，約50年もの間，里親支援を事業の中核に位置づけている。

2012年，里親支援専門相談員が乳児院，児童養護施設に新設されると，順次各施設に配置された里親支援専門相談員は，家庭養育支援センターと連携しつつ，施設の特性や地域の実情に合わせた里親支援を展開。施設による里親支援がさらに広がることになった。

2015年3月，本県は家庭的養護推進計画を策定。里親制度推進等を目的に，家庭養育支援センターおよび乳児院，児童養護施設の里親支援専門相談員が

これまで行ってきた取り組みを県全体で展開していけるよう，里親センター事業を立ち上げ，同年6月，海老名市内に里親センターを開設した。里親活動を支える研修についても，年間を通じたプログラムの計画，里親の多様なニーズに配慮した研修内容の検討，ホームページを活用した効率的な情報発信など，里親センターが家庭養育支援センターと協働し，里親支援専門相談員の協力を得ながら，里親支援の体系化に取り組んでいる。

（1）里親研修のプログラム内容

　前述のとおり，本県の里親研修は，里親センターと家庭養育支援センターが協働して行うプログラムが基本となっている。テーマの選定は，支援者側から見た里親活動に必要な知識や新しい課題，里親へのアンケート結果などを考慮し，年度ごとに検討，企画，実施している（表5）。

表5　里親研修のプログラム例

回	開催時期	テーマ（講師）	内容・効果等
第1回	5月	里父による活動報告（管内の里父3名）	里父の立場，目線から，子どもを養育することの想い，苦労，喜びなどを，それぞれの言葉で話してもらう 研修企画ではあるが，普段，なかなか聞くことができない里父の語りに，参加した他の里父，里母，児童相談所職員も共感する場となった
第2回	7月	施設で暮らす子どもの理解～いっしょに過ごす時間をよりよくするために～（児童養護施設臨床心理士）	施設入所児童の子どもを休日や長期休暇の数日間受け入れる，3日里親，週末家庭を対象にした研修。子どもがどのようにして育つのか，子どもの理解を深めるにあたってもつべき視点，施設での生活で大切にしていることなど，里親が施設で暮らす子どもと接するうえで参考になる事項を伝える 後半はサロンに移行し，得た知識を小グループで深めた
第3回	10月	みんなで考えよう「子どもの権利って？」～里親として知っておきたいこと～（ファシリテーター＝児相職員）	日常の養育の中で，具体的に「子どもの権利を護る」とはどんなことなのか？　ということを，いくつかの事例をみんなで検討し，それを通じて「子どもの権利」について考える グループワーク形式で実施

第4回	1月	子どもの行動理解と支援 （児童自立支援施設心理療法士）	児童が起こす行動についての講義 児童への理解を深め，里親の不安や悩みの解消につなげることを目的として実施 実体験に基づく講師の話から，言葉で説明する大事さ，難しさ，感情を言語化して伝えることを意識することなどを共有
第5回	2月	子どもに伝える本当のこと （大学教授，児童家庭福祉）	真実告知についての研修。日々の養育の中のポイントにどう対応したらよいか，里親に考えてもらうきっかけにつなげることを目的に実施 具体的な事例を交えて説明することで，子どもにとって真実告知がなぜ大切なのか，真実告知も里親としての大切な役割のひとつであることを確認する内容
第6回	3月	思春期と自分への問い （研究機関研修部長，臨床心理士）	心も身体も大きく変化する思春期に，さまざまなことで悩み葛藤する子どもをどう受け止め，支えればよいかを一緒に考えることを目的に実施 思春期にある子どもの関係や環境，もっている力を理解していくことの重要さ，社会的養護の喪失体験がどのような影響を与えるか，そして，どのようにしたら立ち直れるかという話を共有

　また，研修会とは別に，未委託里親と施設入所児童との交流会を年1〜2回，後述の委託交流会を年1回開催している。未委託交流会は，公共施設の体育館を会場に，体を動かすゲームを取り入れたメニューを準備。里親支援専門相談員や児童相談所職員，里親相談員らも加わり，登録直後でまだ子どもを委託されていない里親と施設入所児童が，遊びを通じて一緒に過ごせるプログラムを提供している。

　委託交流会は，子どもを受託している里親家庭と支援者が一堂に会する行事である。現在は12月に開催し，餅つきやバーベキュー，一足早いクリスマスを楽しむなど，日頃の協働を労う場になっている。

（2）里親センターが実施する研修

　里親センターは事業名こそ壮大であるが，実際の活動拠点は2LDKの小さなスペースである。里親にとってより身近な存在となるよう，“ひこばえ”（伐った木から出た芽のこと。根っこ＝愛着を大切に，よみがえる力を思いが込めら

れている）という名称で，里親への支援をひとつひとつ丁寧に取り組んでいる機関である。

里親センターが行う研修は，家庭養育センターとの共催のものを除き，おおむね少人数の参加者を対象に実施している。例えば毎月1回定期開催している「未就園児サロン」は，未就園児を養育している里親家庭を対象に，委託直後の不安な気持ちなどを語り合える場としているが，回によっては絵本の紹介やおもちゃつくりなどテーマを決め，子育てに必要な情報や知識を得られる機会を提供している。外部講師を招いての研修（テーマは「子どもの成長と発達」「救急法」など）では，講師と直接話したり質問したりしやすく，学びの場としてのサロンの利点が活かされている。

また，乳児院の栄養士を講師に「調理研修」を年4回開催。子どもの喜ぶメニューやお弁当など，実際に調理しできあがったら子どもたちも一緒に食べる企画である。調理しながらのおしゃべりから子どもの養育に関することなど話題は広がり，里親同士のよい交流の場にもなっている。

その他年数回開催している「思春期サロン」では，里親支援専門相談員が講師となり，「社会的養護の現場における思春期の子への対応」をテーマに，里親家庭などで育つ子どもが抱えている思春期の課題と対応についての研修を実施したほか，里親家庭からの子どもの自立をテーマに，本県の退所児童等アフターケア事業「あすなろサポートステーション」との共催による研修も行っている。

（3）里親サロンについて

本県では，5か所の地区里親会が里親同士の交流の場つくりなどを目的に実施する里親サロン（以下，サロン）や，里親相談員主催のサロンがあるほか，里親支援を目的に各地区の家庭養育支援センターが中心となり，里親支援専門相談員と協働して開催しているサロンもある。児相の里親担当者もサロンの運営に参画し，話し合いテーマの提案や，講師を招いての研修の企画に協力することもある。

サロンは里親同士の交流がメインではあるが，語り合いから子どもの養育についての悩みを解決するヒントが得られたり，行政手続きなどに関する知識が確認できたりするなど，里親にとっては最も身近な研修の場になっている。

(4) その他

最近では，里親支援専門相談員が自施設の入所児童を週末や学校の長期休み等を利用して受け入れている3日里親に集まってもらい，研修やサロンを施設独自に実施する取り組みも始まっている。

また，里親会が研鑽のための研修を独自に行っている。児相においても，職員向け研修の一部について，里親に参加対象を広げている。また，ペアレントトレーニング等子育て支援プログラムを里親からのニーズに応える形で提供するなど，児相ごとに研修を実施している。

7 ── おわりに

里親研修については，国の法制度改正や里親のニーズ等に合わせ内容等検討しなければならない課題も多く，常に見直し，修正が求められている状況にある。研修の内容をよりよいものにするためには，施設，里親，児相等，関係機関の協働が不可欠である。

本県の里親支援の特徴は，その基盤を児童養護施設や乳児院が支えていることにあると，筆者は考えている。前述した，里親制度推進を目的に設置された家庭養育支援センターは，唐池学園の創立者である鶴飼正男氏の「親元から離れて育つ子どもにとって，『望ましい施設より，望ましい家庭を』という観点に立ち，里親の指導を児童相談所だけに任せるのではなく，施設周辺に里親を開拓しながら，施設の子どもを委託し，それを施設が指導できないだろうか」との考えを根底に，昭和40年代から事業を展開してきた。他方，施設入所児童を週末や長期休暇の際受け入れるなど，里親も積極的に施

148　　第2部　里親委託

設を支援している。

　今後も，本県の強みである"協働"の取り組みを継続し，里親研修の充実を図れればと考える。

文献
神奈川県社会福祉協議会　「子どもたちと歩んだ日々——かながわ・児童福祉事業の軌跡」（2005年12月）
『里親と子ども』編集委員会編『里親と子ども』Vol.1（2006年10月）
全国里親委託等推進委員会　「里親支援専門相談員及び里親支援機関の活動，里親サロン活動に関する調査報告」（2014年2月）
里親センターひこばえ　https://www.sato-hikobae.org/
あすなろサポートステーション　http://www.shonan-tsubasa.com/asunaro/index.html

第9章
委託までのプロセス
実親の同意，マッチング，交流

◉宮島 清（日本社会事業大学）／**大河内洋子**（多摩児童相談所）／**酒井久美子**（二葉乳児院）

1 ── 基本的な考え方

（1）実親との協働

　里親委託や養子縁組を進める際の障壁として，しばしば実親の同意が得られないことがあげられる。しかし，まずは，①なぜ，そうなのか？ ②措置権者として実親の同意を得るための関わりは十分か？ ③実親が安心して子どもを里親や養親に託せる仕組みになっているか？ を問うべきである。これへの解決を，司法の裁定にのみ委ねるならば，家庭養護の推進は，かえって多くの子どもの幸せを壊すことになるかもしれない。子どもにとっては，実親も里親も養親も大切だからである。

　ずっと止めるべきだと主張し続けてきたが，「里親に出す」「養子に出す」という言い方は，いっこうに減らない。「出された子ども」に，どのように自己肯定感をもてというのか。里親委託や養子縁組に関わろうとする者は，「出す」という言葉を耳にする子どもと実親の悲しみを想像すべきだ。実親との関係が切れた子どもだけを里親委託の対象とし，関係を切らなければ里親委託や養子縁組は行わない──このような運用こそ終えなければならない。

　さて，制度はどうなっているのか。実親が，子どもを養育しにくい事情にあるとき，そのための代替的監護として里親への委託を行う。法的な親を必要とする場合でも子どもの利益に反しない限り，実親との法的な親子関係は

150　　第2部　里親委託

絶たない。子どもの利益を図るために真にやむを得ない場合にのみ，他の親族関係を含めて法的な親子関係を断つ。それでも，生物学的な関係や情緒的な関係はなくならない。このような構造であるならば，里親委託でも養子縁組でも，本来は，子どものしあわせを築くために実親と協働すべきである。すなわち，基本的には対立や排除ではなく，参画を促すものではなければならない。

（2）子どもの時間とマッチング

　これは，実親の決断を先延べして放置する現状への肯定ではない。子どもの時間と大人の時間とでは流れる速度がまるで違う。家庭引き取りの可能性が低いならば，その判断をできるだけ早く伝えなければならない。生後3週間での委託を実現するためには，最初の週に実親が養育できるかどうかを判断し，次の週には実親の意思確認と養育者とのマッチングをする，最後の週には子どもと養育者との交流と委託の準備をしなければならない。

　いわゆる愛着の臨界点と言われる生後6か月未満での子どもの委託を実現するためには，さまざまな予定変更が起こりうることを想定したうえで，前述の「生後3週間」を生後3か月に置き換えて，各月末までに何をするかを組み立てなければならない。そのようにしなければ，どんどん時期は後ろにずれ込んでしまう。このようにしても，意見が一致せず，子どもの時間に照らして待つことが適切でなければ，司法の場でのやり取りに切り替える。しかし，それは，「子どものためにより質の高いやりとりをする」作業の一部と位置づけるべきである。支援者が実親に対して丁寧な関わりを行わないために起こってくる不同意とこれとは異なる「親権の乱用」とは，明確に区別されるべきである。

　子どもを委託するまでの支援の過程とは，ボールを投げ，届いたかどうかを確かめ，どう受け止めたかを聞き取るという作業を，実親に対しても，里親や養親候補者に対しても繰り返し行うことである。思いや感情を受け止めながら，正確で嘘のない説明をする。実親や里親から語られる内容であって

第9章　委託までのプロセス　実親の同意，マッチング，交流　　**151**

も，「実現が難しい」「現実的でない」と思われることには，正直に支援者側の「見立て」として，その旨を伝える。これらを行うためには，先に記した3週間ないし3か月の間に，最低3～6回の面接（面接室での面接とは限らない）を，実親と里親・養親候補者のそれぞれと行わなければならない。電話連絡などを含めれば，実際のやりとりは，当然その数倍から数十倍になる。

　実親が委託を同意するかどうか。里親や養親候補者が子どもの養育を受け入れるかどうか。これらは，子どもの年齢や事情によって全く違うものとなる。前述した面接やその他のやりとりの回数は，乳幼児の，しかも長期の委託を想定したものだが，学齢児の場合，特に中高生の場合には，全く様相が異なるだろう。近年増えている一時保護に近いような里親委託であれば，養育の必要が生じたその日に電話連絡を入れ，その日のうちの受け入れを求めることにもなる。このような場合には，「家族となる」ことを求めることは，子どもにも，実親にも，受け入れる里親にとっても負担でしかない場合がある。

(3) 実親との面会交流のプラン

　委託のあり方に影響を与えることのうち，特に重要なことは，面会交流の有無であろう。面会交流を実際にどうするのか。アセスメントに基づいて，これについての現実的なプランを立て，それを実行することがなければ，これからの里親委託は考えられない。これについては，しばしば，里親側から，子どもと実親との面会交流が子どもを不安定にさせるとの受け止め方が報告される。しかし，そもそも面会交流は親子の権利であり，国内の施設養護や海外の里親養育において，「面会がある子どもの方が安定する」「実親が養育者を受け入れ，互いの間に信頼関係があることで養育がスムーズになる」という報告があることや，「ステップファミリーで，新しい家族との結びつきを妨げるとの考えで，非監護親との交流を制限すると，かえって子どもが不安になり，新しい家族づくりを難しくさせることがある」といった指摘もあることも考慮しておかなければならない。

152　　第2部　里親委託

（4）アセスメント（理解）とマッチング：ニーズに対応するということ

　いずれにしても，マッチングは，子どもの必要とその事情に応じるためのものである。だから，例えば，「里親が登録をした順に行う」などといったあり方は，あらかじめ極力排除しておかなければならない。そして，これは，登録時の研修や登録時の調査の過程で里親や養親候補者に対して必ず伝える。最も後に登録した方ではあっても，その方が子どものニーズに最も合致しているのなら，その方への委託を第一の選択肢とすることを当然のこととして合意しておかなければならない。もちろん，里親委託とは，1人の子ども，すなわち人格をもった1人の人間を，家族を構成するメンバーとして自分の私的な領域に迎え入れることであるから，里親や養親に無理をさせてはならない。共に暮らすということは，きわめて情緒的なものでもある。だから互いの間に「相性」があることを認めなければならない。これらのことを踏まえ，子どもがもつ課題や背景にある問題とともに，子どものかわいらしさや長所を伝え，子どもを家族に迎えることで生じる負担や困難とともに，子どもにとっての意義や家族にもたらされる喜びや楽しみなどについても伝えていく。そして，これらについて里親や養親候補者自身に考えてもらう。そのようにして，子どもを受け入れるかどうかの決断をしてもらう。この時の，家族メンバーでの話し合いや意思決定の仕方にこそ，その里親・養親候補者及びその家族が，委託後に，生じてくるさまざまな出来事や問題に対処する際の「強み」と「課題」が現れる。

　このように子どものための里親探しは，対面して得られる現実感のある情報なくしてはできず，この人，この家庭に子どもを託せるという確信や安心感はもちえない。マッチングという作業は，人間と人間とのやりとりがあってはじめて成り立つものである。しかも，委託を行う措置権者が一方的に決定するようなものではない。当然のことながら，子どもの意向と実親の意向，委託機関と支援者の判断とのすべてを1つに「織り上げる」作業であり，重要なのは養育を担うことになる里親や養親候補者の参画と決断である。

　一部には，子どもに対して委託のチャンスを与えその可能性を広げるため

第9章　委託までのプロセス　実親の同意，マッチング，交流　　**153**

に，より広域に里親や養親候補者のリストをつくって共有すべだという意見がある。しかし，筆者はこれに諸手を挙げて賛成はできない。第一次的な選考が書面資料によって広くなされることには反対しない。しかし，結局のところ，双方向のやりとりを省略して，子どもと里親・養親候補者を「深く理解」することなく，適切なマッチングが行えるはずがない。しかも，そのようなマッチングでは，このマッチングという作業を通じて，その後に生じるさまざまなことを共に乗り越えていくという信頼と協働の関係を築くことは難しいのではないか。広域での実施のためには，これを乗り越える仕組みを整える必要がある*1。

　子どもと里親・養親候補者との交流は，これに関わる委託者や支援者と里親・養親候補者との信頼感を醸成する機会であり，委託者や支援者が里親・養親候補者について，また，子どもと彼らとの適合性について理解を深める再アセスメントの機会でもある。このときに，そこで行われるやりとりに同席すること，それらについて報告される内容について聞くこと，戸惑いや難しさについて受け止めて支えること。これらのすべてのことが，委託後の関わりにそのまま受け継がれることに留意したい。　　　　　　　　　（宮島　清）

2 ── 児童相談所の取り組みの実際

（1）実親との面接

　現状において里親委託を判断するのは，乳児院に入所中で，かつ，家庭引

---

*1　自治体の域を超えて，この子どものために最良の養育者を探し，委託後の手厚い支援を行う労をいとわないという意志を共有することは簡単なことではない。自治体には，住民の福祉のために人員と財源をあてることへの合意はあっても，他の地域の要保護児童のために自地域の資源を提供するという合意はない。よって「情報の共有」程度のことでは，進展は期待できない。少なくとも支援を行う機関に，自治体の圏域を超えて要する経費が支弁されるようにすることが必要だろう。また，里親に限って言えば，里親養育の本来の意義は，子どもが暮らす地域（里）で代替的養育を行うことであるはずである。自治体は，第一義的には，市町村を含めて自らの地域において責任をもって代替的養育を提供できるようにすることを目指さなければならない。

き取りの目途が立たないといった事例が大多数である。すべての子どもが里親委託の対象であることは承知しているが，ここでの記述は，あくまで現状に照らしてのものとなる。

　実親の多くは，仕事もなく住居を設定することもままならない，かつ，親族等から養育の協力を得られないといった複合的な困難を抱えている。だから，実親に里親委託を提案する前には，子どもと一緒に暮らすためにどんな準備が必要かを具体的に考えてもらう。住居を設定することや安定した就労により一定の収入を得られるようにすること，子どもを養育していけるだけの健康を維持していけるかなど，人によってそれぞれ準備すべき内容は異なるが，家庭で安全に子どもを養育するために必要なことは何かを明確にし，この準備が可能かどうかについて，実親と児童相談所の理解を一致させることからはじめる。

　最初は，児童相談所と実親の見通しには隔たりがあることが多いが，定期的に面接することで，準備の進捗を確認し，何度目かの面接で当初の見通しの達成が難しいことが分かったならば，「十分に努力しているのが分かります。しかし，思ったよりも時間がかるようです。子どもはどんどんと成長します。お子さんにとって，今のこのときでなければ獲得できないものもあります。この時期を子どもにとってよりよい環境で過ごさせるために，しばらくの間の養育を里親さんにお願いしてみてはどうでしょう。特定の大人に養育されたお子さんは，大人との基本的な信頼感が養われ，親御さんと生活することになったときにも親御さんとの間で信頼関係を築きやすくなると言われています」という意味のことを伝える。この説明に最初から「そうですね。そうします」と応える人はほとんどいない。しかし，「本当に準備ができたら，私のところに返してくれるのですか」という言葉を返してくれる方は多い。実親は，子どもとの関係を断たれることを心から危惧している。そもそも，児童相談所の判断だけで子どもの一時保護が開始されている人が少なくなく，児童相談所への不信感を募らせていることが多いのだ。だからこそ，子どもの受け入れの準備ができさえすれば，子どもは家庭に復帰できるとい

うことを丁寧に伝えるようにしている。

（2）里親・養親候補者との面接

　特別養子縁組を希望している夫婦は，実子に恵まれずゆくゆくは委託児童を唯一の法的な親として育てたいという動機をもつ人が多い。これに対して，養育里親を希望する人は，社会的養護に関心があり，なんらかの社会貢献をしたいという動機をもつ人が多い。そしてこの両方を合わせもつ人もいる。それぞれ動機は異なるが，切実な思いをもって児童相談所にやってくるという点は共通している。この人たちに最初に出会うときには，里親になろうとする動機とともに，「委託児童とどんな家族になりたいか」と聞くようにしている。これに対して 饒 舌に自分が思い描く理想の家族を語る人もいれば，「うーん」と考え込む人もいる。表現の仕方もそれぞれだが，将来迎えるかもしれない子どもとどんな家族になりたいかをイメージしてもらうように努めている。

　次に，「子どもを預けなければならない保護者には，どういう事情があると思いますか」と聞く。この質問に明確に答えられる人はほとんどいない。これを受けて，実親が過酷な生育歴をもっていること，その子をなんとか産むことはできたものの出産後に安定した環境が整わない中で養育してきたことなど，児童相談所が子どもを預かることになった事情について説明する。そして，委託候補児童の中には，発達がゆっくりである子どもや，療育が必要な子どもも少なくないことなども伝える。このとき，深刻な顔で聞いてくださる方もいれば，今ひとつピンとこないといった表情をされる方もいる。

　忘れてならないのは，実際に委託児童を育てておられる人の中には，苦労をしながらも子どもとの暮らしを楽しんでいる里親がいることを伝えることだ。そのような先輩里親がいること，また，その方々の声を聞くことも勧めるようにしている。

　このような面接を通して「里親になる」ことを支援する。里親になるというのは，気軽に始めてみませんか，と言ってよいほど簡単なことではない。

156　　第2部　里親委託

しかし，実際に子どもと出会って，その暮らしを楽しんでいる人がいること
を知ってもらうことが重要である。このようなやり取りと，また，登録のた
めの調査や研修などを通じて，里親の強みや課題，それぞれに違う切実さな
どについて理解を深め，委託者である児童相談所との信頼関係を築いてゆく。

　さて，実際に候補児童がいて，その子どもの委託について打診し，このこ
とについて話し合う際の面接とその後に行う交流の支援について述べる。

　候補児童を最初にご紹介する方法は，電話によることがほとんどである。
乳児院に入所することになった経緯，現在の様子，実親の状況を含め簡潔に
概要を伝える。このとき，早く子どもと出会いたいとの期待が受話器越しに
伝わってくる場合もあれば，子どもが抱える困難な内容について矢継ぎ早に
質問されることもある。いずれにしても，面接をしてさらに詳しい内容を聞
くことにするかどうかを，1日ないし数日の間に応えてもらうことにする。

　実際に面接して子どものことを伝えるときは，子どもについての具体的な
イメージをもってもらうことが大切だと考え，写真を見ていただくようにし
ている。その子のかわいらしさを含めて，子どもの自然な様子がわかる写真
を用意する。多くの場合，写真を見ると里親候補者の顔がほころび「かわい
いですね」という反応が返ってくる。そして面接の場面が和む。しかし，良
い点だけを伝えるわけにはいかない。その子の成長発達について，実親の状
況について文書にまとめたものを使いながら，詳しい内容を伝える。療育や
健康面でケアの必要な子についてはより丁寧にこのやりとりを行う。このと
き，里親が不安に感じたことを聞きやすい雰囲気をつくっておくことが大事
である。そして，このときに里親から発せられる質問に誠実に応答すること
が大切だ。

　面接を経て，里親に十分考えてもらって返事をいただく。里父母の間で意
見が分かれてしまったので今回の委託は受けられないというお返事をいただ
くこともある。しかし，それは里父母間できちんと話し合いができたという
証しでもある。どのあたりを不安に感じたかを聞き取ることで次回のマッチ
ングに活かす。

里親が考えたこと，話し合ったこと，その経過を里親から聞き取り，実際に子どもに会いたいという返事をもらうと，子どもとの交流が始まる。

　実際に面会交流が始まる中で，夫婦や里親の家族[*2]の間に，隔たりや不一致が大きいことがわかることもある。これまでの面接や里親の認定前の研修でそれを考えてもらうようにしてきたとはいえ，実際の子どもと出会うことで，その隔たりが一気に表面化する場合があるからだ。また，施設の職員の方から「面会時の様子が気になる」という報告をもらうこともある[*3]。これらを面接の中で取り扱っていく。

　里親に子どもを預けるということは，里親家庭が子どもを迎えて新しい家族をつくることを支援することだ。子どもの人生だけではなく，受け入れる里親家庭のひとりひとりの人生の大きな岐路である場合が少なくない。だから，里父母双方の話を聞く。また，里親と子どもの様子を注意深く観察する。初めての子育てならば，知らないことがたくさんあって当然だ。戸惑いやわからないことを必ずあることとして，どうしたらよいかを，具体的に取り扱い，できるだけの応援をしていく。もちろん，最も重要な子どもの福祉にとって，懸念されるような不一致や無理解があれば，それを遠慮せずに伝えたり尋ねたりするようにしている。

　このようにして委託までの過程で把握される里親と里親家庭の強みと課題は，委託後の支援にそのまま引き継ぐべき最も重要な情報だ。また，この過程で信頼関係を築けるかどうかが委託後の支援の成否にそのままつながっていくと考えている。

(大河内洋子)

[*2]　里親の家庭には，里父・里母のほか実子や里父母の親も含まれる。

[*3]　例えば，「里母も里父も子どもへの思いはあるが，やりとりがうまくいかない」「里母が子どもとの関わりに戸惑っているのを里父がなんでできないのと責める」といった例などがある。

3 ──乳児院の現状と里親委託の留意点

（1）乳児院の現状

　全国には136か所（定員3万8554名）の乳児院がある（2017年3月末現在）。筆者の勤める乳児院（定員40名）は常に満床に近い。2016年度においては受け入れ依頼が198件あったが，実際の受け入れは54名であった。そして，このうちの24名（44％）が一時保護委託によるものだった。

　乳児院への受け入れは十分な情報をもたないままに緊急に入所に至るという経過をたどることが少なくない。本来ならば，入所前に，入所後どうするのかという目標を立て，保護者と措置機関である児童相談所と共有することが望ましいが，実際には難しい。近年は，身柄付通告を受けて産院から直接入所し，保護者の立ち会いがないことが多く，「できるだけ早い家庭復帰」「難しい場合は子どものために里親委託」を目標にするが，保護者と乳児院の接点をつくること自体に時間がかかる。それでも，子ども時代のすべてが施設生活にならないように，という信念のもとで取り組んでいる。筆者の乳児院における2016年度の退所先別内訳は，家庭引き取り44％，里親委託34％（養育里親への委託が18％，養子縁組里親への委託が16％），児童養護施設等への措置変更が22％であった（全国平均，順に，45.4％，13.7％，4.2％，36.7％）。この比率は，里親委託の増加（自施設：2015年度20％，2014年度4％）により，ここ近年急激に変化した。

（2）保護者（実親）との関わりで留意していること

　先に記したような入所の経過をたどることから，乳児院の職員が，保護者と関わりを開始できるのは，入所のときとは限らない。緊急での入所や同意によらない一時保護委託の場合には，保護者と児童相談所の関係が落ち着き，あるいは保護者の体調や生活が安定した時点で，基本的には初回は児童相談所職員と保護者が乳児院に訪れ，ある時は児童相談所に出向いて，そこに来ておられる保護者と会うことで，乳児院と保護者との関わりがスタートする。

この最初の面談の時，保護者には，その時点でのご自身の気持ちや生活の様子，家庭への引き取りをいつ頃のことと考えているかを尋ねる。そして，その保護者のありのままの気持ちや願いを大切にしたうえで，集団での生活が長期となることを避ける必要があることを説明する。乳児院の職員であるからこそ，全力を尽くして子どもを大切に養育することを伝え，それと同時に愛着形成の基礎をつくる大事な時期に家庭で育つことの重要さを分かってもらうよう努める。

こうすることは，「引き取りたいが自分で育てられるか…」と迷う保護者にとっては，かえって安心にもなり，「何がなんでも一緒に暮らす」という想いがある保護者には，想いだけで終わらないように頑張ろう，という励みにもなる。なお，「長期化が見込まれる場合には里親委託に同意する」という確認を保護者との間で行い，文書に署名をしていただくように児童相談所に働きかけていくこともある。

(3) 子どもと里親候補者との交流で留意すべきこと

里親委託の候補となる子どもは新生児から乳児院に預けられる子どもばかりではない。幼児まで家庭で育ち，その後保護された子どもも里親委託候補児になる。家庭というものがイメージできない子どももいれば，家庭に対し否定的な気持ちをもっている子どももいる。

このため，筆者の勤める乳児院では乳児院内に家庭に近い宿泊可能な部屋を設け，保育者が通常の勤務とは別に，その部屋を利用して子どもに家庭に近い生活を体験させるようにしている。このときには，一緒に買い物に行き，買ったもので食事をつくる姿を見せる。簡単な作業を一緒にすることもある。保育者が見守る中で，子どもの安全を第一に考えられた居室とは違う，キッチンや手の届く棚など家庭の構造を体験し，一緒にお風呂に入り，一緒に遊ぶ。自分と保育者しかいない空間で，安心して保育者に甘え，のんびりと自分のペースで過ごさせる。

あるいは，保育者がフレンドホーム（東京都の制度，他の自治体では，三日

里親，週末里親などという名称で同様の仕組みがある）の登録をして，保育者の家庭に連れて行くこともある。最初はドキドキして玄関から中に入れない子どももいる。保育者の後追いばかりをする子どももいる。しかし回数を重ねていく中で，家庭というものは楽しいところだという経験をさせる。このような経験がある子どもは乳児院から里親家庭での適応も比較的スムーズとなる。保育者も，このようなときの様子を里親候補者に伝えることができる。

　現状では，里親候補者の選定において，乳児院は十分関与できているとは言えないが，子どものことを最もよく知り，その子どもの代弁者であるべき乳児院が，児童相談所に対して子どもの個性，特徴，可愛らしさや課題などを伝えるとともに，保護者の子どもへの願いや保護者に対する子どもの想いなども伝えることは重要だ。

　里親との交流が始まる前に，保育者からは必ず，可能な場合には子どもの保護者からも，子どもに対して，「里親さんと一緒にご飯を食べて，一緒に寝る生活をすることは幸せであり，その幸せな生活をしてくれることがうれしいのだ」と伝えてもらうようにしている。乳幼児であっても「忠誠葛藤」があり，乳児院の保育者や保護者に対し遠慮する気持ちが芽生えることがあるからである。

　面会に訪れ，交流が始まった時には，乳児院全職種で交流を支援している。あまりに大人側の想いが強く，過去に乳児院と里親さんの期待を一身に受けた子どもが知恵熱を出し入院してしまうことがあった。そんな反省からも，子どもにとってのペースを里親さんと一緒に考え，子どもにも里親さんにも負担のかからない交流に努めている。乳児院の保育者は圧倒的に女性が多く，里父さんに警戒する子どもも多い。これを踏まえて，ある里父さんは，キャラクター柄のピンクの服を着続けてくださった。また，別の里父さんは，いつも遠くから里母さんと子どもの交流を見守り続けてくださった。交流場面では緊張して泣いてしまうが，交流後にうれしかった気持ちを保育者に表す子どもも多い。交流場面以外の姿を適切に里親さんに伝えることで，里親さんの自信につなげていくことも乳児院の大事な役割である。

第9章　委託までのプロセス　実親の同意，マッチング，交流　　**161**

（4）どうしたら乳児委託，新生児委託が可能になるか

　2つのことを提案したい。1つは，入所時とその後の継続的なアセスメントとこれに基づく支援の進行管理の必要である。できる限り，入所日の面接において行うことが望ましいが，それができない場合でも入所後のできるだけ早い時点で，保護者と共に，入所後の支援計画を確認することが必要である。そして，それが入所後に実際にはどう推移するかを確認し続けることが必要である。その頻度は，毎月あるいは月2回位は必要である。子どもの時間が，大人の時間とは異なることを常に意識しておかなければならない。乳児院のソーシャルワークに必要なのは，「スピード感」であると考えている。

　もう1つは，乳児を委託できる里親の確保である。ある事例のことを紹介したい。ある保護者はわが子を思うがゆえに，保護者自身が「乳児院より里親家庭で育ってほしい」と言ってこられた。その意向を児童相談所に伝えて，保護者と担当児童福祉司と乳児院の三者が同じ方向で早期の乳児委託を実現すべく動いた。しかし，実際には乳児を受けられる里親候補者が確保されなかった。里親登録をし，研修も行われ，子どもを委託されていない里親の数は多いのに，実際に乳児を受け入れてくれる里親がいないという現実は，受け入れがたいものであった。養子縁組が前提であれば希望者は多くいるが，保護者がいて，家庭に引き取るという方針のもとで，乳児を受け入れてくれるという里親はほとんどいない，というのが後日の児童相談所からなされた説明であった。

　乳児院で保護者と接していると，保護者自身が子ども時代大事に育てられてこなかったという方が多いことに気づかされる。これまでの人生で「人」にことごとく裏切られてきた，だから，個人宅に子どもを預けたくないとその人たちは考える。「子どもにとって施設は個別の対応という面では限界があるかもしれないが，個人よりは安心できる。組織は裏切らないだろう」と考えるようだ。ある方は，里親委託を勧めたときに，「どうしてもというなら，里親に会わせてくれ，それから考えたい」と話された。

　乳児院からも，「このような里親さんがいい」という意見を伝え，それが

里親の選定に反映されることが必要である。それは，児童相談所が知り得ているさまざまな情報や事情を無視するということではない。乳児院の関わりを通じて，乳児院の助言を信じて保護者が安心して里親委託に同意ができるようにしたい。また，里親委託になった後も，面会の場所の提供をすることで，子どもと保護者がつながり続けることが乳児院であれば可能である。子どもの中に，乳児院が愛された場所であるという記憶を残したい。乳児院は，子どもと里親，子どもと保護者がつながることのできる場所である。筆者の乳児院では毎年5月にお祭りをひらく。そこには委託後の里親と子どもがいつも大勢遊びに来てくれる。

（酒井久美子）

文献

宮島清（2010）「里親支援における子ども家庭ソーシャルワーク」日本社会事業大学CSW課程編（分担執筆）『これからの子ども家庭ソーシャルワーカー』ミネルヴァ書房

宮島清（2010）「里親による支援」社会福祉学習双書編集委員会『児童家庭福祉論——児童や家庭に対する支援と児童・家庭福祉制度』（社会福祉学習双書第5巻）全国社会福祉協議会

「平成27年度 全国乳児院入所状況実態調査 全国乳児院充足状況調査報告書」社会福祉法人全国社会福祉協議会・全国乳児福祉協議会，2017年3月

「乳児院における里親支援マニュアル」家庭的養護推進モデル事業事務局（二葉乳児院），2007年3月

^第**10**^章
委託時と委託後初期の支援

● 河野洋子（大分県庁）

1 ── はじめに

　マッチングや事前交流が無事に終わり良い感触が得られると，いよいよ，里親委託が正式に決まることになる。子どもが里親宅で生活を始める日が近づくと児童相談所（以下，児相）職員はひとまず安堵しがちだ。委託後の支援についても「まずは，しばらく様子を見てから…」など，少し先延ばしにして考えることも少なくないのではないだろうか。

　筆者も，以前は，とりあえず様子を見て，里親が困りを訴えてきた段階で何らかの手立てを考えることが圧倒的に多かったし，「里親支援」といえば里親からの相談を受けることや里親に対する研修を行うこと，何よりレスパイトや家事援助者の派遣といった「里親の負担軽減」という視点から考える傾向が強かったように思える。

　いざ委託を開始すると，それだけでは，子どもや里親の支援として不十分だと感じていたものの，何をどのように補えばいいか，具体的な方法も思いつかず，思い悩んでいた時期もあった。

　今では，里親養育が始まったのちに起こってくるであろう事態や問題をあらかじめ想定し，その場合の対応等について里親や関係者にあらかじめ伝えておくこと，子どもや里親のニーズをしっかり把握する仕組み（子どもや里親に定期的に直接会って，ニーズ把握することは大前提）をもちつつ，里親養育

164　　第2部　里親委託

が安定するように各種制度や地域の社会資源サービスを組み合わせたコーディネートや環境調整を行い，里親や子どもに実際に利用してもらえるように工夫することが，里親養育に必要な支援と整理するようになった。

　ここでは里親支援について，筆者なりの考え方を述べたい。

2 ─── 里親養育の特性理解とチームによる支援

　宮島は，『里親養育と里親ソーシャルワーク』（福村出版 2011）の中で，「委託した子どもを含めた里親と里親家庭に生じるさまざまな福祉ニーズを総合的に取り扱うことこそ支援」と述べている。その支援のためには，里親養育の特性である「里親は『福祉サービスの提供者』という側面と，地域に自分の家族をもち，自分の生活と人生を生きる『私人』の側面をもっており，里親は子どもを自分の私生活の中に受け入れて養育していること。里親は生身の人間であるために，里親の人生に生じるさまざまな出来事が里親と里親家族の福祉ニーズとして現れるため，その福祉ニーズの一部を里親とその家族の私的な問題として切り離すことは事実上，不可能であり，子どもの福祉ニーズを満たすにもこれら全体を取り扱うことが不可避であること」を理解することが必要と述べているが，著者もまさにその通りだと考えている。

　里親支援の現場（児童相談所等）では，「すぐに困ったと里親が訴えてくる」「こんな細かいことまで配慮しなければならないのか」とか「里親家庭内の問題だから自分たちで解決すべきことではないか」など支援について消極的な意見が出てくることもある。また，「だから里親委託は面倒くさい」「手間がかかる」といった声も，ときどき聞こえてくる。施設養育に比べて，里親養育が「（児相にとって）手間がかかる」という思いはある意味本音だとは思うが，前述の里親養育の特性を理解すれば，里親が困ったと訴えてくることも，里親家庭の問題が持ち込まれてくることも，当たり前のことであるに違いない。

　宮島の里親養育の特性に関する指摘は示唆に富んでいる。特に「里親の私

的な場所で行われる公的養育」は里親養育の二面性を端的に言い表している。子どものために私的な場所を提供してくれる里親にどのように接することが望ましいのか。私的な場所であっても公的養育の場として伝えなければならないことは何か。生身の人間として地域で生活する里親が望むサービスは何か。支援は里親養育の特性理解から始まる。

　ところで，支援の実践にあたっては，まずは子どもや里親に直接面談し話を丁寧に聴くことが大切なことは言うまでもないが，複数の支援者がチームになって情報共有し，アプローチを行うこともまた重要だ。

　例えば，どのように経験を積んでも知識には限りがありその発想には限界がある。そして，勝手な思い込みによるスタンドプレーにもなりかねない。チームで情報を共有し，ともに考えることでこそ支援のバリエーションが広がり里親子のためになる方法が見つかるものだ。何よりチーム対応は心強い。里親の私生活にも深く関わる傾向がある里親支援は，デリケートで対応が難しく，支援者が思い悩むことも少なくない。そのうえ，子どもの成長と里親家庭の変化に即した長期的な支援が必要とされる。支援者のバーンアウトを防ぐためにもチームで支援する視点は，欠かせない。

3 ── 守秘義務と情報の取り扱い

　里親委託に際して，委託される子どもや実親の情報について，里親にどれだけ伝えられているか。大分県では，原則すべて里親に伝えることとしているが，この点は自治体や児童相談所によって違いがあるのではないだろうか。

　取り扱いに違いがあるのは，非常に機微な個人情報であるため，情報流出等を危惧してのことが背景にあるだろうが，やはり養育を担う里親には，情報は原則伝えるべきであろう。本県では，里親に対して，認定前研修の時点から公的養育の理解や守秘義務の遵守について繰り返し説明を行う。里親認定後も個人情報の扱い（子どもの写真，SNSへの掲載等含む）に十分注意するよう機会あるごとに説明し理解を求めている。

166　第2部　里親委託

また，情報提供の方法も工夫している。委託が決定したら，児童相談所は子どもの情報について，目録（次頁）と関係資料をファイルにまとめ，委託開始前に里親にファイルごと渡している。委託後に，追加資料があればファイルに綴ってもらう。ファイルについては，里親家庭での保管場所についても注意を促している。こうした取り組みで，公的養育，守秘義務，情報の取り扱いに関して里親の意識が高まったと感じる。

　なお，里親委託を解除した場合には，ファイルごと児童相談所へ返却を求めている。これは，子どもを受託していた里父母が急逝し，里親の実子（成人・独立して別居していた）から，里親宅に保管されていた子どもの個人情報の取り扱いについて相談を受けたことがきっかけとなり，取り扱いを定めた。

　このエピソードにも関連するが，委託した子どもの情報について，里親の家族（実子や同居する里祖父母など）にはどこまで伝えるかという問題がある。総じて，里親と同じようにすべてを伝えるというわけにはいかないだろう。しかし，子どもと生活を共にする里父母以外のメンバーに，一緒に暮らすうえで必要な情報が知らされなければ，関係に溝ができることは間違いない。委託された子どもが生育歴を背景に里親家庭で問題行動を繰り返す場合などは，なおさらであろう。さらに里親家庭の実子への伝え方には，特に注意が必要になる。支援者は，個別の状況に応じて，里親と話し合いながら共に考えていくことが望まれる。

　次に，地域社会への説明（情報提供）にも配慮が必要となる。委託される子どもが所属する関係機関（次に述べる「里親応援ミーティング」を参照）を除き，例えば近隣住民，実子の友達等にどのように子どものことを伝えるかといった問題も出てくる。

　里親が，里親であることをオープンにしたうえで，地域の支援を受けることは非常に大切なことだ。しかし，里親として子どもを養育していることは伝えられても，「なぜ預かっているのか」「実親はどういう人なのか」などは伝えられない。支援の現場では，情報の扱いについて，里親からの問い合わせがよくあるが，ここでも個人情報を踏まえ子どもや里親の視点に立って対

児童の措置(委託)に伴う添付書類　目録

児　童　氏　名 生　年　月　日	性別	措　置 (委託) 先 (　住　所　)	措置(委託) 年 月 日
平成　　年　　月　　日	女	(　　　　　　　)	平成　　年　　月　　日

書　類　名	添 付 の 有 無	備　　考
保管方法、取り扱いの留意事項	有 (　枚) ・ 無	
児　童　記　録　票	有 (　枚) ・ 無	
措置通知書 (児童の措置について)	有 (　枚) ・ 無	
援 助 方 針 会 議 結 果	有 (　枚) ・ 無	
行　動　診　断	有 (　枚) ・ 無	
心　理　診　断	有 (　枚) ・ 無	
医 学 診 断 記 録	有 (　枚) ・ 無	
健 康 診 断 書	有 (　枚) ・ 無	
自 立 支 援 計 画 票	有 (　枚) ・ 無	
母　子　手　帳	有 (　冊) ・ 無	
(療育・身障・精神) 手帳	有 (　冊) ・ 無	
健　康　保　険　証	有 (　枚) ・ 無	
受　　診　　券	有 (　枚) ・ 無	
同意書 (予防接種・インフルエンザ)	有 (　枚) ・ 無	
銀 行 通 帳 ・ 印 鑑	有 (　通, 個) ・ 無	
	有 (　枚) ・ 無	
転 出 証 明 書	有 (　枚) ・ 無	渡しきり書類
在 学 証 明 書	有 (　枚) ・ 無	渡しきり書類
教 科 書 等 配 布 証 明 書	有 (　枚) ・ 無	渡しきり書類
権利ノート (措置(委託)児童分)	説明済 (　　　) ・ 未	

【委託時】
　　上記の書類を送付します。　平成　　年　　月　　日　大分県中央児童相談所
　　上記の書類を受領しました。　平成　　年　　月　　日　措置(委託)先 (　　　　　　)
【委託解除時】
　　上記の書類を返還します。　平成　　年　　月　　日　措置(委託)先 (　　　　　　)
　　上記の書類を受領しました。　平成　　年　　月　　日　大分県中央児童相談所

応することが必要である。必要な情報を伝える場合は具体的な伝え方を里親と一緒に考える。子どもの年齢が高ければ、子どもの意向を聞くのもいいだろう。こうした対応は里親養育開始時の「情報」に関する作戦会議のような位置づけで、里親と一緒に取り組んでもらいたい。

なお、里親家庭における子どもの呼び名、子どもが里親をどう呼ぶのかについても、子どもの意向も踏まえながら話し合っておくことが望ましい。

過去に、守秘義務を頑なに守り、情報の取り扱いにあまりにも慎重になった結果、養育が閉鎖的になってしまった里親がいた。隠すこと、抱え込んでしまうことは大変で余計なエネルギーが必要だ。委託された子どもへの影響も見られた。情報の取り扱いに関する支援の認識が不足していた頃の苦い体験である。

4 ── 里親応援ミーティング

大分県では、2014年度から新規委託の前後に、「里親応援ミーティング」を行っている。導入にあたっては、千葉県等で行われていた里親養育支援のためのネットワーク会議を参考にさせてもらった。里親を含めた関係者が一堂に会して、ケースの概要について正しい情報共有を行い、里親と子どもの生活について理解を得たうえで、養育支援のための具体的方法や役割分担について確認できる有効な会議である。メンバーは里親、市町村福祉担当課、保育所・幼稚園・学校等の子どもの所属機関、児相、里親支援専門相談員等である。

以前は、児相職員が市役所で各種手続きを行う里親に同行することが多かったが、里親応援ミーティングを開催するようになってからは、めっきり減った。里親応援ミーティングを通じて、児相が仲介しなくても里親が顔見知りになった地域の支援者と自らつながるようになったためだ。里親応援ミーティングは、里親に地域の里親養育支援メンバーを認識してもらう場でもある。

一方で，この里親応援ミーティングとは別に，必要に応じて，児相が子どもの通う（予定の）学校を訪問する場合がある。子どもの特性について学校に詳細な説明が必要で，委託後に学校生活がスムーズにいくよう調整（例えばクラス分け等）が必要な場合などだが，可能な限り里親同席が望ましい。里親に何も伝えず，勝手に児相職員だけが訪問するようなことは避けたい。里親からの不信感が募るだけである。

　なお，本県では，児相から子どもが通う学校に，社会的養護や里親制度についての説明を必ず行っている。もともとは，里親が学校に児童措置費関係書類について事務処理を依頼する場面が日常的にあることから始めた取り組みだが，学校関係者が里親や子どもを特別視せず，正しい理解のもと自然な協力が得られることに役立っている。

　「急がば回れ」である。委託初期における地域の関係機関との連絡調整は，丁寧に行うべきである。支援効果は，間違いなく後から現れてくる。

5 ── 委託初期の支援

　里親委託後，児相を中心とした支援チームで家庭訪問等を開始することになる。

　こうした支援については，「委託された子どもと里親家庭のためのものであり，委託初期の里親養育に欠かせないこと」として，あらかじめ里親と合意しておくことが望ましい。中には，支援を受けたくないという里親が出てくるかもしれない。しかし，里親養育は「公的養育」である。委託初期のモニタリングはとりわけ重要である。支援契約とも位置づけられるこの点はしっかり抑えておきたい。

　なお，あらかじめ困難が予想される委託については，目標を短期で低く設定することで里親の心理的軽減を図りながら，頻回の家庭訪問や児童面接，学校訪問などをあらかじめ設定し，集中的な支援を行っている。

　以下，委託初期の支援について段階別に記述する。

170　　第2部　里親委託

●おおむね1か月以内

○家庭訪問を設定し，適応状況の確認を行う。

　頻度：1週間以内に1回，翌週1回，2週間後に1回

→　（ポイント）

①委託直後は，子どもと里親，双方が新しい生活に慣れようとして，さまざまな混乱を伴う時期である。このため，児相や里親支援専門相談員の頻回の訪問に里親が気を遣うことがある。訪問計画を作成し予定日時をあらかじめ伝える，訪問者を固定するなどの配慮も必要。

②里親家庭に実子がいる場合は，委託初期に限らず，家族状況の把握，実子ケアの視点から状況に応じて実子面接も検討する。

③里親にとって，初めての受託は不安が高い。電話などによる小まめな連絡も必要。

●委託後 3か月くらいまで

○家庭訪問継続。頻度は適応状況に応じて1〜2回／月

　児童面接の実施，学校（子どもの所属機関）訪問なども行い，適応状況を確認する。

→　（ポイント）

①子どもが里親家庭に慣れた頃（初期の混乱が収まる，おおむね1か月経過後あたり）は，本児の課題や里親の困り感等が顕在化してくる時期でもある。「子どもも里親も慣れただろうから大丈夫」と気を抜かず，養育状況を確認する。

②児童面接の実施（面接場所は，子どもが安心してゆっくり話せる場所を選ぶ）。

③より第三者的な機関（学校など）からも話を聞く。

④家庭訪問は，児相の場合であれば，里親担当，児童担当ケースワーカーが分担して計画的に行う。訪問後の所内での情報共有を確実にする。

⑤レスパイト制度や養育支援事業等も状況に応じて利用を促す。ただし，筆者の経験上，子どもの適応状態が良くない場合，安易なレスパイト制度の

利用により，子どもの見捨てられ不安が増大し，状態悪化につながった
ケースが複数あった。子どもと里親の状況を把握したうえでの適用が望ま
れる。

⑥実子がいる場合は，実子のフォロー面接も検討する。

●委託後 半年くらいまで

○養育が比較的順調な場合

　家庭訪問の継続。頻度は1回／月程度

　委託6か月経過後の支援枠組み変更を念頭に，養育状況を確認する。

→　（ポイント）

①里親応援ミーティング等を開催し，里親の意見を踏まえ，関係者で今後の
　支援方針や役割分担を確認するのも1つの方法。

②6か月経過後は児相による定期訪問の頻度を下げる（1回／2か月など）ので，
　里親支援専門相談員などにつなぐなど柔軟に対応する。また，学校等に連
　絡を取ることで子どもと里親の状況について引き続き確認する。

③状況に応じて各種制度（養育支援事業やレスパイト制度）の利用を促す。

○養育に不調傾向が見られる場合

　不調傾向は，子ども・里親それぞれからサインが出される。状況に応じて
　迅速な支援が求められる。

→　（ポイント）

①家庭訪問のほか，児相通所を設定。子どもと里親，それぞれの話をじっく
　り聴く。里親には原則夫婦で来所してもらう。

②何が原因で支障が出ているのかを確認し対応策を考える。

（例）・学校への行き渋り発生　→　学校・里親・児相との話し合い設定

　　　・子どもの状態（退行や試し行動など）に困っている　→　アセスメン
　　　　ト結果を改めて説明。家庭内での具体的な対応方法を助言。地域の障
　　　　がい児支援サービス等の利用に向けて，コーディネートを行う。医療

機関受診には同行するなど。

③児童養護施設の里親支援は，施設機能を活かしたレスパイトなど直接的な支援が受けられ，より具体的な養育技術の助言も期待できる。また，子どもを養育する現場の思いも里親と共有できる。里親支援専門相談員と連携した支援を積極的に活用することが望ましい。

④委託後に，里親から改めて子どもの課題や養育上の疑問等を投げかけられることがある。筆者も複数の里親から「一時保護していたのに，児相は子どものことをわかっていない」と厳しい指摘も受けたが，24時間生活を共にしている里親ならではの気づきや疑問，観察結果にはなるほどと思う点も多かった。児相の立場もあるが，里親の話に耳を傾けて，協働して子どもの養育支援を行うという原則を忘れてはならない。

⑤不調傾向が見られる場合には，養育に支障が出ている原因についての把握が重要になる。里親が対応スキルを取得することで改善するのか，地域サービスも含めた各種支援制度の利用や関係機関の調整で軽減するのか，里親親子の関係調整や子ども理解を深めることで変化の兆しが生じるのかなどの見立ても必要だ。しかし，里親が心身共に疲れ果てており，レスパイト制度を利用してもニュートラルな状態に戻れない，里親家庭が崩壊の危機を迎えている，そして，子どもも里親も共に暮らすことを望んでいない場合などは，事態は極めて深刻である。悪循環が続けば，虐待が起こってしまうこともある。このような場合は言うまでもなく，児相の判断が非常に重要になる。

⑥どうしても養育継続が難しい場合は，一時保護等により，再アセスメントを実施するが，子どもと里親双方への納得のいく説明が必要であり，また，今後の方針をどうするかなど，児童相談所には慎重で丁寧な対応が求められる。

6 ―― 児童自立支援計画の作成と共有

　宮島は，『里親養育と里親ソーシャルワーク』（福村出版 2011）において，児童自立支援計画について下記のように述べている。

　　児童自立支援計画とは，子どもの生活を安定させ，子どもの人生を豊かにするための「ケアプラン」だと理解しなければならない。里親での養育だけではなく，児童福祉施設の養育においても児童自立支援計画が，「子どもの生活目標」「子ども自身の課題を達成するための養育者の指導指針・教育目標」であるかのように理解されている例が少なくない。特に里親養育においては，里親家族の生活が安定したものにならない限り，そこで暮らす子どもの福祉が実現しないことを踏まえれば，里親委託のケアプランは，里親家族全体の生活の安定・福祉の増進を総合的に図る視点で作成されたものでなければならず，前述したような矮小化されたものであってはならない。

　大分県でも児童自立支援計画書は作成しているが，前述の宮島の定義に照らし合わせれば，内容は不十分である。とりもなおさず，児相の里親養育チームに対するマネージメント機能の弱さが反映されている。

　それでも，専門用語を並べるのではなく平易な言葉で記述することや，委託前の里親との話し合い等を通じて，里親との一定の合意を得たうえで作成するなど内容の充実に向けて努力しているところではあるが，子どもと里親のための総合的なケアプランと位置づけるには，まだまだ改善点が多くある。

　今後は，児相職員の里親ソーシャルワークに対する理解を高めたうえで，数多くの実践の積み重ねをしながら，よりよい児童自立支援計画の作成を目指していきたい。

　里親支援，特にマネージメントにはさまざまな困難が伴う。筆者もこれま

で，支援について考えあぐね，行き詰まったことが何度となくあった。里親理解（里親の性格，個性や考え方，生活の様子，家族関係等々）と同僚や里親支援専門相談員をはじめとする支援チームによる対応で解決してきたと感じている。

　里親養育の支援者には，里親を深く知り，里親との信頼関係を築くことがまず求められる。これからも，里親に直接会い，丁寧に話を聴くという積み重ねを大事にしたい。

文献
庄司順一・鈴木力・宮島清編（2011）『里親養育と里親ソーシャルワーク』福村出版

第3部
養子縁組

第11章
里親・養子縁組家庭支援の実践から見えてくるもの

◉ 米沢普子（家庭養護促進協会）

1 ── 家庭養護促進協会のはじまり

（1）はじめに

　1958年に第9回国際社会事業会議が東京で開催された。この会議のテーマの1つが，「家庭における児童」というもので，中でもアメリカ政府児童局長エッテンガー女史の「家庭にとどまれない子どもたちのニードについて」という報告は，アメリカでは施設万能の時代はすでに100年前に終わり，施設養護から家庭養護へ重心が移ってきたというもので，当時の神戸市の民生局長であった檜前敏彦氏は日本の里親制度の現状や神戸市の状況を思い合わせて深く熟慮し，里親委託費に神戸市が特別加算し，要保護児童の家庭養護を推進する「小舎制里親家庭」の制度実験計画として，家庭養護寮制度が実施された[*1]。今で言うファミリーホームである。1家庭，2家庭と増加し，1966年当時には11家庭に44名の児童が委託されていた。民間機関である家庭養護寮促進協会が設立され，家庭養護寮を推進する活動が始まった。その後，個別の児童を家庭で養育する里親委託をすすめる1つの方法として1962年より「愛の手運動」が始まり，以後，半世紀あまりが過ぎ，今日に至っている。

　　＊1　家庭養護促進協会 編・発行（1985）『家庭養護の理論と実践』

178　　第3部　養子縁組

（2）愛の手運動と養子縁組

　愛の手運動は行政とマスメディア，民間機関の家庭養護促進協会（以後，協会）との連携で，「今，里親を求める子どもの紹介」をし，里親を市民から広く求める方法でスタートした。紹介される子どもの状況は2〜3年の養育期間をもって，子どもの家庭復帰が見込まれるもの，保護者の行方不明等で長期の養育が見込まれるもの，親権者が将来にむけても養育困難あるいは養育放棄で養子縁組を求めるものであった。できるだけ早期に永続的な家族の元で生活することを第一義的，いわゆるパーマネンシーの保障を念頭において協会はやってきた。親権者の同意の問題等もあり，その考えが常に貫けることはなかったが，結果，恒久的な家族をもたないまま社会に出て，生きづらい思いをしてきた子どもたちも少なからず見てきた。そういった状況の中で，協会発足から20年が経過した際に里親養育の実際を検証するということで，『成人里子の生活と意識』[*2]という実態調査を里親と子どもに協力を得て実施した。その調査において，長期養育の里子と養子縁組の家庭で成長した子どもを比較した結果，「どちらも家族としての一体感はあるが，養子の方が家族の一体感が強く，自分の境遇に対しての不安感が少ない」という結果であった。限られた調査からの考察ではあるが，法律的に結ばれることによる親子間での絆や自己肯定感が強められていると考えられた。

2 ── 里親委託の子どもたちと里親養育の役割

（1）里親委託の子どもたちの状況

　子どもは自己の家庭で健やかに養育されることができればそれが望ましく，何かの事情で親と暮らせない子どもたちに安定した生活環境を整えることもまた社会の責任であり，施設や里親が受け皿となってきた。一方，将来も親が引き取って育てる意志や見込みがたたない場合，恒久的なつながりが保障される養子縁組が望ましいと考えられてきた。

　＊2　家庭養護促進協会 著・発行（1984）『成人里子の生活と意識』

日本のこれまでの里親委託は，親とのかかわりが希薄で長期養育が多いという傾向にあった。親とのかかわりのない子どもにとって，「帰るところがない」「頼るところがない」ことから，措置終了後もその部分を背負ってもらえることを期待して里親委託が進められてきたのではないか。その期待に応えて，里親子間にできた相互の情緒的結びつきから，里親は，精神的に，ある時は経済的援助をし，「実家」として子どもたちの帰れる場所をできる限り提供してきたと言える。家庭養育優先の理念のさらなる具体化がすすむ中，里親の善意や結びつきから生まれる関係だけに頼るのではなく，子どもの自立支援を制度化する必要がある。近年，中・高校生の年齢の子どもの里親委託がすすむ中，その子どもたちの措置終了後にはなお必要性が高いと言える。

(2) 里親の果たす役割

里親養育には特定の大人との信頼関係のもとで養育されることにより，安心感，基本的信頼が子どもに芽生え，自分への自信がみえてくる。里親はまず，子どもにとって安心できる環境を提供できるように努める。安心して寝る，遊ぶ，満足して食べるという，あたりまえの生活を提供することに大きい意味がある。しかし，信頼感や愛着の形成には半年，1年という時間を必要とする。赤ちゃん返りや試しの行動などをともないながら，「ここにいてもいい」という安心感，里親といると困った時に手助けしてくれる，一人の人間として尊重してくれることによって，何よりも共に過ごす時間の中で築く信頼関係や絆ができる。社会的養護の子どもたちは家族の問題とともに居場所をなくしており，親や家庭のイメージが歪んでいたり，形成されていないことが多い。里親養育の役割の1つに家庭生活の中でお互いの思いやりや人間関係のあり方，親や家族のモデルを確立していくことがある。その家庭の地域で培った人間関係や環境を基盤にして里親子は育まれていく。地域の中での暮らしが里親養育のよさである。里親家庭で育ったA子さんは結婚後よく言う。「家の切り盛りをしていると，知らず知らずお母さん（里母）と

同じようにしていることに気づく」と。子育てで迷ったとき，「こんな時お父さんお母さんはどうしていたかな」と少し立ち止まって考えると言う。

3 ── 子どもの福祉のための養子縁組の取り組み

（1）子どものための養子縁組

　これまでの里親制度上の養子縁組里親の位置づけは明確ではなかった。

　里親は子どものために働いている人，養子縁組は子どものいない人のためのもので，大人の望みが優先している，跡取りを求めている人，というような見方をされる傾向があった。前述したように，協会では養子縁組は子どものパーマネンシーを満たすということを基本的に考え推進してきていたので，そういったとらえ方には，養子を育てている人の実際とは異なり，違和感があった。先述の『成人里子の生活と意識』では養育の目的を「跡継ぎ」とした人はわずか1.8％であった。養子縁組を考えるとき，「養子を育てたいと思った動機や目的がどこにあるのか」を希望者自身に問いかけてもらっている。正解のあるものではないが，「家の跡継ぎがほしいため」「老後の安心のために」ということであれば，大人側の望みに片寄っており，「子どものための養子縁組」の意味を希望者には考えてもらってきた。

（2）子どもの養子縁組をすすめる講座開設の意義

　子どもの里親・養子縁組をすすめてきていて，どちらも社会によく理解されているとは言えなかった。そのことを憂慮し，一般向けに子どものための養子縁組にもっと理解を得るチャンスをつくりたいと考え，「養子を育てたい人のための講座」を1989年から開始した。内容は変化があるものの，今でも，年3回兵庫県内3か所で開いている。新聞やテレビ，自治体広報誌等のお知らせ欄に講座案内を掲載をしていただき地道に広報してきた。いまでは，ホームページ等の広報でこの講座を知って受講する人も多い。講座開設から10年が経過したときに，それまでの受講者約600人の協力を得て，ア

ンケート調査*3を実施した。調査の目的の1つに，養子縁組をすすめるために障害となっている社会の意識や制度上の問題を明らかにし，子どもの福祉のための養子縁組を発展させる方法を考察することであった。注目に値することの1つは，「回答者の7割の人は不妊治療中に養子養育の可能性を考えていた」ということであった。その「不妊治療中に知っていたらよかったこと」をいくつかあげている。それらを表1にまとめた。

表1　不妊治療中に知っていたらよかったこと

①申し込み窓口	②子どもとのふれあいの経験
③養子縁組制度の具体的知識や条件	④養親を求める子どもの存在
⑤養子を育てる条件	⑥養親子の実際の姿

　講座では，そういった内容が含まれているだけに，講座を受けたことで，養子養育の心構えができたこと，手続きや流れがわかったこと，真実告知の必要性を実感したことや何より養親の体験談が聞けたことが役に立ったと考える人が多かった。養子を迎えるのは難しいこともあると感じながらも身近に感じたり，希望をいだいたという人が多かったという結果が出ている。

　今の日本は普段の暮らしからは，養子縁組の現実の姿が具体的に分かるような社会ではない。参加者は自分を含めて養子縁組を考えている人たちは少数の人であると予想しての参加であったが，講座に参加してみると，「こんなに多くの人が，同じように養子縁組について考えていることを知って驚いた」という感想が聞こえてくる。「これまでに講座開催の広報をみて，何度も足を運ぼうとしたが，できなくて，今回思い切って参加してよかった」というコメントから見えるように，講座開催は広報や，子どもの福祉のための養子縁組の啓発に一役買っている。

---

　*3　家庭養護促進協会 著・発行（1998）『養親希望者に対する意識調査』

4 ──養子縁組の実際

（1）養子縁組が必要な子ども

　養子縁組は子どもの実親が将来にわたって育てることができない場合，法律的にも保障された永続的な親子関係の中で，子どもが安心して成長することができるために，大切な制度である。まずは，養子縁組に取り組む前に，親子が一緒に暮らせるよう，その問題解決を援助する施策が用意されなければならない。親子再構築のための目に見えるプログラムが求められる。それにもかかわらず家族の再統合の方向性がない場合，親族での養育，養子縁組，里親委託が用意される。例えば，病院に置き去りになったり，遺棄された子ども，父母が死亡の場合，帰る家庭がないということから，できるだけ早期に永続的な親子関係に措置されることが子どもにも望ましい。親も親族も養育の見込みがない場合は養子縁組の可能性を探ることが望まれる。養子縁組は低年齢児が多い傾向にあるが，その対象は新生児から未成年者まで幅は広い。新生児委託は養親が子どもに愛情を抱きやすく，生後早くから子どもの欲求に応答的対応がとれ，子どもにとっても良好な関係だが，養子縁組への実親の同意に十分に考える時間と環境が望まれる。生みの親が子どもを手離した後，一人の人間としての自立が共に望まれるからである。子どもが生まれる前からの相談であっても，生まれてから改めての同意を得ることが望ましいと考える。それが生後1週間目なのか，1か月目なのかは議論のある点でもある。同意のあり方は，子どもの視点にたっても考慮が求められる。養子は成長の段階で，あるときは，自分を育てなかった親に怒りをもつこともあり，また，あるときは，生みの親は子どもを手離す決断をしたとき，一人の人間として尊重されて決めたのであろうかと考えることがある。そういう養子の疑問や感情のゆれがあったときに，不信を残さない経過が必要である。

（2）マッチングを踏まえた家庭調査

　子どもと養親とのマッチングの重要性はどこでも述べられている。マッチ

ングを考えるにあたって養親希望者について必要な情報は面接，家庭訪問調査，研修等で，チャンスをつくって，異なった場面で得ることが大事である。その人をよく知るということはよいマッチング，支援につながるからである。基本的な事柄，経済状況，健康状態，安全な住宅環境等はここでは除くが，次にあげることは養育に大いに意味がある事柄である。

　①動機やきっかけ，②養親希望者の育った環境，どのように成長したかの生育史，家族についての情報，それらが今の自分にどのような影響を与えているのか，③家族以外の人間関係を受け入れる下地があるか……そういったワークの中で，里親の強み，弱みを当事者間で共有し，さらに，現在の里親養育に適切でないことがあれば，できるだけ伝え，話し合っていく。あるいは研修や先輩の体験から学ぶ機会の提案をするなどの方法もとれる。

(3) 養親や子どもへの情報提供

養親への情報提供

　養親になるにあたっての子どもに関する情報の提供だが，①子どものこれまでの養育環境，②養子養育を必要とする理由，③親の子どもへの思い，行動等である。さらに，子ども自身のこと：①年齢，性別，成長プロセスの心身の発達，②病歴，現疾患，アレルギー等の有無，③発達課題，④虐待の有無である。子どもの状況で，子どもを受け入れた後，時に問題が起きてから，「実は……」と情報が入るようなことになれば信頼関係を損なうおそれが多い。養育を委ねる里親との間では，"ノーシークレット，ノーサプライズ"が提唱されていると聞いている（米国のソーシャルワーカーの話）[4]。子どもに起こったことは大概後でわかる……（英国でのソーシャルワーカーの話）のことばを思い浮かべる。もちろん，その情報の伝え方に段階があり，表現のあり方も考慮を要する。里親や養親は子どもの個人情報の取り扱いには高い意識をもって，対応しなければならない。

　＊4　家庭養護促進協会 著・発行（2013）『アメリカから学ぶ困難な課題をもつ子どもの里親養育』

子どもに何を伝えるか

　里親委託に際して，子どもの年齢や理解を考慮して，何を，どのように話すかという検討が必要である。乳児の場合は言葉の理解ができなくても，状況を語りかけする場面もある。小学校に入学する前後の年齢になると，理解に応じて，なぜ，親や家族と暮らせないか，新しい家族をもつ意味，これから子ども自身がどのようになるのか，見通しがもてるように話をする。その際，養親以外にも見守り，相談できる人がいることを知らせておく。

（4）真実告知と生い立ちの受容への援助

　里親，養親は真実告知をするという役割がある。「生みの親ではないが，私たちが親であり，あなたは大切な子どもである」ということを告げることから始まる。親子でないということではなく，自分たちは自ら望み，あなたと家族になり，人生を共にするということを伝えることである。後者に重きと今後がある。いわば，子どもたちにこれらにまつわる話題の扉を開いたということであり，成長と共に気づきがあれば，親に「いつでも，自分のことを聞いていいんだよ」ということを知らせたことである。最初の告知はあまりかしこまったり，「もう二度と告知をしない」という硬い態度は禁物である。だからといって，軽過ぎる感じもいかがなものかとも思う。

　協会の仕事を通して，自分のルーツをたずねてくる思春期以降の子どもと話をしていて，里親・養親は告知だけでなく，生活のエピソードを含めた成長のプロセスや生い立ちを話してやってほしいという思いが強くなった。その必要性をどのように里親や養親に伝えていこうかと考えていた頃，イギリスを訪問したとき，ライフストリーワークのことを聞いた。幾人ものソーシャルワーカーから「ライフストーリーワーク」の本を紹介された。親から離れて暮らす子どもの思い出は環境が移るたびに消え去っていく。子どもと共に子どもの財産として新しい環境に移る時（親，施設～養親・里親へ），思い出の記録も一緒に移動することが望ましい。ライフストーリーワークはライフストリーブックをつくることも含め，生い立ちを子どもが理解し受け入れ

ていくための取り組みである。その際，母子健康手帳・心身の成長記録・アルバム・成長のプロセスでのエピソード・実親から託されている品物があればそれらは貴重な記録の素材になる。

（5）ルーツ探しと出自に関する情報の開示について

協会に自分のルーツについてたずねてくる思春期以降や大人になった養子たちがいる。ルーツを知りたいと思っている養子がすべて生みの親に会いたいと思っているわけではない。そうした場合，協会では，まず，養父母から自分のことをどのように聞いているか尋ねてから向き合うことにしている。養子縁組の場合，例えば，10年，20年の歳月が経過している場合もある。生みの親の生活も変化しており，養子の側からの会いたいという希望を拒まれることもあるかもしれない。いい出会いができるのか，出会うことによって養子が重荷を背負うことになるのか，その幅は広い。そのどちらの結果になっても，自分自身を見失うことなく，一人の人間として，しっかり生きていくことが必要で，ルーツ探しにはその心構えがいる。

日本の場合，いわゆる記録の開示を求めなくても親を知ることはできるはずであり，少なくとも，特別養子縁組が制度化された時はそうであった。出自を知る権利を保障するために，戸籍が作成されることになったと承知している。しかし，記録の開示を求めることでしか，自分の生い立ちを知ることができないということもあってはいけない。記録の開示の前に必ず，養子縁組の実際をよく分かったソーシャルワーカーとの面接，またはカウンセリングを受けてから，必要であれば，開示が行われることが望ましいと考える。

〈事例から　今度生まれ変わったら〉

生後10か月に養親家庭に迎えられたM子さん。養親から「養子である」ことは，幼い時に聞き，年齢とともに，元の家族が当時どのようであったか，なぜ，養子縁組になったかという事情を聞いていた。結婚し，子ども2人にも恵まれて充実した暮らしが営まれている。数年前に養母を病気で

亡くしていた。彼女は自分のルーツについて聞きたいと思うところがあり，協会の事務所を訪ねてくれた。その時に上記の様子が話されていた。しっかりと大人になっている姿は，幼かった頃のかわいかった印象を残している彼女と重なり歳月を感じた。私たちは彼女の望むことの手助けは少ししかできなかった。

　帰り際，彼女が語り始めた。「私は生まれ変わっても，お父さん，お母さんと暮らしたい」。それを聞くと「いいお父さん，お母さんだったんだな」と受け止める人は多いであろう。養親の存在を肯定的に受け止めていることは関わったものとしてうれしいことである。さらに「もう，一度，ここで（協会で）お世話になって，あの家で暮らしたい」と彼女の言葉がつながっていった。生みの親のこと，養子になったこと，養父母のことすべて含めて，自分のライフストーリーとして OK と受け止めているという気持ちの表現だったと受け取れた。人は過去がありその続きに現在があり，そして未来につながっていき，それぞれのライフストーリーを抱えて生きていくことになるが，養子であることも含めて「これでよかった」と語れることがあれば十分だと思っている。ライフストーリーを抱えて生きる当事者の子どもにとって，自分の人生の節々，告知を受けたことから始まり，思春期，結婚，子どもの出産，養父母の死に遭遇するその時々に，考えることがある。それは良いとか悪いとかでなく生涯続くことである。ライフストーリーを抱えて生きるということの大切さをこの20年でさらに感じる。

5 ── 今後について

（1）里親，養子縁組の推進と効果的広報

　未委託里親は全国的に相当の数にはなるが，現場で働くワーカーは里親が足りているとは実感していない。現実に，1人の里親委託の候補児を前にしてすぐにマッチングにつながるばかりではないからである。

　家族と面会の必要な子ども，障がいのある子ども，高年齢児はこれまで施

設優先になっていたが，里親にもいろんな状況の子どもの受け入れが望まれる。短期間の養育は引き受けやすい里親もある。現実にダウン症の子どもの里親養育にも取り組まれつつある。また，障害児施設に入所中の子どもの週末里親が求められることも増えた。それには障害児施設との連携も深めなければならない。さらに，乳幼児期の子どもの育つ環境を，家庭環境をファーストにというスローガンのもと，絶対的受け皿が十分という状況ではないがゆえに，効果的なリクルートを求め続けなければならない。

アメリカのNAC（New Alternatives for Children）という困難な課題をかかえる子どもの里親委託をすすめる機関には，リクルーターという専門のワーカーがいるという。いろんな会合，研修会，講演会に，スペースをもらい，里親の広報の機会を得るという。注目を引いたのが，例えば，糖尿病の講演会には，糖尿病に対する理解が進んでいる参加者や当事者の家族もおり，糖尿病のある子どもの里親候補がいる可能性があるということで出向いていくということだった[5]。発想の転換を求められる取り組みと言える。

「生きている限り人のぬくもりを感じ，喜びや楽しみが得られる環境を子どもは必要としている」。これはかつて神戸に招聘したHIVの子どもたちの里親養育にたずさわっていたアメリカの専門里親のドーン・イングリッシュさんの言葉である。その当たり前のことを子どもに提供していくには，多くの，多様な里親が求められる。それは里親を求める効果的な方法を探る中から生まれてくる。里親リクルートとともに，公民機関のそれぞれの現場で，促進への努力をもって底上げを目指す，地道な努力を続ける必要がある。

(2) ポストアダプションの課題への対応

養子縁組後の養子縁組にまつわる相談を受ける機関の必要性が高まっている。その活動は，①成人した養子が自分の生い立ちを知りたい，あるいは生みの親に会いたいと考えている成長した養子に対しての相談やカウンセリング，②養親や養子が養子縁組に関することでトラブルに遭遇したとき，③過

---

[5]　注5を参照。

去に何らかの事情のために子どもを養子に出した生みの親に対してなどで，親探しそのものをすることや養子斡旋ではない。養子自身の情報についての援助は，基本的に養子縁組に関わった機関がすることが望ましい。しかし，一方では，ポストアダプションセンターとして，協会のような機関が親探しの前に考えておくこと，配慮することなどの面接やカウンセリングの援助は欠かせない。ルーツ探しは当事者の1人である養子だけのことで終わらない多くの人を巻き込むことになるからである。

（3）自立の援助のために

里親養育が終了して，子どもは実際に実社会に出てみると，保証人の問題や，自身の生活そのもので困難に遭遇することも多い[6]。制度から離れる子どもを，例えば子どもが25歳位まで支援する体制が必要なのではないか。今，チーム養育が言われている。そのチーム養育のメンバーであった人が，子どもとも協議のうえで，実際上のサポーター（後見人的立場）になり，子どもの身近な相談相手として，子どもの支援に関われるような制度の検討の余地はないだろうか。もちろん，それまでの養育里親もその意志でサポーターになることができる。

里親家庭に限らず社会的養護の子どもたちはさまざまな困難を乗り越えなければならない。1人の大人として生きていくための「レジリエンス」には「ここに自分の居場所がある」「自分のことを心配してくれ，見守ってくれる人がいる」「必要とする社会的サポートが得られる」「自分のことが分かっている」ことなどが必要であり，子ども自身が感じられるような環境づくりが求められる。

文献
新たな社会的養護の在り方に関する検討会（2017）『新しい社会的養育ビジョン』

---

[6] 転職等がうまくいかず，心理的にも頼れる存在がなくて，さみしさをつのらせ，生きる希望すら失いかねない状況に陥ることを1人でも減らしたい。

第12章
妊娠相談が果たす役割

◉ 姜　恩和（埼玉県立大学）／下園和子（熊本母と子の相談室）

1 ──── はじめに

　妊娠相談には，妊娠期のからだのことや，妊娠中絶のこと，出産・健診に
かかるお金のこと，不妊・不育症から産後の子育てに関してまでの幅広い内
容が含まれるが，本稿はその中でも，思いがけない妊娠で悩んでいる女性か
らの相談に対応する，いわゆる妊娠SOS相談に重点をおいて述べる。

　社会保障審議会児童部会児童虐待等要保護事例の検証に関する専門委員会
（2017）の報告によると，2003年7月から2016年3月31日までに心中以外で
虐待死した子どもは678人に上り，その中でも生まれて24時間以内に死亡
した0日死亡児は18.3％の124人である。0日児死亡の加害者は実母が
94.3％を占め，医療機関での分娩は皆無である。第13次報告の0日死亡は
11人で，妊娠期における問題は「予期しない妊娠／計画していない妊娠」
「若年（10代）妊娠」「母子健康手帳の未発行」「妊婦健診未受診」の多さが
目立つ（複数回答）。このような状況に対して，厚生労働省は，2011年7月
に「妊娠期からの妊娠・出産・子育て等に係る相談体制等の整備について」
という通知を出した。これは，特に0日・0か月の子どもの虐待死をなくす
ことを目標に相談体制を整備すること，また関連機関のより柔軟な活用を呼
びかける内容である。その後，全国の自治体で妊娠SOS相談を開始する動
きが始まり，一般社団法人全国妊娠SOSネットワークの調べによると，

190　　第3部　養子縁組

2017年3月現在全国に40か所の相談窓口があるという。そのうち，民間独自の相談窓口は6か所で，それ以外は自治体直営または自治体からの委託を受けた助産師会や看護協会が担っている。

　妊娠SOS相談の目的は，思いがけない妊娠をして悩んでいる女性の気持ちを受け止め，その背景や心理を理解し，さまざまな社会資源や制度についての情報提供を行うこと，さらにそれらの制度を活用し，迅速かつ確実に支援につなぐことである。その延長線上に，未受診・飛び込み出産や0日虐待死の予防があり，母子の安全が守られることになる。

2 ──── 全国の相談窓口の状況

　相談窓口は決まった曜日と時間帯に，電話とメールで相談を受け付けており，助産師・保健師が対応している。相談費用が無料で電話代は発信者が負担する形が大半であるが，フリーダイヤルで運営している相談所も4か所ある。そのうち，自治体では大分県が唯一で，他の3か所はいずれも民間機関であり，熊本市の慈恵病院と「命をつなぎはぐくむハートtoハート」，名古屋市の「一般社団法人ライフホープネットワーク」である。さらに，熊本市の2か所は，24時間365日体制で運営されており，これは全国でもこの2か所のみである。

　以下は，2015年に日本財団が行った「妊娠相談SOS事業　委託自治体・相談員向けアンケート結果（平成27年2〜3月実施）」から抜粋した内容である。

　相談員の職種は，自治体の多くが助産師会に運営を委託していることもあり，助産師が最も多く，続いて保健師，看護師という順になっておりすべて医療職である。1か月の相談回数は1〜2回が20人，3〜6回が13人，6〜9回が11人，10回以上が4人で，相談回数は概して少ない状況となっている。相談者の女性の背景は，下記のとおりである。

A	妊娠を受け入れられない，どうしていいかわからない等	35
B	避妊・妊娠・出産に関する知識がない	31
C	胎児，または生まれた子どもに愛情をもてない，育児不安・ストレス	13
D	精神的な課題を抱え心身が不安定	20
E	若年，学生	44
F	パートナーとの不和・DV	22
G	パートナーからの経済的支援がない	19
H	家族や親せき，友人など支援してくれる人がいない	27
I	失業や仕事が安定しないなどで，経済的に困難	27
J	妊婦健診を定期的に受けていない	7
K	未熟児，障害児などで何らかの育てにくさを抱えている	0
L	その他	2

　上記の表から，若年，学生からの相談が多く，妊娠に対しての戸惑い・葛藤を抱えての相談が多い状況がうかがえる。妊娠と避妊の仕組みについての知識がなく，経済的困窮と周りに支援者がいない孤独な状況の中で電話に頼って相談してくるのである。

　次は，「相談者に連携先として紹介するところ」である。

A	民間養子縁組団体	9
B	産婦人科	18
C	保健所	15
D	保健センター	30
E	役所（住民・保健・福祉関係）	23
F	児童相談所	22
G	家庭児童相談室	10
H	警察	1
I	弁護士	1
J	社会福祉協議会	3
K	婦人相談所（女性相談センター）	12
L	民間相談機関	1
M	子育て・女性健康支援センター（助産師会）	4
N	その他	1

　連携先としては，保健センター・保健所の比重が高く，続いて役所，児童相談所の順であり，公的機関が中心となっている。民間機関としては，養子縁組団体が連携先としてあげられている。

相談を受けていて困難を感じるときについては，「相談員としての資質・スキル不足，自身の知識不足」が最も多く，続いて「連携先がない」「財源不足」の順である。資質・スキルについての課題が多くあげられているのは，相談員は医療従事者が多いのに対して，相談者のニーズは，医療的な知識のみならず，貧困への対応，育てられない場合の選択肢など，社会の資源をいかにつなげられるかという，福祉課題に深く関係していることが大きい。

3 ── 妊娠SOS相談の役割

　相談にくる女性は，未受診の場合も少なくなく，若年，貧困，孤立，性産業従事，精神疾患等の問題を背負っている。相談電話自体が大きな一歩であり，このつながりを非常に貴重なチャンスとして捉える姿勢が求められる。妊娠に至った経緯について価値判断をしたりすると，たちまち相談者との細い糸が切れてしまう危険性があり，まずは相談者の思いを受け止め，信頼を得ながらニーズを引き出すインテークとアセスメントスキルが必要になる。

　妊娠SOS相談の役割は下記の3点にまとめられよう。

　まず，「妊娠」についての気持ちの整理ができるように手助けする役割である。子どもを産むのか妊娠中絶するのか，産んでも自分で育てられるかどうかなどについて，誰にも相談できず1人で抱えて悩んでいる場合，とりわけ周囲に出産を反対されて孤立している場合，本人の気持ちに寄り添いながらエンパワメントし，女性の自尊心を回復するという役割を担っている。

　2つ目は，情報提供の役割である。相談の中には，妊娠したかどうか，避妊の方法などの相談も少なくなく，周りになかなか聞けないまま相談してくるケースが多いため，妊娠・避妊の仕組みについての情報提供が求められる。さらに，自分で育てる場合と育てられない場合に，それぞれどのような支援や制度があるかを伝えることも重要な役割がある。相談内容が経済的支援や社会的養護分野に及ぶと，社会福祉の知識が多く求められ，相談員に保健師・助産師のみならず，社会福祉士が加わるか，あるいは確実な連携体制で

迅速に対応することが求められる。

　3つ目は，周囲につなげていく役割で，大きく2つのパターンに分けることができる。1つは，特に若年層の場合，親になかなか言えないまま時間が過ぎていく場合が珍しくないが，相談過程をとおして家族に打ち明けられるようになり，その結果家族に支えられながら次のステップに進んでいくケースである。もう1つは，母子健康手帳を取得しておらず，妊婦健診も受けていないような場合，地元の関係機関につなげ，必要なサービスを受けられるように状況を整えていく役割である。これは，飛び込み分娩や自宅分娩などのリスクを未然に防ぐという意味でもきわめて重要な役割である。

4 ─── 今後の課題

（1）妊娠相談体制の強化

　全国に40か所の相談所があるが，まだ窓口が設置されていない県も20か所あり，慈恵病院と大阪府のにんしんSOSに全国から相談が集中するなど，地元で十分な相談支援を受けられる状況が整っているとはいえない。妊娠相談の取り組みが先行しているドイツでは，2014年5月1日に「妊婦に対する支援の強化及び秘密出産の規制に関する法律」が施行され，「妊娠の葛藤状態の回避及び克服のための法律」に基づき，人口4万人あたり1人以上の相談員の配置が規定されている。オンライン相談も可能だが，基本は面談での相談であり，これは相談所がアクセスしやすい場所に設置されているからこそ可能なことである。日本では，面談ではなく電話やメール相談が主であるが，相談所の拡充は，面談だけでなく，同行支援を可能にするという点でも大きな意味をもつ。特に公的な窓口の敷居が高いと感じる女性にとって，同行支援は非常に有効である。

　相談先へのアクセスの面を考えると，全国各地の相談窓口が少しずつ認知度を広げつつあるが，情報がなく，あるいは自らアクセスすることがなかなかできない女性に対して，どれだけ幅広く門戸を開いて対応できるかが大き

194　　第3部　養子縁組

な課題となっている。上述のとおり，現在24時間365日体制で相談を受け付けているのは，熊本市にある民間機関2か所のみであるが，各地で相談体制の強化，および受信者負担での取り組みを増やしていくことにより，経済的に困窮している女性の相談をより広く受け止められることができるようになると思われる。

（2）相談所と関係機関との連携強化

　妊娠相談所と関係機関との連携体制を整えておくことが重要である。赤尾（2015）は，連携の目的は，相談者が適切な機関とつながって支援が始まり，相談者の問題解決とともに，母子の安全が確保されることとし，連携が適切に行われないと，ケースが孤立し，さらなるリスクを抱え，母子ともに危機的状況に陥ることも考えられると指摘している。初回相談が相談者にとっては適切な機関とつながる「ラストチャンス」になりうることを認識し，自治体や児童相談所，保健所などの公的機関のみならず，医療機関，養子縁組団体，シェルターなど，地域ごとに関係機関同士の連携体制を多角度で検討しておくことが必要である。そのためには，何よりも関係機関が妊娠SOS相談所の目的と役割を認識し，母子の安全と虐待予防の窓口の最前線として認め，連携体制を組むことが求められる。

　本稿では，妊娠相談の中でも，思いがけない妊娠で悩んでいる女性からの相談に対応する，妊娠SOS相談について述べた。2017年6月13日に採決された「児童福祉法及び児童虐待の防止等に関する法律の一部を改正する法律案」の参議院付帯決議では，「六，予期せぬ妊娠をした妊婦や養育困難と見込まれる妊婦に対する支援については，妊娠中から特別養子縁組も視野に入れて児童相談所や民間団体との連携を深めること。また，妊娠を他者に知られたくない女性に対する相談支援の方策について検討すること」としており，妊娠期からの切れ目のない支援策の構築は，社会で共有されている喫緊の課題である。

今後は，妊娠相談体制を強化していくとともに，母子健康手帳の取得，妊娠期から産後の自立までを視野に入れた，ワンストップでサービスを提供できる拠点を，少なくとも県ごとに1か所ずつ設置するなどの対策も必要であると考える。思いがけない妊娠が望んだ妊娠へ変わっていくような支援をしていくのと同時に（佐藤 2017），最後まで匿名性を貫きたいと強く願う女性がいることを踏まえ，諸外国の例を参考にしながら，内密出産や匿名出産の導入についても真剣に検討されるべき時期にあると言えよう。　　（姜　恩和）

文献

赤尾さく美編（2015）『妊娠相談の現場で役立つ！　妊娠SOS相談対応ガイドブック』日本財団

一般社団法人全国妊娠SOSネットワーク http://zenninnet-sos.org/（2017年6月25日閲覧）

厚生労働省（2017）社会保障審議会児童部会児童虐待等要保護事例の検証に関する専門委員会『子ども虐待による死亡事例等の検証結果等について　第13次報告』

日本財団ハッピーゆりかごプロジェクト『妊娠相談SOS事業　委託自治体・相談員向けアンケート結果（平成27年2～3月実施）』

佐藤拓代（2017）「思いがけない妊娠に関する相談窓口の取り組み」『子どもの虐待とネグレクト』19（1），54～58頁

渡辺富久子（2014）「ドイツにおける秘密出産の制度化——匿名出産及び赤ちゃんポストの経験を踏まえて」『外国の立法』260，65～82頁

5 ── 実践者の立場から

　筆者（下園）は，「こうのとりのゆりかご」（いわゆる「赤ちゃんポスト」。以下，ゆりかご）を運営する慈恵病院に看護師長として勤務した。その後，同じ熊本市内の福田病院に移った。福田病院は，日本で初めて特別養子縁組あっせん事業の届け出をした医療機関である。現在は，養子縁組のあっせん事業を行う産婦人科の全国ネットワークである「あんしん母と子の産婦人科連絡協議会」の顧問や里親と委託児童を支援するNPO法人の理事をしながら，母乳育児などに関する相談に取り組んでいる。

　厚生労働省児童虐待等要保護事例の検証報告によると，2003年7月1日〜2014年3月末日までに，生後0日で発生した虐待死事例98例の中に，医療機関で出産した事例は1例もない。そしてこの98例のうち92例は，実母が加害者である。加害者となった母親たちは，ゆりかごに子どもを預けた母親と同様に，妊婦健康診査未受診，母子健康手帳未発行，いわゆる「望まない妊娠」，20歳未満での妊娠などの課題を抱えていたと報告されている。

　ゆりかごに子どもを入れれば，それで問題が解決するわけではない。ゆりかごがあることによって，介助者なしの危険な自宅分娩や車中での分娩が増えるのではないか。当初から，そうした懸念があった。検証委員会から，「安易な預け入れを助長する可能性がある」と指摘されたが，実際に事前に相談することができて，支援を受けることさえできていれば自分で育てることができたと思われた事例も多い。

　ゆりかごは，安全な場所ではあっても，子どもは遺棄されたという扱いになり，たった1人の戸籍がつくられ，自分の出自を知ることができない。その後乳児院に入所し，そのうちの一部の子どもが里親委託になり，さらに一部の子どもが特別養子縁組となる。

　特別養子縁組が成立しても，実母も，子どもも，養親も，それですべてが解決するのではない。皆，新たな悩みを抱えながら生きていく。養親は，いったんは赤ちゃんとの縁が結ばれた喜びに満たされるが，子どもに事実をど

第12章　妊娠相談が果たす役割　**197**

う伝えるかなど，子どもの成長とともに姿を変える子どもを迎えたがゆえの苦悩と共に生きることになる。何よりも養子となった子どもが，どんなに養親をはじめとする周囲の人々から愛されようとも自らを肯定的に生きることが難しいのだということを知るようになった。だから，筆者は，「相談」に取り組むことこそが重要だという確信を強めていった。

　相談をしてくださる方へは，可能な限り，実際にそうした課題があることを説明する。また，可能と思われる支援について伝える。これらについての事実を理解してもらいながら，しかも誘導や強制となることを避ける。何よりも，「育てたいか」「育てられるのか」を，自分の意志で選択してもらうこと，覚悟をしてもらうことこそが重要だと考えてきた。

6 ── 子どもを養子に出したい（託したい）と
　　　　申し出る人々の状況

　妊娠の事実を受け入れられず，産む産まないという以前に，「消えてしまいたい」「死にたい」と悩む方，その思いを母娘共に抱き心中を考える方もいる。このような妊娠の葛藤は，受け入れがたいことを受け入れていく「がん告知」などの場合に酷似している。

　このように，妊娠の葛藤は，きわめて深刻なものだが，妊娠の経過や養子として託そうとする事由や背景は，実にさまざまである。具体的には，若年での妊娠（小学生・中学生・高校生・大学生など），男性の身勝手や無責任（妊娠が分かった後連絡が途絶える。否定。中絶を強要。実際は，妻子がいた等々），性被害など事件性のある妊娠，出会い系サイトや風俗の仕事による性交での妊娠（相手が不明），性虐待，不倫，貧困等経済的な問題，多子，知的障害，精神疾患，婚姻外の妊娠等で世間体が悪い。費用がなく中絶可能時期を過ぎてしまった，特別養子縁組として託すことを経験しながらこれを繰り返す人，胎児異常や新生児の奇形を受け止められない，医師から障害をもつリスクがあるという説明を受けて悲観した等々と多岐にわたっている。

このような妊娠の先には，さらに奥深く，複雑な問題があることが少なくない。妊娠した若年者には，不登校を経験し，性教育を受ける機会を逸したり，他者と接する機会が少なかったりする小中高生がしばしばみられる。経済的・社会的には恵まれた環境には見えるものの，家庭内にあるのは希薄な関係であり，世間体を極度に気にするような例もある。申し出には，未婚，既婚夫婦の別はない。電話代もない程困窮していると訴える方，昼夜逆転で飲酒を続け周囲とほとんど関わりがないと話される方，話の内容から精神疾患が疑われる方，そもそも妊娠の事実はないのではないかと思われる方なども決して少なくはない。そのような相談が深夜にも入ってくる。訴えの内容は，必ずしも事実とは限らない。2人目の妊娠だと訴えたが，実際には5人目であり，上4人の子どもたちの養育に問題があり，児童相談所や保健師が関わっていたため，妊娠を隠すために生まれる子どもを養子としたいということであった。

　養子縁組あっせん事業を行う産婦人科の相談窓口であることから，相談者は，妊娠の事実を地元で知られることを恐れて，たとえ距離が離れていても「駆けつけたい」と申し出ることが多い。しかし，むやみに来院を促すことは好ましくない。できれば，その方が生活している地域の，その方が生活する地域の事情に精通した関係機関（要保護児童対策地域協議会等）と連携しながら支援することが望ましい結果をもたらす。

　次節では，実際に相談を受ける際に留意すべき事項について述べる。そこでの記述は，実務を担う方を読者として想定した記述となることをあらかじめ申し上げる。

7 ── 相談を受ける際に留意すべき事項：相談関係を継続し，自宅分娩の回避を図る

（1）最初の確認

　電話が非通知設定で入る場合には，内容がきわめて重い場合や，一方で，

いたずら電話である場合もある。このため，「声や話し方の特徴」に注意を払い，記憶するように努める。電話は苦手だとのことで，メールでの相談を希望する人もいる。文字情報だけのやりとりには制約があり，もどかしいが，メンタルヘルス上の問題を抱えていることも多いので留意をしなければならない。相談者の訴えに寄り添いながら，決して「問いつめられた」と受け取られないように注意しつつ，妊娠の時期，緊急性，内容の信憑性，身元確認をすること（社会調査依頼）が必要，かつ，法的に可能かどうかなどについて判断する。

このとき，妊娠カレンダー（早見表）を手元に置いて相談を受けることが大切である。妊娠週数の数え方は，最終月経初日が妊娠0週0日となり，妊娠もしていないのにカウントしていくことになる。交際期間と妊娠週数が合わないと怒る男性がいるのはこうしたことから生じる。最終月経の確認（必要時それ以前の月経），分娩予定日，妊娠週数，母児の異常の有無により，緊急性の度合いも選択肢も決断すべきことも支援内容も異なる。初期中絶なのか？ 中期なのか？ 産む選択肢のみか？ 精度の高い情報を収集する。例えば妊娠初期の「お腹が痛い」「出血しています」は，流産の兆候のための出血の他，子宮外妊娠で緊急手術が必要となることもある。妊娠後期は早産なのか，それとも正期産の陣痛なのか，母児の生命に危険が及ぶ緊急性の高い「常位胎盤早期剥離」の徴候なのか。いずれにしても産科病院での診察が不可欠である。

(2) 相談をしてもらうために大事なこと

「実際に起きていること」を，相談を通じてどう把握するか？ 聞くべきポイントは聞きつつ「問いつめること」にならないためには，まずは落ち着いた声で対応し，安心感をもってもらい，受ける側に守秘義務があることを伝える。これによって真意を聞くことがはじまる。共感や忍耐心をもって対話をし，耳と心を傾けて聴く。状況の説明に矛盾や疑義があってもとがめず，深くは追及しない。身体的成熟での妊娠を肯定し，育てられるかどうかを一

緒に具体的に考える。

　経験を重ねるまでは，記録用紙やアセスメントシートへの記入に関心がいってしまって，たたみかけるようなやりとりになりがちである。しかし，慣れてくれば，やりとりの中で，「ところであなたは……？　それで今は……？」と，会話の流れを通じて自然に，相談者に関する具体的なこと（属性等）を確認することができるようになる。電話の向こうからは相談者の息づかいさえもが伝わってくる。やっとの思いで電話をかけてきた相談者は，秘密が守られるかどうか，救われるのかどうか？　と疑心暗鬼の中で耳を研ぎ澄まし感性を集中して，電話の受け手を評価し判断をしているものである。

（3）相談を継続し，支援を継続するための工夫。例えばニックネームを用いること

　支援を継続することが必要ながら，名前や属性を明かすことがなく，出産までの期間が一定程度ある場合には，「他の相談員でも事情がわかるように，果物の名前でよいので，ニックネームを決めましょう」と提案するようにしてきた。相談者は，心身ともに重い負担を背負い続けている。無理をしない，かつ，いつでも「本題」に入れる体制をつくり，その軽減を図れるようにする。

（4）支援関係成立後の対応（経済的な問題への関わり，家族への支援，地域との連携）

　出産するか中絶するかを悩み続け，かつ，医療機関へ受診する費用がないとき，1つの方法として，本人記載の妊娠届（医師の証明書ではない）を提出して母子健康手帳を取得し，妊婦健康診査受診票を得れば，初診費用を確保できることを伝える。妊娠初期血液検査は，中絶を選択する場合の手術前血液検査項目としての役割を果たすこともある。

　出産が近いと予測される時は，まずは診察をすることが必要であり，あなたのことが心配である旨を伝える。初診の時に，診察の会計を待ってもらい

母子健康手帳の交付を受けて，妊婦健康診査受診票を用いて，血液検査や妊婦健康診査を実施するという方法があることを説明する。また，生活保護を受けている方や非課税世帯であれば，助産制度が利用できることや手続きについても説明する。保健師との連携ができれば，これらの一連の動きについて助けてもらうことができる。受診が実現できれば母児の健康状態が把握できる。受診時に支援者や保健師が付き添えば，より詳しい聞き取りや観察ができる。また，選択肢や支援の内容を具体的に示すことができるようになる。超音波検査を受け，胎児の存在が可視化されることにより，それ以降の決断が現実的なものになっていく。家族関係に葛藤がある場合は，妊娠した女性は自分では家族に妊娠の事実を伝えられない。告白を求めることで追いつめてしまう例があることを十分配意したうえで，特別養子縁組を選ぶこと含めて，支援者から家族に説明することも可能であることを伝える。

妊娠週数によっては入院の予約や分娩を受け入れてもらえない地域がある。遠隔地であっても，このことを伝えることが，関係機関に情報を提供し連携することが必要であることについて，相談者からの信頼を得て承諾を得やすくする。丁寧に受診の勧奨をして安心で安全な分娩へと導くことが肝要である。

複合的な課題を抱える場合には，医療，保健，福祉分野にわたる広範な知識が不可欠であり，関係機関との連携と協働がなければ対処できない。しかも，人と人のレベルで機関と機関とがつながる必要がある。何とかしたいという相談者に向き合う姿勢と切磋琢磨することが，機関や立場を超えた協働の力を生む。

8 ──ハイリスク妊娠への対応

未受診妊娠（妊婦健康診査受診回数3回以下，あるいは，妊婦健康診査に3か月以上の中断があったもの）は，医学的にも，社会的にも深刻な問題を抱えた「ハイリスク妊娠」と受け止め，このような事例では，いっそうの危機感と

責任感をもって対応する必要がある。

（1）陣痛発来時の緊急性判断

119番通報をしにくい状況や背景があるからこその電話相談であることを踏まえて対応しなければならない。すでに陣痛が始まっていると予想される場合には，「妊婦のお腹に手を当てている」状態をイメージし，陣痛の間歇や発作時間を，会話の途切れる様子や息づかいから推察して緊急度を判断する。

姿の見えない母児について，初産か経産婦か？　早産か正期産か？　破水や出血は？　その内容や量は？　陣痛発来から分娩所要時間は？　時間をかけて説得する余裕があるのかないのか？　などを見極めなければならない。

多くの方が，「救急車には，サイレンを鳴らさないで来てほしい」と言う。しかし，救急搬送に支障をきたすためその要求は通らない。どうしてもと拒み，そのための遅れと危険を回避するために，身体的な安全が確保できるなら，居住地が特定できないコンビニエンスストアから119番通報をすることを勧めてきた。

分娩開始の徴候（陣痛・破水・出血）が見られ，近くの病院での出産を勧めながらも受け入れず長距離を移動して来院しようとする例もあった。このようなときは，電車内等移動中での不測事態が生じかねない。15 〜 30分ごとに連絡を取り合い，不安と緊張の解消に努め，命を守るためにできるだけの努力をした。

（2）自宅分娩（母児の安全確認，児の命を守るための対応）

「赤ちゃんが生まれた」との連絡が入ることもある。このときは，まず児の泣き声の有無を確認する。気道確保をすること，低体温を防止するための工夫を具体的に指導する。具体的には，児の顔面と全身の羊水や血液を乾いたタオルでふき取り（沐浴はしない），バスタオルなどの身近な衣類でくるんで保温するように指示する。臍出血と臍帯切断の有無を確認する。必ずしも

切断の必要はないことを伝える。また，母体の出血状況を確認する。

　児の出生直後の特徴的な甲高い泣き声は，空腹やおむつの汚れを訴える泣き声とは明らかに違う。家族に内緒の出産の場合には思わず口を塞いでしまうであろうことが想像できる。母児の最低限の安全を確認し，本人の承諾を得て，相談者との電話は切らないようにと念を押したうえで，別の電話等で119番通報をする。相談者と相談を受けている地域が異なっていても，必要に応じて相談者在住の救急車を手配してくれる。このとき，児が生まれたことがはっきりしていれば2台の救急車が手配される。これらのやり取りでは，相談者を守ろうとする意志をもち，相談者からは，「守られている」と感じられる連携の取り方を心がける。支援者は，2つの電話を両耳に当て対応することともなる。電話を切ることなく接続したままにすることは，母親の不安軽減，虐待死させてしまうことを防ぐこと，出血の状況確認等を常時可能とするためである。救急隊員が到着したことを，会話を通じて確実に確認できたうえで，はじめて終了とする。自宅分娩後数時間，あるいは数日を経過している場合もこれに準ずる。

　相談の開始からの状況を時系列に記録。この記録は，法務局への届出を視野に詳細に作成する（注：申述書は，書式自由で妊娠分娩に至った経緯を記載）。並行して，児童相談所や保健師，医療機関等との連携を開始する。

9 ── 中高生の妊娠の場合の支援
（退学を防ぐ，母親の意志，養育に不安がある場合）

　両方の家族との話し合いが必要だが，母方（女の子）の親と父方（男の子）の親には温度差がある。また，学校が妊娠出産を認めないことが多いことも留意する必要がある。母体保護の観点からは学校と連携が不可欠だが，地域性や管理者を含む教員の力量から，学校側には何も伝えられないこともある。いったん転校して出産し，その後に復学するといった例もある。一方で，生まれてくる児と父母を守るために，できる限りの協力をして，母親の卒業を

204　　第3部　養子縁組

支えてくれた例もある。

　わが子の妊娠に戸惑うことは理解できるが，その後，妊娠した子どもを受け入れて守ろうとする親とそれができない場合とがある。当事者不在で，児の祖父母ですべてを決めてしまうことは避けなければならない。本人は言い出せないことが多い。このことを踏まえて，検査や診察の際には，母親自身の思いや考えを言葉にできる機会として大切にしたい。このとき，母親としての気持ちはあっても実際に子を守れるかどうかの見極めが重要になる。児の祖父母による支援の可能性，保健師や児相などとつながることができるかなどを注意深く判断する。

　生まれてきた児に対する気持ちがある場合でも，実際に養育することができないと判断される場合は，児童相談所の担当者に連絡する。そのときには，特別養子縁組という選択肢を説明したのかどうかも含めて，それまでの経過を報告する。中学生であっても，しかも不登校が続いているような場合で，養育したいという選択をする場合がある。しかし，その母親の理解力などに照らして，児に危険がある場合には，それに委ねることはできない。同様に，児の祖父母が出す判断にも現実的でない場合がある。保健センターや児童福祉主管課，児童相談所等との連携なしには子どもも母親も守ることはできない。

　妊娠により，女性は，体の変化のみならず人生が変わる。思慮深く辛抱強い支援者に出会い，丁寧な対応を受けて，その後の生きる力を得てほしいと願って止まない。

（下園和子）

第13章
養育者が求める支援
母子保健ができること

● 佐藤睦子（元杏林大学）

1 ── 支援者が知っておきたい母子保健制度の基礎知識

　母子保健が里親と養親（以下，養親等）への養育支援のためにできる役割
は大きい。しかし，実際の里親・養子支援において，児童福祉と母子保健が
お互いの強みを活かしあい，連携して支援しあう関係に至っていない地域も
多いのではないだろうか。そのため，この章では，支援者が養親等と母子保
健をうまくつなぎ，養親自身が地域の母子保健制度を活用しながら，安心し
て育児ができるように，支援者が知っておきたい母子保健制度の基本的な知
識について触れたい。

　母子保健活動の理念は，思春期から妊娠や出産を通じ，母性や父性が育ま
れ，乳幼児や児童が心身ともに健やかに育つことを目指すものである。その
対象は，妊娠・出産・育児に関わる養育者および乳幼児を中心とする児童で
あり，血縁関係や戸籍等の法的関係にかかわらず，等しくすべての子どもが
享受できる権利である。よって，養親等への支援で母子保健ができることは，
養育者とその子どもの命を守り，健やかな育ち，母性や父性の育成支援を行
うことである。なお，子どもの委託の時期によっては利用できるサービス等
にも差が生じる場合もあるが，一般の母子保健事業の流れに準じて記載する。

206　第3部　養子縁組

●導入…養親さんを支援する方々からの質問

　乳幼児を養育する養親への支援において，児童福祉と母子保健の連携や協
働が重要だと言われています。

　まずは，母子保健の基本的な事項（役割，歴史，最近の動向，支援を担う
機関の仕組みなど）を教えてください。

（1）母子保健とは

　母子保健とは，母性ならびに小児の健康の保持・増進を図ること，またそ
のための事業，学問の分野である（平山 1994）。厚生労働省の健やか親子21
によると「すべての子どもが健やかに成長していくうえでの健康づくりの出
発点であり，次世代を担う子ども達を健やかに育てるための基盤」であると
されている。

　具体的に母子保健施策は，以下，3つを柱として取り組まれている。

①保健対策（家庭訪問等の保健指導や健康診査）

②医療対策（各種医療費助成制度や医療施設の整備）

③母子保健の基盤整備（市町村支援，研究事業）

（2）母子保健の歴史

　母子保健活動が行政施策として本格実施されたのは，1937（昭和12）年の
保健所法制定からと言われている。当時の主な目的は，乳児死亡率に関連す
る感染症等の対応と，富国強兵施策としての体力増強や人口増加政策であっ
たようである。

　しかし，1947（昭和22）年に児童福祉法が制定され，母子保健施策は「児
童の健全育成対策の一環」に位置づけが変わり，妊産婦・乳幼児の保健指導
等が規定された。この時代に母子の健康状態は大きく前進したものの，地域
格差や諸外国と比した妊産婦死亡率の高さ，母子保健の体系化や制度上の不
足等の声を受けて，さらなる施策の充実を目指して1965（昭和40）年に児童

福祉法から独立させ「母子の生涯に渡る総合的な母子保健対策」を定める法律である母子保健法が誕生した。さらに，地方分権の推進に伴い，1997（平成9）年の地域保健法，母子保健法の一部改正によって，母子保健事業の実施主体が保健所を所管する都道府県から，身近な住民サービスの実施主体である市町村に移管された。

　近年の動きとしては，2000（平成12）年に，21世紀の母子保健の主要な取り組みを示し，関係者，関係機関・団体が一体となって取り組む国民運動である「健やか親子21」を策定し，現在はその第2次（2015年度から10年間）として，「すべての子どもが健やかに育つ社会」の実現に向け，3つの基盤となる課題と2つの重要課題を設定し，取り組みを推進している（図1）。

　また，2017（平成29）年の母子保健法の一部改正で，母子保健施策を通じた虐待の予防や「母子健康包括支援センター（通称：子育て世代包括支援センター）」が明記された。

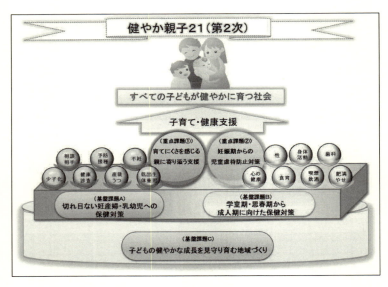

図1　健やか親子21（第2次）（厚生労働省HPより）

```
┌─────────────────────────────────────────────────────────────────┐
│  ┌──市町村──┐              ┌──県型保健所──┐                     │
│   基本的母子保健サービスの実施   専門的母子保健サービスの実施      │
│   ●母子健康手帳の交付         ●障害児や小児慢性疾患児の療育相談  │
│   ●保健指導                  ●個別支援                         │
│   ●訪問指導(妊産婦,新生児,未熟児) ●母子保健に関する情報の収集    │
│   ●健康診査(妊産婦,乳幼児,1歳6か月,3歳)                         │
│   ●個別支援                  ←──  市町村への支援              │
│                                                                 │
│          政令指定都市,中核市,保健所設置市                       │
│                         │
│                   ┌──都道府県──┐                              │
│   区市町村への専門的サービス      広域的母子保健サービスの実施   │
│   ●母子保健研修               ●養育,小児慢性疾患等医療費助成    │
│                              ●先天性代謝異常等検査             │
│                              ●SIDS対策,乳幼児の事故対策        │
│                              ●子育て相談(小児救急相談)          │
│                              ●生涯を通じた女性の健康支援事業(妊娠,│
│                                思春期等に関する相談など)        │
└─────────────────────────────────────────────────────────────────┘
```

図2　母子保健の実施体制

出典:「東京の母子保健2016」を一部改変

(3) 母子保健事業の実施体制

　母子保健事業は，基本的な母子保健サービスを市町村（保健センター等）が取り組み，専門的・広域的な母子保健サービスを都道府県（保健所）が取り組むことになっている。

　ただし，保健所を設置することができる政令指定都市，中核市，政令市（指定都市・中核市・その他政令で定める市・特別区）等ではその両方を実施している（図2）。また，その活動拠点の名称は地域により異なるので，注意をする必要がある。

●導入…養親さんの経験談

　子どもがいないと，保健センターって何する場所かわからないんですよ。それに，保健所とか保健福祉センターとかいろんな名前があるでしょう。

①市町村保健センターと保健所

母子保健事業を実施したり，保健師が勤務している場所が市町村保健センターと保健所である。さらに近年は，子育て世代包括支援センターの設置が進んでいる。

「市町村保健センター」（以下，保健センター）は，乳幼児や妊産婦，成人，高齢者等，地域住民すべてを対象とし，健康相談，健康教育，健康診査，訪問指導等の健康増進や保健医療福祉に関する総合的な相談・支援を行う活動拠点である。また「保健所」は，市町村への技術的支援，児童虐待予防や小児慢性特定疾患児への支援等，専門的支援や複数の市町村を管轄する広域的な視点で地域の健康課題に対する対応等の体制整備を行っている。

さらに，「子育て世代包括支援センター」は，妊娠期から育児期にわたる切れ目のない支援のためのワンストップ拠点として，2020年までに全国の市町村に設置が予定されている施設である。

●導入…養親さんからの質問

保健センターには，保健師さんっていますよね。保健師さんって何をする人なんですか？ 看護師さんとどう違うんですか？ 健診や予防接種のときに対応してくださる方は，みんな保健師さんなんですか？ 保健センターに連絡するときって，○○さんお願いしますと言って連絡していいんですか？

---

②保健師

母子保健に関わる専門職は，医師やコメディカル等多様であるが，保健所，市町村に勤務する保健師が最も人数が多い。保健師は，保健師助産師看護師法に基づき「厚生労働大臣の免許を受けて，保健師の名称を用いて，保健指導に従事することを業とする者をいう」と規定されており，保健師国家試験の合格と看護師資格の両方が必要である。

地域で働く保健師は，一定の地域を担当し，すべての年代の個人や家族に対する健康増進や疾病の予防，療養上の相談等の健康に関する個別の支援を

行っている。住民は気軽に保健センターの地区担当保健師に相談することができるので，ぜひ，名前を覚えてほしい。また，看護師や助産師等と協働して健康診断や健康教室，育児グループ等の集団支援を行っている。地区担当制については，次項で後述する。

　そして，各種統計や健診データ，活動を踏まえた質的なデータ等を用いた地域診断を通じて，地域全体の健康課題を抽出し，地域の健康度向上に向けた活動を展開するとともに，地域ケアシステムの構築等を行っている。

> **●導入…養親さんを支援する関係機関からの質問**
>
> 　保健師さんもとても忙しそうですよね。でも，家庭訪問もしてくれるようですよね。保健師さんは，普段どんなふうに仕事をされているんですか？ 母子保健の仕事の全体を含めて教えてください。

（4）母子保健の活動の特徴

　わが国の母子保健活動は，妊娠・出産・乳幼児期の母子の全数に出会い，その一元管理と必要な母子への継続関与を連動できる世界に例のないシステムであると言われている（中板 2014）。その活動の主な特徴について以下に述べる。

①予防的活動の重視

　「すべての子どもが健やかに育つ」には予防の視点が重要である。予防とは，病気を未然に防ぐものから疾患の早期発見，健康の保持増進やリハビリテーション等も含めた広い概念であり，一次予防から三次予防に分けられる（図3）。そのために母子保健では，集団全体に働きかける支援である，ポピュレーションアプローチとリスクのある人への支援であるハイリスクアプローチを組み合わせた活動によって，早期に支援が必要な親子を把握し，予防的な視点から支援を行っている。

図3　予防のステージ（児童虐待予防の例）（山崎ら2016，一部改変）

②地区担当制

　活動体制については，多くの自治体が「地区担当制」を採用している。地区担当制とは，保健師が一定地域を担当しその地域に責任をもち活動する体制である。養親等への支援では，養育の開始時期等により家庭訪問や乳幼児健康診査（以下，乳幼児健診とする）等がタイミングよく利用できない場合も考えられる。その場合も，住所地の地区担当保健師による養親等への支援が受けられるよう，養親等や支援者が保健センターの地区担当保健師に遠慮なく相談をしてほしい。

●導入…養親さんの経験談

　住んでいる街を担当する保健師さんがいるんですね。赤ちゃん訪問の時期ではなかったのですが，児相の人が保健センターに電話してくれて，地区担当保健師さんが家庭訪問に来てくれました。訪問では子どもの成長発達の確認や，育児相談にのってもらい，市のサービスや，小児科，公園の場所など子育て情報も聞きました。長く住んでいても子どもがいないと知らないことばかりなんですよ。育児で迷ったり，悩んだりしたら，保健師さんに電話相談をしてもいいと知りました。それに子どもだけでなく，私や家族の健康にまで気遣ってくれて，保健師さんはみんなの健康の相談役なんですね。

その後の初めての健診も，緊張して保健センターに行ったら，保健師さんが待っていてくれて，問診のときにうちの事情を一から説明しないで済むようにしてくれていました。何を聞かれるのか心配だったのでありがたかったです。その後も，電話相談をしたり，街で保健師さんに偶然会ったときも，「こんにちは。最近どうですか？」って声をかけてくれて。気軽に相談できる人が近くにいる，そう思うと安心できました。

③家庭訪問

　家庭訪問は，対象者である住民の生活実態に迫る，最も重要な要素を含む援助技術である。特に母子保健ではその機能を発揮し，個々の健康事情や社会事情，地域特性を考慮した関わりを通じて，ひとりひとりの母子保健に関する知識意識を高め，エンパワメントし，母子の健康を実現しようとする母子保健の中核的事業であると言われている（川原 2012）。保健師の行う家庭訪問には，（a）健康問題を切り口にする，（b）人々が生活している場に出向く，（c）家族を単位としている等の特徴がある（津村ら 2012）。家庭訪問では，信頼関係構築を重視しながら対象者に応じた支援を行っている。なお，助産師の行う家庭訪問との関連は，新生児訪問で触れている。

④電話相談等の相談

　筆者が新人保健師の頃，毎日かかってくる育児相談電話の多さと内容の多様性に驚いたことをよく覚えている。インターネット等の情報があふれている現代でも，困ったときに気軽に利用できる電話相談は，育児の心強い味方だと言える。保健センターでは，日常業務として電話相談に応じているところが多いが，自治体が土日夜間や救急の電話相談を開設していたり，また，民間の電話相談もあるので，住所地の市町村で発行している育児情報等を確認しておくとよい。

第 13 章　養育者が求める支援　母子保健ができること　　**213**

2 ——乳幼児との暮らしを健康面で支える母子保健制度

> **●導入…支援者からのリクエスト**
>
> はじめて乳幼児を養育する里親，養親さん向けに，母子手帳のことや予防接種のことなど，役に立つ母子保健に関する制度やサービスについて，基本的なことを教えてください。

（1）母子保健制度各論

はじめての育児では誰でもさまざまな悩みや不安があり，特に「子どもの健康」についての不安を訴える人は多い。また，各時期に応じた健診や予防接種等，養育者として必要な保健行動も求められる。保健師であり，里親である筆者も，実はさまざまな子どもの健康に関する悩みを抱え，支援を受けながら育児をしてきた。そのため，子どもの成長発達の段階ごとに提供される家庭訪問や乳幼児健診等の母子保健事業を活用し，子どもの成長発達支援や育児支援の場として活用してほしいと考える。妊産婦や母親には，さまざまな機会を通じて，情報提供や相談の機会が確保され母子保健サービスとつながる機会がある。しかし，養親にはそのような機会が少なく情報不足であると思われるため，養親が地域の母子保健サービスや支援者とつながり，利用しながら安心して育児ができるよう，支援者が制度についても理解を深めてほしい。

①母子健康手帳（法第15条）

母子健康手帳（以下，母子手帳）は，歴史も古く認知度も高い制度である。妊娠した際に住所地の市町村に届出（法第15条）を行うと妊産婦・乳幼児の健康管理を目的として交付される（法第16条）。

母子手帳の意義は，1冊の手帳で妊娠期から乳幼児期にわたる健康情報が管理できることである。乳幼児健診，新生児訪問指導，予防接種の記録等は，

214 第3部 養子縁組

全国共通の様式化であり，異なる時期・場所・専門職によって母子保健サービスを受ける場合でも，継続性や一貫性のあるケアを受けられるようになっている。また，後半部分は市町村の任意様式となっている。各頁には，「保護者の記録」の欄等，子どもの発達状況や、罹患した病気、不安や思い等，専門職だけでなく保護者が活用できるよう工夫がされている。

養親が母子手帳を手にする際に，どんな思いを抱くのだろう。養親は実子がいないことも多く，自分以外の母子手帳を初めて手にする場合も多いのではないかと思われる。

里親子の母子手帳に関する調査結果では，里親が感じた直接的な困りごととして「母子手帳がない」「情報が極端に少ない」「実親の情報がある」「デザインが市町村で違う」「母子手帳の使い方を知らない」等がある。二次的な困りごととしては，「情報を入手する必要がある」「必要書類への記入ができない」「口頭での質問に答えられない」「子への配慮」「母子手帳の情報で里親を判断される」「小学校での"生い立ち"の授業へ提出の不安」等があげられている。さまざまな理由から母子手帳がない場合や，記録がきわめて少ない場合があり，里親は，子の情報を関係機関に確認しながらも，子の日常の場面で書類を書けない，質問に答えられない等の不全感や不安を抱えていることが明らかになっている（池田 2017）。このような心情を理解し，養親が母子手帳を手にする機会を利用して，母子保健に関する知識や情報の提供を行い，今後予想されることへの対応法などを伝え，親としての不全感や不安を感じることなく育児ができるよう支援が必要である。

現在は，子育て世代包括支援センターや保健センター等において，母子手帳の交付時に保健師等が面接を実施し，妊娠中の健康管理や出産や育児に向けた保健サービスの説明や，悩み等の相談によって必要な支援が提供できる体制が整いつつある。そのような機会を経ない養親も，母子手帳を手にする機会を通じて，地区担当保健師等とつながり，同様のサービスが受けられる機会になってほしいと考えている。

●導入…養親さんの経験談

・子どもの母子手帳を初めて見た時，とっさに「子どもには見せられない」って思いました。出産後の発行で，妊娠中の記録は真っ白でしたし。母子手帳って母と子の絆っていうか，いろんな事情があったのだろうけど，子どもが見たらどう思うかな，って心配になったり，学校に持ってくるように言われたりしないのかなって不安になって…。

・母子手帳って，保護者が書く育児記録の欄があるんですよ。乳児院でも最低限のことしか書いてないし，私が書いていいのかなって少し迷いました。ちょっと実母さんへの遠慮を感じたり…。

・母子手帳を初めて手にしたとき，「あー，私も母親なんだ」ってうれしくなりました。でも，子どもがきた直後は忙しくって，母子手帳をじっくり見る暇なんてなかったんですよ。随分時間が経ってから，ちょっと見てみたら，いろんな大切なことが書いてあるんですよね。実子がいないので，母子手帳なんて見たことなかったから。事前に教えてほしかったです。

②新生児訪問指導と乳児家庭全戸訪問事業（こんにちは赤ちゃん事業）

　新生児訪問指導と乳児家庭全戸訪問事業は，新生児を含んだ乳児の家庭に対する育児支援である。両事業とも支援方法が家庭訪問であるため一体的実施する市町村もあるが，本来は根拠や目的，訪問者，対象が異なっている。「新生児訪問」（法第11条）とは，新生児期に保健師や助産師等の専門職が家庭に訪問し，子どもの成長発達や，保護者の心身の健康状況を確認するとともに，今後の母子保健サービスや地域の育児上方法等を提供することで不安を軽減するものである。そのため，新生児訪問指導に対する対象者の評価は高い（佐藤ら 2005）。一般に新生児訪問の対象となる出生等の情報は，出生通知票の送付や，戸籍法による出生届，分娩施設からの連絡等によって行われる。訪問時期は，新生児期（28日未満）だが，市町村により対応は異なるため保健センターに相談をしてほしい。

216　　第3部　養子縁組

【乳児家庭全戸訪問事業（こんにちは赤ちゃん事業)】

　乳児家庭全戸訪問事業（児童福祉法第6条）は，生後4か月までのすべての乳児がいる家庭を対象に，看護職の他，母子保健推進員，愛育班員，児童委員，育児経験者等が訪問し，育児に関する不安や悩みの傾聴や育児支援に関する情報提供，親子の心身の様子および養育環境の把握等を行っている。

③乳幼児健診

　乳幼児健康診査（以下，乳幼児健診）とは，95％近くの受診率を誇る，きわめて認知度や関心度が高い事業である。1歳6か月健診と3歳児健診は，実施時期が法律で設定されているが，その他の乳幼児健診の実施時期は，地域によって異なり，3〜4か月，6〜7か月，9〜10か月，5歳児等の時期に実施されている。

　実施方法は，集団健診と医療機関委託健診に分けられる。「集団健診」とは，指定の日時，会場に集まり，医師や歯科医師だけでなく，保健師，助産師，看護師，（管理）栄養士，歯科衛生士，心理職等，多職種の従事者で実施される。「医療機関委託健診」は，保護者が医療機関を選択し，自ら出向いて健診を受けるものである。健診の内容は，月例によって異なるが，問診，身体計測，診察，保健指導等である。乳幼児健診の意義は，①健康状況の把握，②支援者との出会いの場，③多職種が連携した保健指導による支援，④一貫した行政サービスを提供するための標準化である（山崎ら 2015）。乳幼児健診は，子どもの状態や疾患の有無，保護者の育児状況の判定を行う場ではなく，育児に必要な情報や支援が得られ個別相談やそのフォローアップが受けられる等，母と子の健康面の育児支援の場である。

　そのために，保護者から妊娠期から出産，育児期までの健康状態や育児の状況，悩み等の情報を把握するために「問診」を行い，計測や診察を経て現状の健康状態や支援の必要性等，総合的な判断を行う。このことが，子どもの生育歴や健康状況に関する情報をあまりもたない養親等にとって，不安や負担感を生じさせたり，結果，子どもに対する生育歴等の影響を加味した判

断が難しくなる可能性もある。また，児童相談所等の関係機関が関与しているため，「そちらでよく相談にのってもらってください」などと言われ，養親等が突き放されたような印象を抱くこともある。養親等は，乳幼児健診で初めて保健センターや保健師とつながる場合も多いと思われるため，養親等が安心して健診を利用し支援者と出会えるよう，状況に応じて，事前に保健センターと調整を行うなどの配慮が必要であると考えられる。

●導入…養親さんの経験談

　初めて健診で保健センターに行ったときは，嫌な思いをしました。戸籍上はまだ子どもと苗字が違うので，近所の人に会うと困るから，普段使用している私たちの苗字で呼んでくださいって頼んだら，「それはできません」って言われて。とにかく頼み込んで，ようやくそうしてもらいました。

　最初の問診でも，若い保健師さんが養子縁組里親の制度をよくご存じなくて，いろいろ聞かれて説明して疲れました。里親って，いざ子どものこと聞かれても，わかんないことが多いんですよ。母子手帳は真っ白だし。緊張感もあって，本当に辛くなってしまいました。

　そうしたら，別のお部屋で年配の保健師さんが話を聞いてくれて，「辛い思いをさせてしまってごめんなさい。同じことを繰り返さないようにみんなで勉強します」って詫びてくれて，これからの相談相手に，と地区担当保健師さんを紹介してくれました。それからは，地区担当保健師さんが気にかけてくれて，訪問してくれたり，いろいろ相談にのってくれています。

---

④予防接種

　予防接種は，後遺症が残るような重症化しやすい病気，他者への感染拡大を予防する役目がある。予防接種法に基づく「定期接種」と法に基づかない「任意接種」があり，定期接種は法令で定められた接種期間がある。接種は，医療機関での個別接種が中心であり，計画を立てて接種する必要がある。予防接種のスケジュールや時期等はわかりにくく，副反応等の不安を感じる保

護者も多いため，保健センターやかかりつけ医等の相談を勧めてほしい。

3 ── おわりに

> **●導入…養親，支援者からの質問**
>
> Q：子育て世代包括支援センターでは，「ワンストップサービス」「個別支援計画の策定」「継続的な支援」が謳われていますね。里親と子ども，養親と子どもである，「私たち」にも，このような支援を受けることはできるのでしょうか？
>
> A：子育て世代包括支援センターは，妊娠期から子育て期の切れ目のない支援を提供するために「母子保健サービス」と「子育て支援サービス」を一体的に提供できる施設で，保健センターに併設されているところもあります。対象者として，里親等も明記されており支援を受けることは可能です。
>
> 　子育てには悩みがつきものですが，相談先がよくわからないこともありますね。そのような場合も，子育て世代包括支援センターに相談すると，適切な相談先につないでくれたり，必要な相談，助言をしてくれます。

　保健師の養親子や里親子への支援を，児童福祉関係者がもどかしく感じることがある，と聞いたことがある。保健師は「依頼された家庭訪問等は行うが，受け身で期待した個別支援をしてくれない」ということらしい。その一因は，情報共有の不足等から発生する，養親等への支援の必要性について，アセスメントの差ではないかと考えている。もちろん，保健師自身の社会的養護に関する知識不足も大きい。例えば，看護の基礎教育，保健師の現任教育でも，社会的養護に関する学習の機会はほとんどない。さらに，保健師と児相等支援者との連携の仕方も，今までの経過，今後の支援計画，保健師に期待する支援の共有等が不十分なまま，家庭訪問等の支援を要請されることが多いように感じる。その場合，「他に支援者がいる」「支援の必要が少ないしっかりした人で，必要なときには声をかけてくれる」などと，誤ったアセ

スメントにつながり，保健師が待ちの姿勢になることがあるのではないかと思われる。

　そのような支援に関するアセスメントの差を防ぐためにも，養親等の支援に限らず，子どもに関する支援者として，日頃から顔の見える関係を築き，ケースカンファレンスの開催等，日常的な連携やスキルアップの機会を保障することが有用ではないだろうか。

　厚生労働省に設置された検討会による「新しい社会的養育ビジョン」が出された今，保健師等，母子保健関係者も社会的養護に関する支援者チームの一員となって役割を果たすことが期待されている。保健師は，「すべての子ども達が健やかに育つこと」を心から願っている。保健師でもあり，里親でもある筆者は，以前から養親等と子どもの支援において，地域の保健師が役割を果たすことができると考えてきた。今後，支援チームの一員としての保健師の活動に大きな期待を寄せていきたい。

文献
池田佐知子（2017）「里親子の母子健康手帳に関する検討課題」『第5回日本公衆衛生看護学会学出集会抄録集』
医療情報科学研究所編（2015）『公衆衛生がみえる』メデックメディア
上野昌江（2006）「児童虐待防止における保健師の家庭訪問による支援内容の分析——母親との信頼関係構築に焦点を当てて」『子どもの虐待とネグレクト』8（2），31〜38頁
川原由佳里（2012）「妊産婦及び乳幼児の保健指導の歴史」厚生労働科学研究費補助金疾病・障害対策研究分野成育疾患克服等次世代育成基盤研究
厚生の指標「増刊国民衛生の動向」Vol.62 No.9 2015/2016，厚生労働統計協会
厚生労働省「健やか親子21の推進について」http://www.mhlw.go.jp/seisakunitsuite/bunya/kodomo/kodomo_kosodate/boshi-hoken/sukoyaka-01.html（平成29年6月10日閲覧）
佐藤厚子ら（2005）「保健師・助産師による新生児訪問指導事業の評価」『日本公衆衛生雑誌』52（4），328〜337頁
津村智惠子ら（2012）『公衆衛生看護学』中央法規
東京都福祉保健局少子社会対策部家庭支援課（2016）「東京都の母子保健」
中板育美（2016）『周産期からの子ども虐待予防・ケア』明石書店

中板育美（2014）「非器質的発育不全（NOFTT）の発見・対応と保健師の機能・役割」『子どもの虐待とネグレクト』16（1），15〜21頁

母子保健推進研究会（2008）『六訂 母子保健法の解釈と運用』中央法規

平山宗宏（1994）『母子保健テキスト』母子保健事業団

松田正巳ら（2014）『標準保健師講座3 対象別公衆衛生看護活動』医学書院

宮崎美砂子ら（2014）『最新 公衆衛生看護学 第2版 総論』日本看護協会出版会

宮崎美砂子ら（2014）『最新 公衆衛生看護学 第2版 各論1』日本看護協会出版会

山崎嘉久ら（2015）『標準的な乳幼児期の健康診査と保健指導に関する手引き〜「健やか親子21」の達成に向けて〜』平成26年度厚生労働科学研究費補助金（成育疾患克服等次世代育成基盤研究事業）乳幼児健康診査の実施と評価ならびに多職種連携による母子保健指導のあり方に関する研究班

横山徹爾ら（2011）『母子健康手帳の交付・活用の手引き』平成23年度厚生労働科学研究費補助金（成育疾患克服等次世代育成基盤研究事業）乳幼児身体発育調査の統計学的解析とその手法及び利活用に関する研究

第14章
養子縁組についての法的理解

◉ 横田光平（同志社大学）／鈴木博人（中央大学）

【Ⅰ　特別養子縁組とは，普通養子縁組とは】

1 ── はじめに

　本稿では法的観点からみて養子縁組がどのような制度であるかにつき，特別養子縁組と普通養子縁組の異同に焦点を当てて説明する。

　一般に法制度については，①誰が（主体），②どういう場合に（要件），③どのようなことを（効果），④どのような方法で（手続き）行うことができるかという観点から分節して理解することが便宜である。民法には養子縁組の基本的な内容につき，〔1〕養子縁組一般に共通する定め，〔2〕特別養子縁組に関する定め，〔3〕普通養子縁組に関する定めが置かれているが（以下，民法の引用は法律名を略し条数のみを記す），①主体，②要件，④手続きについては〔2〕特別養子縁組と〔3〕普通養子縁組で大きく異なる定めとなっているのに対し，③効果についてはまず〔1〕養子縁組一般に共通する定めに着目する必要がある。

2 ── 養子縁組とは

　そこで以下では養子縁組の③効果を中心に〔1〕養子縁組一般に共通する定めを確認することから始めよう。養子縁組一般に共通する主要な効果の定

めは以下の通りである。

(1) 「養子と養親及びその血族との間においては，養子縁組の日から，血族間におけるのと同一の親族関係を生ずる。」(727条)

(2) 「養子は，縁組の日から，養親の嫡出子の身分を取得する。」(809条)
「養子は，養親の氏を称する。〔ただし書　略〕」(810条)

(3) 「子が養子であるときは，養親の親権に服する。」(818条2項)

まず (1) 養子縁組は養子と養親及びその血族との間に，血族間と同一の親族関係を生じさせる。中心となるのは養親子間の親子関係であるが，親子関係は親権に限らず扶養や相続といった親族関係に伴う効果をも生じさせる法的関係である (877条，887条，889条)。

もっとも養子の血族と養親及びその血族との間には親族関係を生じさせない点 (727条)，また，養子と養方の傍系血族との間では婚姻が禁止されない点 (734条1項ただし書) など，養親子関係は実親子関係と同一ではない。

加えて (2) 養親の嫡出子の身分を取得し，養親の氏を称する点については，実親子関係における非嫡出子の場合 (790条2項，819条4項) と区別される。実親子関係においても血のつながりと法的関係は区別すべきであるが[1]，養子縁組は嫡出親子関係を創り出す点[2]からしても，法的関係に焦点を当て的確に理解する必要がある。

これに対し，親権は「子の利益のために子の監護及び教育をする」法的権限のことであり (820条)，親子関係とは区別されるが，他方で「法的」な権限という意味では子どもを実際に監護教育することとも区別される。子どもを実際に監護教育する里親は，親権を行う者が別にいる場合には親権を有し

---

*1　血のつながりがあっても認知がなく法的な意味で親子関係が生じないことがある。

*2　もっとも嫡出子と非嫡出子の差異は，民法改正により両者の相続分が等しくなったため (900条)，主として氏と親権の帰属であるところ，養子縁組の場合はいずれについても別途定めがあることから，嫡出子の身分自体のもつ意味はさほど大きいものではなくなっている。

ていないが（児童福祉法47条3項），（3）養親の親権は法的な意味において実親の親権行使の否定を伴うものである。もっとも未成年後見人も基本的に「親権を行う者と同一の権利義務」（857条）を有することから，養親の親権自体は養子縁組に特有の効果とは必ずしもいえない。

血のつながり ≠ （法的）**親子関係**
　　　　　　　　　　⊬
　　　　　　　親権 ≠ 実際の監護教育

　以上からして，養子縁組はその効果において養親子間に嫡出親子関係という法的関係を新たに生じさせる面を中心に理解すべきである。縁組成立の反面において，縁組による親族関係，氏が離縁によって消滅し（729条），原則として復氏となる（816条1項）点にも注意する必要がある。

　他方，養子縁組の効果として〔2〕特別養子縁組と〔3〕普通養子縁組で大きく異なるのは，前者において縁組前の親族関係が縁組により消滅するのに対し，後者においては縁組前の親族関係が縁組後も存続する点である。この点が2つの養子縁組制度の根本的な違いであり（817条の2第1項），ここから両制度における①主体，②要件，④手続きの差異が生ずるといってよい。以下，〔2〕特別養子縁組，〔3〕普通養子縁組の順にみていく。

3 ──特別養子縁組とは

　まず〔2〕特別養子縁組の基本構造は，①「家庭裁判所」（817条の2）が②「子の利益のため特に必要があると認めるときに」（817条の7）③養親子関係が新たに生じると同時に「実方の血族との親族関係が終了する縁組」を④「養親となる者の請求により」（817条の2）家事事件手続法164条以下の審判手続きを通じて成立させるというものである。

　②817条の7の要件が象徴するように特別養子縁組は「子の利益」＝子ど

もの福祉のための制度である。同条文が「父母による養子となる者の監護が著しく困難又は不適当であることその他特別の事情がある場合」と具体的に定め，817条の6も虐待等に言及するように，主として児童福祉法にいう「要保護児童」に係る制度と理解してよい。もっとも，子どもを親権者等から引き離すための家庭裁判所の承認審判（児童福祉法28条1項）や834条，834条の2の親権喪失，親権停止の審判とは異なり，縁組前の親族関係自体が消滅する。親権喪失審判の後に未成年後見人が選任される場合と比べると，親権を有する者が変動する点では共通するものの，親権喪失後も従来の親子関係が存続するのに対し，特別養子縁組の場合は親子関係の当事者が変動する点で両者は異なるのである。

このように子どもの福祉のために親子関係を消滅させることから，特別養子縁組は②要件が厳格に定められている。1）まず養子となる者は原則として「養親となる者の請求」時に6歳未満でなければならず，6歳に達する前から養親となる者に監護されている場合に限って8歳未満であっても例外が認められる（817条の5）。2）一方，養親については夫婦共同縁組でなければならず，夫婦の一方は25歳以上，他方は20歳以上でなければならない（817条の3，817条の4）。3）そして④審判手続きにおいては，養親となる者が養子となる者を6ヶ月以上の期間監護した状況を考慮しなければならない（817条の8）。

4）他方で親子関係を消滅させられる父母の同意が求められるとともに，「父母がその意思を表示することができない場合又は父母による虐待，悪意の遺棄その他養子となる者の利益を著しく害する理由がある場合」に限って父母の同意によらずに縁組を成立させることができると定める（817条の6）。極めて厳格な要件の下に父母の意に反する強制的な縁組成立が認められるのである。

以上の厳格な要件に加えて，①家庭裁判所が「子の利益のため特に必要があると認めるときに」（817条の7）はじめて特別養子縁組は成立する。そして離縁についても①家庭裁判所が厳格な②要件の下でのみなしうる（817条

の10)。

注意すべきは，以上の縁組プロセスが①家庭裁判所の主体的判断によって
なされる点である。縁組によって養親子関係となる当事者の一方が原則とし
て6歳未満であることもあり，他方当事者の④「養親となる者の請求によ
り」審判手続が開始されることで当事者の意思が前提とされるものの，特別
養子縁組を成立させる①主体はあくまでも家庭裁判所である。「養親となる
者の請求」に対して子どもの代わりに家庭裁判所が合意するのではないし，
父母の同意も養親となる者との合意ではない。家庭裁判所が子どもの福祉に
関する厳格な審査を経て養親子関係という法的関係を当事者に付与する仕組
みがとられているのであり，特別養子縁組が「国家行為型」「国家宣言型」
の養子縁組と呼ばれるのは，このことを指している。

なお特別養子縁組については戸籍上一見して養子とわからないような特別
の配慮がなされている（戸籍法20条の3）点も重要である。

近時，特別養子縁組制度の利用促進に向けて，②要件（養子年齢上限等）
の緩和，④手続きの改正が提案されている。

4 ── 普通養子縁組とは

つぎに〔3〕普通養子縁組の基本構造は，①養子縁組の当事者間の合意に
基き，④「戸籍法の定めるところにより届け出ることによって」（739条，
799条）③養親子関係を生じさせるというものである。③従来の親子関係と
2つの親子関係が並存することとなり，扶養，相続など親族関係が複雑にな
る。

②要件については，普通養子縁組は養親につき「成年」要件が定められる
（792条）一方，養子については養親の「尊属又は年長者は，これを養子とす
ることができない」（793条）ほか一般的な制限は存在しない。したがって養
子が成年である場合も未成年である場合もあるが，未成年養子の場合には，
配偶者のある者は原則として配偶者とともに養親とならなければならない

（795条）。

　普通養子縁組の成立にとって最も重要なのは，①当事者間の合意（縁組意思）であり，④届出による意思確認によって，③養親子関係が成立するのである。①縁組意思，④届出のない場合に限り縁組は無効とされ（802条），その他の②要件を欠く場合は取り消しを家庭裁判所に請求しうるに過ぎない（803条以下）。離縁についても裁判上の離縁のほか当事者の協議による離縁が認められている（811条）。普通養子縁組が「契約型」の養子縁組と呼ばれるのは以上のことを指している。

　したがって未成年養子の場合には，養親子関係という重要な法的関係を生じさせる意思が問題となるが，15歳以上であれば自らの意思で養子となりうる一方，「養子となる者が15歳未満であるときは，その法定代理人が，これに代わって，縁組の承諾をすることができる」（797条1項）。この法定代理人（親権者等）の「代諾」は，特別養子縁組における父母の「同意」とは異なり，親子関係に基づくものではなく（親子関係≠親権），法定代理人としてあくまでも子ども本人の代わりに子どもの福祉のためになされるべきものである。

　その際，養親の親権は他の者の親権行使を否定するものであることから，法定代理人の他に親権行使の可能性がある「養子となる者の父母でその監護をすべき者であるもの」「親権を停止されているもの」があるときは，その同意を得なければならない（797条2項）。

　さらに未成年養子の場合には，④届出にあたり原則として家庭裁判所の許可を得なければならない（798条）。子どもの福祉のための規定であるが，①特別養子縁組の審判とは異なり，あくまでも①当事者間の合意を前提として，その合意内容に対する許可である。もっとも許可の要件は明示的に定められておらず，子どもの福祉の観点から縁組意思が問われるものの，実際には家庭裁判所の審査は十分とはいえないと指摘されている。とりわけ「自己又は配偶者の直系卑属を養子とする場合」（いわゆる「継親子養子」）に家庭裁判所の許可が不要とされる点（798条ただし書）は批判が強く，また，協議離縁

については未成年養子一般について家庭裁判所の許可は不要とされている。

　以上のような普通養子縁組制度は，未成年養子について必ずしも子どもの福祉のための縁組が保障されていない。付言すると，法定代理人の代諾は，たとえ家庭裁判所の審査によって子どもの福祉に反する縁組を阻止しうるとしても，逆に代諾がないことによって虐待の場合などに子どもの福祉の観点から必要な縁組がなされない問題は残る。父母の同意がなくても特別養子縁組成立の余地があるのとは対照的である。

　他面において，普通養子縁組は②要件が比較的緩やかなうえ，③縁組前の親子関係が存続する点で，特別養子縁組の②要件の厳格さ，③親子関係の消滅という効果の峻厳さと対比した場合，相互に補完し合う面もあると考えられる。特別養子縁組制度の促進とあわせて普通養子縁組制度における子どもの福祉の保障も検討に値しよう。2016年に成立した「民間あっせん機関による養子縁組のあっせんに係る児童の保護等に関する法律」は，子どもの福祉の観点から普通養子縁組を捉えるものでもあり，2つの養子縁組制度があいまって子どもの福祉の実現が目指されるべきであろう。　　　　　（横田光平）

文献
中川善之助・山畠正男編（1994）『新版注釈民法（24）親族（4）親子（2）養子§§792～817の11』有斐閣

【Ⅱ　特別養子制度の成り立ちからみた問題点】

　本稿は，日本の養子法が抱えている問題を，その問題が生じる原因にさかのぼって明らかにすることを目的にする。なお，養子法本体のほかに養子縁組あっせんに関する法制度に関わる部分もあるので，そのかぎりでは養子縁組あっせん制度にも言及する。

5 ── 養子法の構造

　日本の養子法（民法792条〜817条の11が養子縁組の成立，解消に関する要件と効果を定めており，この部分が養子法と呼ばれる）は，1987年の特別養子制度の導入により，普通養子縁組と特別養子縁組の2本立てになっている。どちらの養子縁組の成立にも同意権者の養子縁組への同意が要件として規定されている。しかし，普通養子縁組と特別養子縁組では，要件とされている同意権者の同意の意味が異なっている。これは，普通養子縁組と特別養子縁組では，その法的性質が異なるからである。すなわち，普通養子縁組が，養親となる者と養子となる者との契約であるのに対して，特別養子縁組は，家庭裁判所（以下，家裁と略称）が成立させる国家宣言型の養子縁組だからである。

　未成年者が法律行為（法律上の効果を発生させる行為のこと）を行うためには法定代理人の同意が必要とされる（民法4条1項）。普通養子縁組を契約として構成するということは，未成年者を養子とする普通養子縁組を行うには，法定代理人による同意（本人に代わって行う養子縁組の承諾なので「代諾」という）を必要とするということになる。普通養子縁組は，養子となる者が15歳になると単独で養子縁組を行うことができるので，民法4条が規定する法律行為とは異なり，法定代理人の代諾が必要なのは，養子となる者が15歳未満のときである（民法797条1項）。他方，自己または配偶者の直系卑属を養子とするとき（例えば自分の孫や配偶者の連れ子を養子にするときなど）をの

ぞき，未成年普通養子縁組を行うには，家裁の許可を得なくてはならない（民法798条）。この家裁許可は，明治民法下で，芸妓養子のように，人身売買のような行為が養子縁組の形をとって行われていたのを防止するために1947年の民法改正の際に導入されたものである。許可は家裁の許可審判という形で行われる（家事事件手続法別表第一61）。普通未成年養子縁組の家裁許可は，養子縁組の成立審判ではなく，養子縁組届出を行う前提としての実質的成立要件の一つである。こうして導入された普通未成年養子縁組の許可審判であるが，許可基準は法文上規定されていない。子の福祉に反する養子縁組は認められないが，子の養育を実際に必要なものとするかどうかはケースにより判断が異なる（例えば，最高裁平成29年1月31日第3小法廷判決（最高裁民事判例集71巻1号48ページ）は，「専ら相続税の節税のために養子縁組をする場合であっても，直ちに当該養子縁組について民法802条1号にいう「当事者間に縁組をする意思がないとき」に当たるとすることはできない」として縁組当時1歳の子を祖父が養子とする縁組を有効としている）。上に示した事例もそうだが，当該の養子縁組により親子関係を創出しようという意思の存否が争われることも多い。縁組意思がなければ，そもそも法律行為の基礎となる意思がないことになるので，養子縁組は無効ということになる（民法802条1号）。これは，養子縁組意思とは何かという問題である。婚姻，離婚，養子縁組，離縁のように，民法上の身分関係を創設する法律行為（身分行為とも言われる）については，その行為の意思とは何かが常に問題になる。婚姻の際の婚姻意思を判例は，「社会観念上夫婦であると認められる関係の設定を欲する効果意思」であるとして，婚姻届を作成・提出する意思だけでは婚姻意思があるとは言えないと厳格な判断を示している（最高裁昭和44年10月31日第2小法廷判決（最高裁民事判例集23巻10号1894頁））。他方，親子関係とは何かについては，婚姻とは異なるとして緩やかに解している。

　こうした違いが生まれてくる背景には，日本では，養子縁組がさまざまな目的で行われており，多目的でありすぎるがゆえに，目的を特定できない無目的な制度になってしまっているという事情が存在する。子に家庭を与える

230　　第3部　養子縁組

ために児童福祉的な養子縁組が行われることもあれば，経営の継承者を確保するため，節税のため，同性愛者による婚姻の代替手段のため等，さまざまな目的で養子縁組は行われる。

　以上のような特色のある日本の養子法において，1987年に特別養子制度が導入されて（施行は1988年），乳幼児の養子縁組については，普通養子縁組と特別養子縁組による二元的構成がとられることとなった。特別養子制度は，裁判所が縁組を成立させる国家宣言型を採用したものであり，実親子関係を法的に断絶する完全養子型の養子縁組である。特別養子制度が導入されても従来から存在する普通養子制度がなくなったわけではなく，原則6歳未満，例外8歳未満の子については，普通未成年養子縁組と特別養子縁組の2本立ての制度となったのである。このため，両者の法制度としての違いを明らかにするために，特別養子縁組成立の判断基準が，普通養子縁組とは異なるものとして規定されたのである（民法817条の7）。すなわち，同条前段では，養子となる子とその実父母との関係において，「父母による養子となる者の監護が著しく困難又は不適当であることその他特別の事情がある場合」とされた。さらに，同条後段では，養親となる者との縁組が子に与える影響に着目して，当該特別養子縁組が「子の利益のため特に必要があると認めるとき」という二重の基準が規定された。

　近時，民法817条の3から6の構成要件事実が存在するときに，なお民法817条の7の判断基準を適用するのは，過重にすぎるので，判断基準を緩和すべしとの意見が福祉関係者を中心として見られる。立法の経緯から見ると，民法817条の7に規定する判断基準を単純に緩和すればすむという話ではないことがわかるだろう。普通養子制度と特別養子制度との関係をどのように捉えるのかきちんと整理することが求められる。民法817条の7に，特別養子縁組の判断基準に関する明文規定があるので，その文言の枠を超える解釈をすることは無理であるし，また控えなくてはならない。そうすると立法論ということになる。その場合，考えうるものとしては次のような類型を考えることができる。一つは，普通養子と特別養子という区分ではなくて，未成

年養子制度に一本化するというものである。この場合は，現行法が採用している，特別養子縁組：完全養子，普通未成年養子縁組：不完全養子と同様の区分を未成年養子縁組のなかで維持するのかどうかが問題になる。仮に維持するとすれば，現行普通養子縁組のように，相続と扶養にかかわる権利義務について，実親子関係と養親子関係の双方に設定するのか，設定するとしても優先順位をつけて設定するのかを検討しなくてはならない。また，上記区分を設けず，未成年養子縁組についてはすべて断絶型養子縁組とするならば，現時点で特別養子縁組や家裁の許可を要する未成年普通養子縁組よりはるかに多い，家裁許可を必要としない直系尊属による直系卑属の養子縁組（例えば孫養子）や連れ子養子縁組についてはどう扱っていくのかという問題が存在する。

　また，特別養子となる者の年齢要件を引き上げるべきという主張がなされている。里親との間で親子としての絆が構築されているが，縁組を行う年齢が6歳または8歳を超えてしまっているような事例，あるいは，稀であろうが，施設入所児で年長になってから養子縁組を行うことに至った事例が想定される。後者の場合には，養親子関係の確立に向けた時間と努力，そしてそれを支える養子縁組あっせん機関の長期に及ぶ助言，援助が必要になる。上限年齢の引き上げによって，特別養子縁組の件数が急増するということは考えにくいが，年齢要件の引き上げを妨げる理由はないだろう。しかし，普通養子制度との二元的構成の対象が広がるので，本節で論じたことがこの点でも問題になる。

6 ── 父母の同意と同意の撤回：成立手続きの欠陥

（1）親の同意とは何か？

　特別養子縁組の要件になっている父母の同意とは何かについて，法律的な意味が正確に理解されていないように思える。そこで，「父母の同意」とは何かを明確にしておこう。「父母」というのは，特別養子となる者の法律上

232　第3部　養子縁組

の父母（実父母のことであるが，養子縁組が行われているときは養父母である）のことである。子を認知していない非嫡出子の父は法律上の親ではないので同意権をもたない。普通養子縁組の場合は，法定代理人の代諾であるのに対して，特別養子縁組では，仮に親が親権を剥奪されて法定代理人でない場合でも，親であることによって固有の同意権を有する。

　では，親は何に同意するのだろうか。特別養子縁組は家裁がその成立を決定するので，同意の内容は，家裁が審判によって縁組を成立させることを認めるということである。特別養子縁組は私法上の法律行為であるので，縁組の請求は養親となる者が行う。その判断を家裁に委ねるという同意である。この同意を誰に対して行うのかというと，相手方は特定されていない。これを相手方のない単独行為という。相手方がないので，家裁に対する同意でなくてもいいが，審判時にこの同意が存在することが要件となっているので，家裁は同意が撤回されていないことを確認しなくてはならない。この同意は，口頭・書面のいずれで行われてもかまわない。さらに，日本法では，親が民法817条の6の同意をしただけでは，実体法上の法律効果をなんら発生させないことになっている。特別養子縁組につながっていくことになる同意として想定できるのは，例えば次のような場合である。①予期せぬ望まない妊娠や出産の際に，親（多くの場合実母）により，児童相談所（以下，児相と略称），養子縁組あっせんを行う団体または個人に対して示されるものである。比較法的にみると，子の出生前および出生後一定期間，縁組同意をとることを禁止する立法例は多い。民法は，いつから縁組同意をとれるかについて規定を置いていないが，2017年に成立した「民間あっせん機関による養子縁組のあっせんに係る児童の保護等に関する法律」は，27条4項以下で，特別・普通両養子縁組に向けた，養子となる児童と養親となる者との面会，縁組成立前養育といった個別の行為についての同意を，子の出生後に書面でとるとしている。このように養子縁組への同意ではなく，個別の行為への同意という構成をとらざるを得ないのは，特別養子縁組についての縁組同意は，上述の構造をもつからである。15歳未満の普通養子縁組についていえば，

第14章　養子縁組についての法的理解　　**233**

契約構成をとる普通養子縁組の代諾なので，個別の行為に分解しなくても法律構成は可能と考えられるが，養子縁組の「あっせん」にかかる法律なので，養子縁組への同意ではなくて，「あっせん」行為に関する個別の行為に対する同意という構成をとっていると考えられる。問題は，必要な同意は子の出生後にとるとされているのみで，出生後一定期間同意をとることはできないとしていないことである。養子縁組が選択肢の一つになる状況に置かれる親は，子の出生前後は心身ともに安定した状態にあるとは限らない。そうした状況下で下される判断は真意に基づくものとは言い難い。意思主義の体系と言われる民法では，真意の確保が最重要事項の一つである。1967年のヨーロッパ養子協定5条5項は，出生後6週間以上の法定期間経過後，または法定期間の定めがないときには，権限ある当局が，出産の影響からすっかり落ち着いたと考えたとき以後に表明された母の同意が効力をもつと規定している。また，ハーグ国際私法会議の国際養子縁組に関する子の保護および協力に関する条約4条 c)（4）は，母の同意は子の出生後与えられるものとしている（出生から同意までの期間については各国政府の判断に委ねている）。②児相による養子縁組事例では，多くの場合，養子となる子は乳児院か里親（養子縁組里親か養育里親かはここではひとまずおいておく）に措置される。この措置の際にとられる親の同意も特別養子縁組の成立要件としての同意ではない（児童福祉法27条1項3号，4項）。③家裁は調査官調査により，縁組同意を確認するし，縁組の成立審判でも親の意思を確認する。以上の流れの中でどれか一つを親の縁組同意だということは困難である。そこで，一般的には，特別養子縁組への同意は，家裁による特別養子縁組成立審判により縁組を成立させることを認容する旨の観念の表示であり，相手方のない単独行為とされる。

（2）特別養子縁組の成立時期

民法817条の6の父母の同意は，日本法では実体法上の効果をもたない性質のものである。そうすると，この同意はいつでも撤回できることになる。

縁組同意をいつとるかについて規定しない日本法では、出産した実母の心身が不安定な状態で行われた縁組同意を、特別養子縁組成立審判が確定するまで撤回できるとすることにより父母の真意の確保を図っている。このことが、日本法で、特別養子縁組のために必要な手続きがすべて、一つの審判で行われている理由である。審判の確定とは、特別養子縁組成立審判が出された後、抗告されずに、抗告期間（2週間）が経過することである。家裁の特別養子縁組成立審判が下されても、それに対する抗告が認められているので、事実上、抗告期間満了まで、縁組同意の撤回はありうるということである。試験監護期間も経過し、さらに家裁が縁組成立を認容しているということになると、親子関係が構築されたということが前提になっている（民法817条の8）。この段階においてもなお同意の撤回が認められるということは、子にとっては、養親候補者との間で築かれてきた親子関係がないものになってしまうので、これもまた子の福祉にとって好ましいものと言えない。

　このように見てくると、日本の特別養子縁組成立手続きは、その入り口においても手続きが完了する出口においても改正が検討されるべきである。すなわち、縁組に対する父母の同意の際には、いかに父母の真意を確保する制度にするかである。比較法的に見ると、そのためには、出生前後の縁組同意をとれないようにすることが必要である。父母の真意を確保する制度が整備されれば、次には、同意を撤回できない時期を明確にする必要がある。同意に実体法上の効果をもたせるということである。このとき注意しなくてはならないのは、養子縁組あっせんに関わった機関がとる同意では、その同意の客観性、真正性が担保できないので、あっせんに関わっていない第三者が確認するものでなくてはならないということである。縁組成立審判で、家裁が縁組意思を再び確認することを考えると、上の段階での縁組同意の確認者になることは不適切である。そうすると、ドイツのように、公証人により縁組同意の確認をとるとするのが日本には適合的ではないかと考える。フランスのように、養子縁組の対象となる子を一度国の被後見人（国家被後見子）にする制度にするならば、養子縁組手続きは別途行われることになるので、同

意撤回できなくなる父母の意思の確認を家裁が行うという仕組みも考えうる。しかし，公的後見制度をもたない日本では，後者の方が導入に敷居が高い制度ということができる。

(3) 今後の検討課題

　取り上げた論点のほかにも，現行特別養子法が抱える問題はなおいくつも存在する。そのうちの一つは離縁の問題である。そもそも特別養子縁組に離縁を認めるかどうかである。認めるとしても，現行法のように，離縁すると実親子関係が復活するということでいいのかという問題がある。つまり，実親子関係の復活によって子の福祉が確保されるのかという問題である。離縁については，その実態が不明であることが，議論をするにあたっての最大の障害である。もう一つ傍論的であるが，子の命名権の問題について一言しておく。現行戸籍法および特別養子における戸籍取り扱いを前提にするならば，出生届出義務者は嫡出子出生届については父又は母（戸籍法52条1項），子の出産前に父母が離婚したときおよび嫡出でない子については母である（同52条2項）。これら届出すべき者が届出をすることができないときは，まず同居者，次いで出産に立ち会った医師または助産師等が届出る（同52条3項）。父，母が届出することができないときは，その者以外の法定代理人も，届出をすることができる（同52条4項）。出生届には，子の名を記載する欄があり，出生届出義務者が上記のように規定されているところからすると，子の命名権（命名義務）もこれらの者にあるようにもみえるが，届出義務者にあげられているからといって，医師，看護師に子の命名権を認めることはできない。戸籍法の規定は，出生届出を確保するために届出義務者を挙示しているので，命名権の根拠にすることは難しい。匿名出産や秘密出産を認めている国では，実母に子の名前の候補を残すようにしていることを見ると，命名権・命名義務は実親が行うということになるだろう。日本法では，命名権をどのように基礎づけるかについて，親権の一部とするもの，子の固有権・人格権を根拠にするものがあり，その根拠について見解が分かれている。養子縁組との関

236　　第3部　養子縁組

連でいうと，養親希望者に命名権は認められるかという問題がある。養親となる者を命名権者と位置づけることは難しい。また，実親が命名した名を，養子縁組成立後に変更しようとするとき，戸籍法107条の2の名の変更についての「正当な理由」の存在を認めることができるかどうかが問題になる。実親が命名した名は，子自身の将来のアイデンティティの確保と関わる問題である。子の固有権・人格権の観点からすると，養親による名の変更の審査は慎重になされるべきである。実親の影を消したいとか，自分たちの子であることを実感したいというような養親側の希望があるとしたら，それらは養親の利益には確かにかなうことであっても，重視されなくてはならないのは，子の人格権，子の利益に合致するかという視点である。　　　　　（鈴木博人）

●執筆者紹介（【 】は担当）

増沢 高（ますざわ・たかし）【第2章】
子どもの虹情報研修センター研修部長。臨床心理士。主な著作に，『事例で学ぶ社会的養護児童のアセスメント』『いっしょに考える子ども虐待』（明石書店），『虐待を受けた子どもの回復と育ちを支える援助』（福村出版）など。

石井 敦（いしい・あつし）【第4章】
一般社団法人埼玉県里親会理事長。1995年に里親登録。2004年に専門里親登録。2017年より現職。現在，長男三男特別養子，二男実子に加えて，小学生男児の里子を養育中。

石井佐智子（いしい・さちこ）【第4章】
埼玉県の地区里親会「南はなみずき会」会長。1995年に里親登録。現在，長男三男特別養子，二男実子に加えて，小学生男児の里子を養育中。他に計7名の短期委託・一時保護委託を経験。

ロング朋子（ろんぐ・ともこ）【第4章】
一般社団法人ベアホープ代表理事，社会福祉士。東京都の養育家庭として，実子2人と共に里子2人を養育中。在米中，大学院に学び，帰国後は自ら養育里親として子どもの養育に携わりつつ，2014年よりソーシャルワークとしての養子縁組の実践を目指し，予期せぬ妊娠相談から養子縁組まで行う非営利事業を開始する。

川松 亮（かわまつ・あきら）【第5章】
子どもの虹情報研修センター研究部長。東京都の福祉職として児童福祉施設や児童相談所に勤務。厚生労働省児童福祉専門官を経て現職。全国児童相談研究会運営委員，「なくそう！ 子どもの貧困」全国ネットワーク世話人，認定NPO法人児童虐待防止全国ネットワーク理事などを務める。

坂井隆之（さかい・たかゆき）【第5章】
東京都多摩児童相談所長。東京都の児童福祉司を経て，厚生労働省女性保護専門官・児童福祉専門官を歴任。東京都の本庁の里親担当の後，現職。社会福祉士・精神保健福祉士。共著に『よくわかるDV被害者への理解と支援』（明石書店）など。

渡邊 守（わたなべ・まもる）【第7章】
特定非営利活動法人キーアセット代表。元大阪府養育里親（2012年まで）。Master

of Social Work。2009年より，フォスターケアのソーシャルワーク実践にかかわっている。

鶴岡裕晃（つるおか・ひろあき）【第8章】

神奈川県福祉職として1996年から従事。児童相談所等の勤務を経験した後，現在，子ども家庭課児童養護グループで里親支援事業等を担当。

大河内洋子（おおこうち・ようこ）【第9章】

埼玉県川越児童相談所で児童福祉司として児童虐待や養護相談を担当。2013年から東京都の児童福祉司。2015年からの2年間は多摩児童相談所で養育家庭担当児童福祉司として里親担当。

酒井久美子（さかい・くみこ）【第9章】

大学卒業後，一般企業，児童養護施設，母子生活支援施設を経て，乳児院に勤務。里親支援専門相談員も経験し，現在は，主任兼家庭支援専門相談員。日本社会事業大学大学院福祉マネジメント研究科在学中。

河野洋子（かわの・ようこ）【第10章】

大分県福祉保健部こども・家庭支援課参事。2000年〜中央児童相談所児童福祉司，大分県こども子育て支援課（社会的養護），人権・同和対策課（人権啓発）担当を経て，2010年〜中央児童相談所主幹（里親専任），2014年〜中央児童相談所総務企画課長，2015年〜中央児童相談所参事（兼）こども相談支援課長，2017年4月〜現職。社会福祉士。

姜 恩和（かん・うな）【第12章】

埼玉県立大学保健医療福祉学部社会福祉子ども学科講師。社会福祉学博士。専門は児童福祉。妊娠期からの切れ目のない支援，10代の妊娠，ベビーボックスと養子縁組制度の日韓比較などの研究を行っている。

下園和子（しもぞの・かずこ）【第12章】

熊本母と子の相談室代表。助産師・保健師。元慈恵病院病棟師長として"こうのとりのゆりかご"預け入れ者と面談，電話相談担当。あんしん母と子の産婦人科連絡協議会顧問。里親里子支援NPO法人優里の会理事。熊本市の複数病院で妊娠相談と特別養子縁組支援に関わる。

佐藤睦子（さとう・むつこ）【第13章】

東京都で保健師として，保健所，精神保健福祉センター，本庁等に勤務。退職後，杏林大学にて保健師教育に従事。専門は母子保健，公衆衛生看護。現在，大阪府立大学大学院看護学研究科博士後期課程在学中。公益社団法人日本看護協会非常勤職員。養育里親。

横田光平（よこた・こうへい）【第14章】

同志社大学大学院司法研究科教授。専門は行政法・子ども法。著書『子ども法の基本構造』（信山社，2010），『子ども法』（共著，有斐閣，2015）。子どもに関わる法全体を総合的に捉える「子ども法」の構想が研究テーマ。児童福祉法研究会事務局担当。

鈴木博人（すずき・ひろひと）【第14章】

中央大学法学部教授。専門は家族法・児童福祉法。著書『親子福祉法の比較法的研究Ⅰ─養子法の研究』（中央大学出版部，2014）。民法・家族法と福祉法との関係が主たる研究領域。

●編著者紹介（【　】は担当）

宮島　清（みやじま・きよし）【第4章・第6章・第9章】

日本社会事業大学専門職大学院教授。埼玉県福祉職を経て現職。社会福祉士。専門は子ども家庭福祉とソーシャルワーク。とくに児童虐待と社会的養護がテーマ。主な著作に，『里親養育と里親ソーシャルワーク』（共編著，福村出版，2011年），『家族支援と子育て支援──ファミリーソーシャルワークの方法と実践』（共編著，明石書店，2013年）など。

林　浩康（はやし・ひろやす）【第1章・第3章・第4章】

日本女子大学人間社会学部社会福祉学科教授。大学院生だったとき里親キャンプなどでのボランティア活動を契機に里親に関心をもつ。そうした経験から社会的養護や要支援児童への支援のあり方に関心をもって取り組んできた。主な著作に，『児童養護施策の動向と家族支援・自立支援』（中央法規出版，2004年），『ファミリーグループ・カンファレンス入門』（共編著，明石書店，2011年）など。

米沢普子（よねざわ・ひろこ）【第4章・第11章】

家庭養護促進協会神戸事務所で長年ソーシャルワーカーとして里親・養子縁組支援に取り組む。民間機関として広く機関誌等に実践を紹介。里親・養親家庭で生活する子どもが生い立ちを理解し，受け入れるための真実告知，ライフストーリーワークの実践に努めている。主な著書に，『愛の手をさがして』（エピック，1993年），『里親のためのペアレントトレーニング』（ミネルヴァ書房，2014年）など。

子どものための里親委託・養子縁組の支援

2017年12月1日　初版第1刷発行
2019年1月30日　初版第2刷発行

編著者　　宮　島　　　清
　　　　　林　　　浩　康
　　　　　米　沢　普　子
発行者　　大　江　道　雅
発行所　　株式会社　明石書店
〒101-0021　東京都千代田区外神田6-9-5
電　話　03（5818）1171
ＦＡＸ　03（5818）1174
振　替　00100-7-24505
http://www.akashi.co.jp
装丁　　　　明石書店デザイン室
印刷・製本　モリモト印刷株式会社

（定価はカバーに表示してあります）　　　　　　ISBN978-4-7503-4592-5

|JCOPY|　〈（社）出版者著作権管理機構　委託出版物〉
本書の無断複写は著作権法上での例外を除き禁じられています。複写される場合は、そのつど事前に、
（社）出版者著作権管理機構（電話 03-3513-6969、FAX 03-3513-6979、e-mail: info@jcopy.or.jp）の許諾を得
てください。

里親と子ども

『里親と子ども』編集委員会 編
A5判/並製 ◎各1500円

「里親制度・里親養育」に関連する専門誌。里親のみならず、施設関係者、保健医療関係者、教育、保育など幅広い領域の方々に向けて、学術的な内容をわかりやすい形で提供していく。

Vol.1 特集 里親への初期研修

Vol.2 特集1 児童相談所・市町村と里親 / 特集2 親族里親

Vol.3 特集 里親会の活動

Vol.4 特集1 児童福祉法改正と里親制度 / 特集2 地域里親会の活動

Vol.5 特集1 養子縁組制度 / 特集2 子どもからみた里親制度

Vol.6 特集1 養育の不調をどう防ぐか

Vol.7 特集1 子どもの自立支援 / 特集2 社会的養護の改革と里親養育

Vol.8 特集1 愛着の形成と里親養育 / 特集2 家族の変容と里親養育

Vol.9 特集1 里親リクルートの方法 / 特集2 里親養育の社会化

Vol.10 特集1 養子縁組あっせん / 特集2 これからの社会的養護と里親養育 / 特集2 里親養育のケースマネジメント

社会的養護の子どもと措置変更
養育の質とパーマネンシー保障から考える
伊藤嘉余子編著
◎2600円

〈施設養護か里親制度か〉の対立軸を超えて
「新しい社会的養育ビジョン」とこれからの社会的養護を展望する
浅井春夫・黒田邦夫編著
◎2400円

児童相談所改革と協働の道のり
子どもの権利を中心とした福岡市モデル
藤林武史編著
◎2400円

ソーシャルペダゴジーから考える施設養育の新たな挑戦
マーク・スミス、レオン・フルチャー、ピーター・ドラン著　楢原真也監訳
◎2500円

ワークで学ぶ 子ども家庭支援の包括的アセスメント
要保護・要支援・社会的養護児童の適切な支援のために
増沢高著
◎2400円

子どもの権利ガイドブック【第2版】
日本弁護士連合会子どもの権利委員会編著
◎3600円

子どもの虐待防止・法的実務マニュアル【第6版】
日本弁護士連合会子どもの権利委員会編
◎3000円

やさしくわかる社会的養護シリーズ【全7巻】
相澤仁責任編集
◎各巻2400円

〈価格は本体価格です〉